SHODENSHA SHINSHO

昭和天皇の研究

──その実像を探る

七平

祥伝社新書

本書は、小社より単行本として平成元年に刊行された。

初版時の著者まえがき

考えて見れば全《まつた》く稀有《けう》の存在である。人類史上おそらく前例がなく、今後も再びこのような生涯を送る人物は現われまい、と思われるのが昭和天皇である。

そのゆえに、国内・国外から、憎悪から賛嘆にいたるまで、これまた最大限の幅を持ったあらゆる論評が、洪水の如《ごと》くに巻き起こって不思議ではあるまい。そしてその中にいれば、外紙の批判などを読みながら、四七〇万といわれる記帳の人波に揉《も》まれているような妙な状態になり、感情の渦の中に平衡感覚を失い、逆に対象が見えなくなるであろう。なぜ、そうなるのであろうか。

多くの人は「無感情」で「天皇」という言葉に接することは出来ない。ある席上で本田靖《ほんだやす》春《はる》氏が一種「むっ」とするという、まことにうまい表現を使われた。「むっ」と一瞬息をつめても、その感情の内容は決して各人で同じではないであろうが、一種の緊張感をもって、何か心的に身がまえる状態になることは否定出来ない。「崩御《ほうぎょ》」の号外を手にして、これを広告ビラの如く無感動に右から左へ捨て去る人がいれば、例外であろう。したがって、さまざまの「天皇論」が、その人の「天皇への感情論」になることは当然といえる——たとえ、それがどのような「理論」の外装をまとおうと。

この「天皇論の研究」は、日本人の深層心理を探究するうえで、きわめて興味深い主題である。しかしそれを明らかにするには、まず一人間としての「昭和天皇の自己規定」を解明しなければならない。本書はその「天皇の自己規定」の「研究」であっても、私の「天皇論」ではない。各人が各人の「天皇論」を持つことは自由である。しかし「天皇は自分の天皇論どおりに動くロボット」であらねばならないと考えるなら、二・二六事件の将校と同じことになるであろう。

天皇を「象徴」と規定した最初の人は、おそらく津田《つだ》左右吉《そうきち》博士で大正年間のことだが、皮肉なことに、それと対立する二・二六事件の将校もまた、天皇は「自らの天皇論の象徴」で、重臣を一掃してそれを「意志なき自らの徽章《きしょう》」とすれば目的が達せられると考えていた。ところが彼らは天皇の断固たる「自己規定」の前に潰《つい》え去る。首謀者・磯部《いそべ》浅一《あさいち》が天皇を呪《のろ》いに呪っても不思議ではない。本書はいわば「天皇論と激突した天皇の自己規定」の研究である。私は、あらゆる「天皇論」の前に、まず「天皇の自己規定」の研究があるべきだと思っている。

本書を書きはじめたのは、昭和天皇崩御のはるか以前であり、したがって本書で「天皇」と記しているのは「昭和天皇」の意味であることをお断わりしておく。なお、「天皇制」という言葉が共産党の否定的造語であることは、高倉テル氏の『天皇制ならびに皇室の問題』(『中央公論』昭和二十一年八月号所収)で明らかだが、本書では「王制」でも「帝制」でもないという意味で「天皇制」を用いた。言葉は「生き物」であるから、「天皇の自己規定」の研究には、それでよいと考えた。本書が「昭和」を考え、「昭和天皇」を考える場合の、何らかの参考になってくれれば幸いである。

平成元年一月二十一日

山本《やまもと》七平《しちへい》

本稿は、「著者まえがき」にあるように、昭和天皇が崩御される数年前から執筆が開始され、奇しくも昭和六十四年一月七日のご崩御とほぼときを同じくして完成された。初版の発行は平成と元号が変わった同年二月十日である。

なお、今回版を改めるにあたり、初版時の注は( )でそのまま残し、新たに編集部で加えた注は〔 〕で示した。

(編集部)

〈昭和天皇の研究〉——目次

目　次

[写真提供一覧]

43、168、249、294、307ページ……国立国会図書館
近代日本人の肖像
62ページ……朝日新聞社
90、187、219ページ……毎日新聞社
226ページ……九州大学大学文書館

一章　天皇の自己規定
――あくまでも憲法絶対の立憲君主

爆撃に　たふれゆく民の　上をおもひ
いくさとめけり　身はいかならむとも
〈御製〉昭和二十年八月、「聖断」による終戦を迎えて

なぜ、天皇は開戦を阻止出来なかったのか

戦後に天皇について書かれたものは実に多い。もちろん玉石混淆《ぎょくせきこんこう》だが、その中で「玉」と思われるものを厳選しても、約三〇冊になる。これに、さまざまな昭和史で天皇に触れた部分を抽出《ちゅうしゅつ》して加え、さらに月刊誌・週刊誌・新聞の記事や投書などを加えれば無限とも言え、この点では「すでに書き尽くされた」と言っても過言ではあるまい。

そのすべてを調べることは不可能だが、私が調べた範囲内では、不思議なことに「天皇の自己規定」の研究といった内容のものは皆無である。これは、当然といえば当然であろう。というのは、これだけは天皇がそれを表明しないかぎり明らかにならないが、天皇自ら「自分はかくかくしかじかの自己規定のもとに生きてきたし、今後もその自己規定のもとに生きていくであろう」などと言われることはなかったし、またあり得ないからである。しかし天皇が折に触れて口にされた片言隻語《へんげんせきご》、および詔勅《しょうちょく》のような公《おおや》けの文書のなかの言葉で、これが察知出来ないわけではない。

たとえば昭和二十一年二月の藤田《ふじた》侍従長への言葉である。これはアメリカで天皇の戦争責任追及の世論が強くなり、それに応じて日本の国内でも、天皇の戦争責任が論じられはじめたときのこと。

日本のマスコミは常に自主性がなく、アメリカ、中国、イギリスなどの世論に強く動かさ

れて同調するが、このときのアメリカ世論の論調は、きわめて単純なものであった。彼らは、日本人は天皇を神《ゴッド》と信じていると思っていたから、日本は、その神《ゴッド》なる天皇が開戦を命じたから開戦し、終戦を命じたから戦いをやめたと思い込んでいる。そこですべての責任は天皇にあるという前提で論陣を張っている。一部の知日家を除けば、多くのアメリカ人は、日本に憲法があったことすら知らず、日本国民は神権的独裁君主の命令に盲従している国民と信じていたから、この世論は一応無理ないといえる。

日本人は、この言論にそのまま盲従したわけではないが、その影響を受けて「終戦の断を下されたのなら、なぜ開戦を止められなかったのか」という議論にはなり得る。この論調は、一見、筋が通っており、今でも消えたわけではない。これに対する天皇の言葉の中に、その自己規定の一端がうかがわれる。次に引用しよう。

「……戦争に関して、この頃一般で申すそうだが、この戦争は私が止《や》めさせたので終わった。それが出来たくらいなら、なぜ開戦前に戦争を阻止しなかったのかという議論であるが、なるほどこの疑問は一応の筋は立っているようにみえる。如何《いか》にも、もっともと聞こえる。しかし、それはそうは出来なかった。

申すまでもないが、我国《わがくに》には厳として憲法があって、天皇はこの憲法の条規によって行動しなければならない。またこの憲法によって、国務上にちゃんと権限を委《ゆだ》ねられ、責任を負わされた国務大臣がある。

この憲法上明記してある国務各大臣の責任の範囲内には、天皇はその意志によって勝手に容喙《ようかい》し干渉し、これを制肘《せいちゅう》することは許されない。

だから内治にしろ外交にしろ、憲法上の責任者が慎重に審議を尽くして、ある方策を立て、これを規定に遵《したが》って提出して裁可を請《こ》われた場合には、私はそれが意に満ちても、意に満たなくても、よろしいと裁可《さいか》する以外に執《と》るべき道はない。

もしそうせずに、私がその時の心持ち次第《しだい》で、ある時は裁可し、ある時は却下したとすれば、その後責任者はいかにベストを尽くしても、天皇の心持ちによって何となるか分からないことになり、責任者として国政に就《つ》き責任を取ることが出来なくなる。

これは明白に天皇が、憲法を破壊するものである。専制政治国ならばいざ知らず、立憲国の君主として、私にはそんなことは出来ない」(藤田尚徳《ふじたひさのり》著『侍従長の回想』中公文庫)

立憲君主制とは、言葉を換えれば制限君主制である。そしてこの制限は、天皇にとっては明治大帝が定めたことであり、この制限の枠《わく》を絶対に一歩も踏み出すまいとされた。

終戦の「聖断」は、憲法を踏みまちがえたものか

すべてを拾い得たわけではないが、「憲法絶対」といった発言は数が多い。それは天皇に、「自分は神権的独裁君主ではない、立憲君主である」という自己規定が明確にあったためと思われる。これは決して何かの弁明のための言葉ではなく、「憲法を否定することは自分が天皇であることを否定するようなもの」といった感じさえする。そしてその遵守《じゅんしゅ》は実に生《き》まじめで「時と場合によっては多少逸脱しても……」といった余裕は感じられず、少々杓子定規《しゃくしじょうぎ》といった感じさえする。ナチスに心酔し、自らヒトラーの仮装をした近衛文麿《このえふみまろ》などは、この点に不満を漏《も》らしている。

このような「天皇の自己規定」は何に基づき、どのように形成されたのであろうか。だがそれに進む前に、終戦のときの処置を天皇自らがどう考えていたかに進もう（出典・同前）。

「だが、戦争をやめた時のことは、開戦の時と事情が異なっている。あの時には終戦か、戦争継続か、両論に分れて対立し、議論が果てしもないので、鈴木《すずき》（貫太郎《かんたろう》、当時の首相）が最高戦争指導会議で、どちらに決すべきかと私に聞いた。

ここに私は、誰の責任にも触れず、権限をも侵《おか》さないで、自由に私の意見を述べる機会を、初めて与えられたのだ。だから、私は予《かね》て考えていた所信を述べて、戦争をやめさせたのである。

……この場合に私が裁決しなければ、事の結末はつかない。それで私は、この上戦争を継続することの無理と、無理な戦争を強行することは皇国の滅亡を招くとの見地から、胸の張り裂ける想いをしつつも裁断を下した。これで戦争は終わった。

しかし、この事は、私と肝胆相照《かんたんあいてら》した鈴木であったからこそ、この事が出来たのだと思っている」


ただ天皇自身は自分の行為に憲法上疑義があると思っていた。ではこの場合、いわゆる「聖断」が絶対であったかというと、必ずしもそうはいえない。天皇の意見は意見として、御前会議が戦争継続を決定すれば、天皇はそれを裁可せざるを得ない。

というのは、天皇はそれまでも、残されているものが少ないとはいえ、時々「御希望」や「御意見」を述べている。その中には、戦前にもし天皇からこんなことを言われたら大変なことになる、と思われるような発言さえ、黙殺されているのがある。たとえば次のような例がある。

「出先《でさき》の両大使がなんら自分と関係なく参戦の意を表したことは、天皇の大権を犯したものではないか」
（原田熊雄《はらだくまお》著『西園寺公と政局　第七巻』岩波書店刊）

昭和十四年四月の発言である。日本への致命傷となった日独伊の三国同盟の交渉の際、大《おお》島《しま》駐独大使（陸軍中将）と白鳥《しらとり》駐伊大使が、陸軍の意を受けて、独伊が第三国と戦う場合は日本も参戦するとの意思を表明した。これでは、もし独伊が英仏と戦争状態になった場合、日本は自動的に参戦することになってしまう。こういう重要な問題を本国の訓令も受けず大使が勝手に行なうことは、少々異常である。もちろんその背後に陸軍が、ということは板垣《いたがき》（征四郎《せいしろう》）陸相がおり、これを支持している。

これに対して天皇は、板垣陸相にきびしい口調で言われた。

「元来、出先の両大使が何等《なんら》自分と関係なく参戦の意を表したことは、天皇の大権を犯したものではないか。かくの如き場合に、あたかもこれを支援するかの如き態度を取ることは甚《はなは》だ面白くない。また閣議ごとに逸脱せることを言うが如きも、甚だ面白くない」
（同前）

軍部は事あるごとに「統帥権干犯《とうすいけんかんぱん》」「大権干犯」を持ち出したが、これは天皇の意思とは無関係だから、天皇は何も言っていない。一方、天皇自らがこの言葉を口にしたのは、きわめて珍しいし、当時の常識で言えば、天皇からこう言われれば辞職ではすまない大変な結果になるはず。「大権干犯」といえば、すぐ一人一殺の右翼がすっとんで来ても不思議ではない。

ただ当時は、軍部や右翼が天皇から直接に「天皇の大権を犯した」と言われても、何の問題も生じていない。そして板垣・大島・白鳥の三人は、罷免《ひめん》もされず辞職もしていない。

一方、三国同盟の方は、突如、独ソが不可侵条約を締結、平沼《ひらぬま》首相が「複雑怪奇」の言葉を残して内閣総辞職となったため、一時、棚上げとなった。この場合の天皇の言葉は完全に無視されている。

二・二六事件への対応と、天皇の反省

天皇は立憲君主として振る舞い、この点では実に自己規定が明確であったが、問題はむしろこの点にあったのではないか。天皇自身も戦後にそう感じたのではないか、と思われる節《ふし》がないでもない。これについては結果論としてはさまざまなことが言えよう。したがって「あまりに几帳面《きちょうめん》に憲法どおりでなく、多少逸脱されても……」といった批評は、その批評の当否は別として、あり得て当然と思われていたらしい。

だがそうでなく、ヒトラー、ムッソリーニ、ヒロヒトと並べられ、神権的絶対君主のファシストと見られること、こういう見方は当然に欧米、特にアメリカに出てきたが、これは天皇にとって堪《た》えられぬ苦痛であったらしい。終戦から一カ月余の二十年九月二十九日の『木戸幸一日記』（東京大学出版会）には、次のような天皇の言葉が記されている。

「自分があたかもファシズムを信奉するが如く思わるることが、最も堪《た》え難《がた》きところなり、実際あまりに立憲的に処置し来《きた》りし為《ため》に如斯《かくのごとき》事態となりたりとも云うべく、戦争の途中において今少し陛下は進んで御命令ありたしとの希望を聞かざるには非《あら》ざりしも、努めて立憲的に運用したる積《つも》りなり……」

この「あまりに立憲的に処置し来《きた》りし為……」という言葉には、一種、自己批判的なニュアンスが感じられないでもない。だが後代から見れば、きわめて適切な処置と思える終戦のときの「聖断」も、天皇御自身にとっては、立憲君主としては逸脱した行為であった。入《いり》江《え》・元侍従長は戦後まもなくの天皇の言葉として、次のように記している（『天皇さまの還暦』朝日新聞社刊）。

「二・二六の時と、終戦の時と、この二回だけ、自分は立憲君主としての道を踏みまちがえた……」

二・二六事件のときは、総理大臣が生きているのか死んでいるのか分からない。同時に軍の首脳は反乱軍に同調的で、態度がはっきりしない。このままいけば立憲政治は崩壊する。その崩壊を食い止めるため、立憲君主として逸脱せざるを得なかった、という実に奇妙な状態に天皇は置かれる。終戦の時も同じような状態である。こういう時の行動でさえ、天皇は「立憲君主としての道を踏みまちがえ」たと考える。こういう点、天皇はまことに憲法絶対であったといえる。

明治憲法では「輔弼《ほひつ》の臣《しん》」が責任を負う。ということは大臣から所管事項について奏請《そうせい》があって、はじめて天皇が裁可するのであって、天皇が一方的に何かを命令することはあり得ない。明治憲法と新憲法ではルールが違うが、これは、明治憲法にはルールがないということではない。新憲法では国会の議決があって、それに基づいて天皇が総理を任命するのであって、国会の議決がないのに天皇が総理を任命することはあり得ない。

たとえば二・二六事件のときは、川島《かわしま》陸相が反乱の勃発《ぼっぱつ》を天皇に上奏し、これの鎮定を奏請して裁可を受けるというのがルールである。また総理の生死も不明な場合、内大臣がその実情を奏請し、臨時首相代理の任命を奏請して同じように裁可を受ける。

ところが川島陸相は反乱側に同情的であり、内大臣も生死不明、そこで天皇はルールを跳《と》び越えて、臨時首相代理を任命し、直《ただ》ちに「暴徒の鎮圧」を命じ、これを自ら反乱と規定し、自ら討伐すると言わざるを得なかった。政治的に見ればきわめて適切だが、天皇はこれを制限君主の「道を踏みまちがえた」「その枠《わく》を逸脱した」と考えておられる。

戦前も、天皇は「現人神《あらひとがみ》」ではなかった

以上のような立憲君主としての「天皇の自己規定」と、戦前に一般化していた国民の「天皇観」との間には、明らかに乖離《かいり》がある。昭和二十一年の年頭の詔書、俗にいう「天皇の人間宣言」は、この観点から見ると興味深い。ただこの詔書を読むと、「人間宣言」という俗称はあまり正確とはいえないが、これを「人間宣言」というなら、昭和十二年の「文部省通達」が、すでにこれを行なっているといえる。次に引用しよう。

「……天皇は、皇祖皇宗《こうそこうそう》の御心《みこころ》のまにまに我が国を統治したまう現御神《あきつみかみ》であらせらる。この現御神（明神《あきつかみ》）、あるいは現人神《あらひとがみ》と申し奉《たてまつ》るのは、いわゆる絶対神とか、全知全能の神とかいうが如き意味の神とは異なり、皇祖皇宗がその神裔《しんえい》であらせられる天皇に現われ

まし、天皇は皇祖皇宗と御一体であらせられ、永久に臣民、国土の生成発展の本源にましまし、限りなく尊《とうと》く畏《かしこ》き御方であることを示すのである」

これが通達された昭和十二年は、前年に二・二六事件があり、さらにその前年にはいわゆる「天皇機関説問題」から美濃部達吉《みのべたつきち》博士の著書『憲法撮要《さつよう》』が発禁となり、同博士が貴族院議員を辞職し、起訴猶予となっている。いわば、こういったさまざまの問題で動揺する教育の現場への指針として出されたものだから、その表現には細心の注意が払われているが、「絶対神とか、全知全能の神とかいうが如き意味」ではなく、「限りなく尊《とうと》く畏《かしこ》き御方」つまり「人」という意味にすぎないことは明確に記している。

もちろんこれは文部省の創作でなく、典拠があってのこと。もし右翼などから抗議が来たら、このあとに紹介する文章などは、立派に一つの典拠となったであろう。

問題は一《いつ》にこの「現御神《あきつみかみ》」という言葉の定義だが、西欧の「神《ゴッド》」という概念が日本に入ってくるまでは、あまり問題はなかった。前記の文部省の通達は、すでにそれが問題となっていることを示している。

余談になるが、現代ではカタカナ英語の乱用が問題になるが、明治のように無理に漢語に訳すのも少々問題であろう。大文字を用いたＧｏｄはそのまま「ゴッド」にしておいた方が安全だったかもしれない。これについて論ずるのは本書の主題から離れるので、次に本居宣長《もとおりのりなが》（一七三〇～一八〇一年）の『古事記伝』の定義だけを記しておく。

「凡《すべ》て迦微《かみ》とは、古《いにしえ》の御典等《みふみども》に見えたる天地の諸《もろもろ》の神たちを始めて、其《そ》を祀《まつ》れる社《やしろ》に坐《いま》す御霊《みたま》をも申し、また、人はさらにも云わず、鳥獣《とりけもの》木草のたぐい、海山など、そのほか何にまれ、尋常《よのつね》ならずすぐれたる徳《こと》のありて、可畏《かしこ》き物を迦微《かみ》とは云うなり。

そもそも、迦微《かみ》はかくの如く種々《くさぐさ》にて、貴《とうと》きもあり、賤《いや》しきもあり、強きもあり弱きもあり、善《よ》きもあり悪《あ》しきもありて、心も行《しわざ》もそのさまざまに随《したが》いて、とりどりにしあれば、大かた一《ひと》むきに定めては論《い》いがたき物になむありける」

と記し、さらに注で次のように敷衍《ふえん》している。

「すぐれたるとは、尊《とうと》きこと善きこと、功《いさお》しきことなどの、優《すぐ》れたるのみを云うに非《あら》ず、悪しきもの奇《あや》しきものなども、世にすぐれて可畏《かしこ》きをば、神と云うなり。

さて人の中の神は、先《ま》ずかけまくもかしこき天皇《すめらみこと》は、御世御世《みよみよ》みな神に坐《いま》すこと、申すもさらなり、其《そ》は遠つ神とも申して、凡人《ただびと》とは遥《はる》かに遠く、尊く可畏く坐《いま》しますが故《ゆえ》なり。かくて次々にも神なる人、古《いにしえ》も今もあることなり。また天《あめ》の下に受け張りてこそあらね、一国一里一家の内につきても、ほどほどに神なる人あるぞかし……」

この「迦微《かみ》」という概念は、欧米の「God」とは全《まった》く別のものである。欧米のどこを探しても「一国一里一家の内につきても、ほどほどにGodなる人あるぞかし」などという言葉はあり得ない。

しかし、この「カミ」という言葉にさえ、天皇は明らかに不快感を示している。理由は、明治憲法は「天皇ハ国ノ元首」と規定していても、「現人神」などとは規定していないからである。だが、これについては後述しよう。

「人間宣言」における天皇の真の意図

宣長が天皇を神だと言っても、それは「一国一里一家」にもいる「ほどほどに神なる人」のさらに上にいる人と言った意味にすぎない。だがこの「迦微《かみ》」と「God」が混淆《こんこう》すると、天皇は神権的絶対君主になってしまい、天皇の立憲君主という自己規定と、甚《はなは》だ違ったイメージになる。

ただこの問題は、すでに前記の昭和十二年の文部省の通達にその見解が示されており、昭和二十一年元日の「詔書」における天皇の意図は、俗にいう「人間宣言」とは少し違っていたのではないかと思われる。

この「詔書」の特徴は「憲法」という言葉が出て来ないところにある。おそらくマッカーサー司令部の指示で、すでに憲法改正、新憲法の公布は既定の事実になっていた。三月には、マッカーサー司令部の草案に基づき政府は新憲法草案を作成し、六月に議会に提出されているのだから、旧憲法はすでに典拠にならない。天皇は、この憲法（明治憲法）の基本となった「五箇条の御誓文」を典拠としている。

天皇が「憲法」というとき、おそらく常に、「五箇条の御誓文」をその基礎として意識しているであろう。言うまでもなくその第一条は「広ク会議ヲ興《おこ》シ万機公論ニ決スヘシ」であって、「万機天皇之ヲ決スヘシ」ではない。

この「詔書」は相当に長く、また現代人には少々読みづらいであろうが、天皇の自己規定が現われていると思われるので、次にその冒頭を引用しよう（全文は巻末380ページ参照）。

「茲《ここ》ニ新年ヲ迎フ。顧《かえり》ミレバ明治天皇明治ノ初《はじめ》国是《こくぜ》トシテ五箇条ノ御誓文ヲ下シ給ヘリ。曰《いわ》ク、

一、広ク会議ヲ興《おこ》シ万機公論ニ決スヘシ

一、上下心《しょうか》ヲ一《いつ》ニシテ盛《さかん》ニ経綸《けいりん》ヲ行フヘシ
一、官武一途《いっと》庶民ニ至ル迄《まで》各其 志《そのこころざし》ヲ遂《と》ケ人心ヲシテ倦《う》マサラシメンコトヲ要ス
一、旧来ノ陋習《ろうしゅう》ヲ破リ天地ノ公道ニ基《もとづ》クヘシ
一、智識ヲ世界ニ求メ大《おおい》ニ皇基《こうき》ヲ振起スヘシ」

簡単にいえば、これは「五箇条の御誓文」の再確認である。「詔書」は、これにつづけて戦争の惨禍《さんか》について述べられ、これの克服は苦難に満ちたものであろうが、必ずこの苦難を乗り越えて「輝カシキ前途ノ展開セラルルコトヲ疑ハズ」と述べられている。ついで敗戦による道義の頽廃《たいはい》や思想の混乱を憂《うれ》いておられるが、

「朕《ちん》ト爾等《なんじら》国民トノ間ノ紐帯《ちゅうたい》ハ、終始相互ノ信頼ト敬愛トニ依《よ》リテ結バレ、単ナル神話ト伝説トニ依リテ生ゼルモノニ非《あら》ズ。天皇ヲ以《もっ》テ現御神《あきつみかみ》トシ、且《かつ》日本国民ヲ以《もっ》テ他ノ民族ニ優越セル民族ニシテ、延《ひい》テ世界ヲ支配スベキ運命ヲ有ストノ架空ナル観念ニ基クモノニモ非ズ」

と述べられている。この部分が俗にいう「人間宣言」だが、先入観なしにこの詔勅を読む

と、「人間宣言」という気はしない。

天皇は、「朕ハ神《ゴッド》ナルゾ」と宣言をしたことはなく、後述するように「アラヒト」とは「人間」の意味であることを、津田左右吉《つだそうきち》博士は不敬罪で起訴された公判廷で述べている。そして、『日本書紀』が「神《ゴッド》代」について「人代」が来るのは「人が支配する時代」の意味で、もし天皇が神なら日本史は全編が「神代」になってしまう旨《むね》を述べられている。だがこれについては後述しよう。

それらによって見れば、この部分は「現御神《あきつみかみ》(アラヒトガミ)」と「超国家思想の結合」の否定であろう。そして詔書は将来の発展を請い願《こ》う言葉で終わっている。

早くから「敗戦」を予感していた天皇

この詔書の主意は、すでに述べたように「五箇条の御誓文」への「誓《ちかい》ヲ新《あらた》ニシテ」であろうが、これをマスコミなどが「天皇の人間宣言」と受け取った理由は、「天皇ヲ以テ現御神《あきつみかみ》トシ」、それを基に「日本国民ヲ以テ他ノ民族ニ優越セル民族ニシテ」、それなるが故《ゆえ》に「世界ヲ支配スベキ運命ヲ有ストノ架空ナル観念」もまた厳然と存在し、そこに問題があったこともまた否定できないからである。

この観念は徳川時代に朱子学から派生し、それが国学と習合し、さらに明治に西欧型の

「貴族・軍人の長としての国王」という概念と結合するという〝複雑な経過と相当に長い歴史〟を経て形成されている。ただそれが、一つの力を持つにはさまざまな内的・外的な要因があったであろう。

西尾幹二《にしおかんじ》氏（文芸評論家）は、筆者との対談で、昭和の一時期を「ホメイニ時代」になぞらえられたが、おもしろい類比といえる。

もちろんイランと日本とは伝統が全く違うが、レザ・シャーとパーレビと二代にわたる西欧化・近代化政策の強行の後に、原理主義的伝統主義が〝熱病〟のように出てくる。超国家主義ならぬ超イスラム主義、というより神がかり的超シーア派主義で、世界中を敵視し、アメリカは「大悪魔」、ソビエトはそれにつづく「悪魔」にされてしまう。多くの違いがあるとはいえ、心理的には、戦時中の日本と似た点があったであろう。

なぜこういう状態になるか。その分析は一《ひと》まず措《お》くとして、パーレビ帝のように、天皇もまた亡命せざるを得ないという状態になり得たであろうか。亡命とはいえないが、『重臣たちの昭和史』（勝田《しょうだ》龍夫《たつお》著、文藝春秋刊）を読むと、近衛文麿は一時アメリカ移住を口にしている。では天皇がパーレビ帝になる可能性は全くなかったのであろうか。

天皇自身にはその意思はなかったであろうが、「敗戦」の予感は戦争のはじまる前からあり、そのときどういう状態になるかは、全然予想していなかったわけでもないらしい。独ソが不可侵条約を結び、再び三国同盟熱が高まった昭和十五年八月三十一日に、天皇は次のように言われたと『西園寺公と政局　第八巻』にある。

このときの首相は近衛（文麿《ふみまろ》）、外相は松岡（洋右《ようすけ》）、独ソが不可侵条約を結んでいるのだから、この同盟は、日独ソ伊の四カ国の結束になり、アメリカを抑制出来るはずというのが、内閣の見解であった。

閣議決定を立憲君主の天皇は当然に承認したが、内心では強い危惧《きぐ》を抱いていたらしく、次のように言われている。

「今回の日独軍事協定については、なるほどいろいろ考えてみると、今日の場合已《や》むを得まいと思う。アメリカに対して、もう打つ手がないというならば致し方あるまい。しかしながら、万一アメリカと事を構える場合には海軍はどうだろうか。よく自分は、海軍大学の図上作戦では、いつも対米戦争は負けるのが常である、ということを聞いたが、大丈夫だろうか」

「自分は、この時局がまことに心配であるが、万一日本が敗戦国となった時に、一体どうだろうか。かくの如き場合が到来した時には、総理（近衛）も、自分と労苦を共にしてくれるだろうか」

このとき天皇が、内心どう考えていたかは明らかでないが、いざとなれば近衛は逃げてしまうだろうといった懸念が、その言葉に現われている。さらに単にそれだけでなく、天皇自身が軍部によって退位に追い込まれる可能性があると考えていたか否《いな》か、これは明確には分からない。

大政翼賛会《たいせいよくさんかい》は、「まるで幕府が出来るよう」

マッカーサー司令部の民間情報教育局が編集した『真相箱』という著書が昭和二十一年に発行されている。これはNHKで『真相箱』という番組を設け、戦争中の出来事を〝これが真相だ〟と放送したものを一巻にしたものだが、当時の占領軍の情報統制のことを思えば、これは、どこまで〝真相〟だか分からない。いずれにせよ「宣撫《せんぶ》工作」だから、そのつもりで読まねば危険だが、その中に次のような記述がある。

「天皇陛下が、マッカーサー元帥を御訪問になったとき、『なぜ貴方《あなた》は戦争を許可されたのですか』というマッカーサー元帥の問《とい》に対して、元帥の顔を見つめられた陛下はゆっくり、『もし私が許さなかったら、きっと新しい天皇が立てられたでしょう。それは国民の意志でした。こと、ここに至って国民の望みにさからう天皇は、恐らくいないでありましょう』と言われたのであります」

この話を私はフィリピンの収容所で聞き、デマだろうと思っていたが、内地に帰って『真相箱』を読んだとき、フィリピンで聞いたとおりなので少々驚いた。もっとも天皇の言葉が英訳され、それがまた日本語に訳されているのだから、歪曲《わいきょく》はなくとも、相当にニュアンスの違ったものになることはあり得る。

ただ天皇が「宣戦ノ詔書」にある、

「今ヤ不幸ニシテ米英ト釁端《きんたん》（戦端）ヲ開クニ至ル洵《まこと》ニ已《や》ムヲ得サルモノアリ豈朕《あにちん》カ志ナラムヤ」

「事既《ことすで》ニ此《ここ》ニ至ル帝国ハ今ヤ自存自衛ノ為《ため》蹶然《けつぜん》起《た》ツテ一切ノ障碍《しょうがい》ヲ破砕《はさい》スルノ外《ほか》ナキナリ」

と言われても、それは別に不思議ではない。これを英訳すれば、天皇の意志でなく、追いつめられた状態を何とか打破しようとしたという意味になる。ただ「新しい天皇が立てられた」の意味は明白ではない。

収容所にこのニュースが伝わったとき、「それは天皇を退位させて秩父宮《ちちぶのみや》を軍部が擁立《ようりつ》するという意味だ」といった解釈があったが、これは少々考えにくい。軍部にそれだけの決意があったとは、資料を調べても、裏づけることはできない。もっとも「(天皇は)凡庸で困る」「天皇が革新に反対されるなら、某宮殿下(秩父宮)を擁《よう》して陛下に代《か》うべし」といった言葉があったことは、後述するとおり事実であろう。しかし具体的計画があったらしい形跡は見あたらない。

そうではなく「新しい天皇」とは、天皇を実質的に棚上げにして憲法を停止し、軍部およびそれを代表する者が実質的に天皇になるという可能性を口にされたのなら、これはあり得たであろう。

天皇は親ファシズム的な近衛文麿の行き方に危惧の念を抱いていたらしい。近衛が大政翼賛会《たいせいよくさんかい》をつくり、日本憲政史上はじめての「無政党時代」に進もうとしたとき、天皇は少々皮肉な言葉で、これを批判している。すなわち、結成式の前日に近衛が発足《ほっそく》について天皇に報告すると「このような組織をつくってうまくいくのかね。これは、まるで、むかしの幕府が出来るようなものではないか」と言われ、近衛も返事が出来ず絶句した。

確かに翼賛会が議会を完全に抑え、その翼賛会を軍部が支配すれば、「軍部党」の「一党独裁」というナチスばりの政権が出来得るから、まさに幕府の出現である。天皇がそういう状態を、説明を簡略にするため「新しい天皇が立てられ」ると表現したのなら、これはあり得たであろう。「幕府」などと言っても、その意味はマッカーサーには分からないであろうから――。

なぜ、これほどまでに憲法を絶対化したのか

以上を通観していくと、天皇には「五箇条の御誓文と憲法あっての天皇」という意識がきわめて強く、これが自己規定の基本であったように思われる。これは、五・一五事件後の新首相選定への「御希望」にも示され、その中に「ファッショに近きものは絶対に不可なり。憲法を擁護せざるべからず。然《しか》らざれば明治天皇に相済《あいす》まず」という言葉がある。

といっても天皇は、明治憲法が永久不変、いわゆる「不磨《ふま》の大典」で絶対に手を触れてはならない、とは考えていなかったようである。ただ改正が必要なら、それは憲法の規定どおりに行なうべきだと考えていた。昭和十五年八月三十一日の『木戸幸一日記』に次のように記されている。

「憲法の改正を必要とするのであるなれば、正規の手続きにより之《これ》を改正するに異存はないが、近衛がとかく議会を重《おもん》ぜない様《よう》に思われるが、我国の歴史を見るに、蘇我《そが》、物部《もののべ》の対立抗争以来、源平その他、常に二つの勢力が対立して居る、この対立を議会において為《な》

さしむるのは一つの行方《いきかた》で、我国では中々一つに統一ということは困難の様に思わる」

いわば対立があるのを当然として、それを憲法というルールのもとで、議会内で行なうがよい、大政翼賛会のような組織はよろしくないという発言である。憲法の規定に基づいて憲法が改正されれば、立憲君主として天皇はもちろんそれを裁可されたであろう。ただそれが現実に行なわれたのは敗戦の後であった。その後も天皇の自己規定には変化はない。

天皇は「憲法の命ずるところにより……」という言葉を使っている。いわば天皇がトップでなく、その上に憲法があり、この憲法の命ずるとおりにしているという意味である。

天皇は、なぜこのように憲法を絶対化したのか。これはおそらく、「大日本帝国憲法」発布のときの明治天皇の勅語にある、

「国家統治ノ大権ハ朕《ちん》カ之《これ》ヲ祖宗《そそう》ニ承《う》ケテ之ヲ子孫ニ伝フル所ナリ朕及《および》朕カ子孫ハ将来此ノ憲法ノ条章ニ循《したが》ヒ之ヲ行フコトヲ愆《あやま》ラサルヘシ」

によるであろう。これを否定することは、天皇にとっては自らを否定するに等しかった。

天皇の自己規定は、これ以外にも、調べていくとさまざまの興味深い面がある。まずいわゆる「英雄」になる気は全くなかった。

「我国は歴史にあるフリードリッヒ大王やナポレオンの様な行動、極端に言えばマキアベリズムの様なことはしたくないね」

（『木戸幸一日記』昭和十五年六月二十日付）

フリードリッヒ大王にもナポレオンにも、なる気は全くなかったらしい。歴史の皮肉といおうか、その天皇の下で日本軍は、ナポレオン時代のように全東アジアに一時的に版図《はんと》を広げて最終的には敗北している。外部から見れば、アジアのナポレオンのように見えたかもしれないし、「現人神《あらひとがみ》」という神権的独裁君主にも見えたであろう。

この「どう見たか」「どう見えたか」を一応除外し、戦前の右翼が、彼らが望むイメージを天皇に仮託した「彼らにとってのあるべき天皇像」も除こう。もっともこれは重要な問題で、彼らのイメージとしての天皇と、天皇の自己規定の乖離《かいり》は、二・二六事件に鮮明に現われている。だが、これらの問題を追究するにも、その前提として、まず天皇の自己規定を明確にすることが必要であろう。そうでないと、恣意《しい》的に描かれた天皇像を賛美したり批判したりする結果になってしまうからである。

二章　天皇の教師たち（I）

——倫理担当に杉浦重剛《すぎうらしげたけ》を起用した時代の意図

とりがねに　夜はほのぼのと　あけそめて
代々木《よよぎ》の宮の　もりぞみえゆく

▼大正十年、歌会始《うたかいはじめ》にて。皇太子として最初のお歌

天皇の自己規定を形成した教師たち

人間の性格、ものの見方や考え方、さらに嗜好《しこう》などがどのようにして決まるかは、今でも完全に解明されているわけではあるまい。たとえば天皇の趣味以上の趣味が生物学であることはよく知られているが、本職生物学者を除けば、生物学が趣味の人は珍しいと言うべきであろう。

天皇は幼時から昆虫や植物に興味を持たれたといわれるが、これは別に珍しくない。たいていの男の子は、セミやトンボのような身近な昆虫に興味を持っており、私の世代で、トンボ採《と》りやセミ採りをしなかった人間がいれば、むしろ例外であろう。しかし、それらの男の子がみな大人になっても生物、ないしは生物学に興味を持っているわけでなく、中学に入るころには、興味がほかのものに向いてしまうのが普通である。

ただこういう時、自分の尊敬する、もしくは気の合った教師などに生物学者がおり、その人に触発されて新たにより深い関心を生物に対して抱き、専門の生物学者への道を歩む、といった例は少なくない。

ただ一般人の場合、環境は必ずしもその人が関心を持つ方向へ進むことを許さず、心ならずもサラリーマンになったという人もあるであろう。そういう人は事情が許せば生物学への方向に進んだであろうが、はじめからあまり好きでない方面は別である。天皇は、唱歌・図画・手工は不得意であったから、この方面にはよい教師がいても、あまり影響は与えられなかったであろう。また小説類には、生涯関心を持っておられない。

以上のように考えれば、天皇の生物学好きに決定的な影響を与えたのが、御学問所《ごがくもんじょ》で博物を担当した服部広太郎《はっとりひろたろう》博士であったことは間違いあるまい。二人がいかに気が合い、いかに嬉々《きき》として採集や観察にはげんだかは、さまざまな人の思い出にある。

もちろん、天皇は生物学者への道を歩むわけにいかなかったが、ただ少々驚嘆すべき持続力を持って生物学研究をつづけておられる。これはその関心が並々ならぬことを示しており、崩御される前、最後の意識が混濁する直前まで、生物学へのご関心を失っていなかった。

天皇には、大変にお好きなのだが、周囲が問題にしたのでやめてしまったものがある。それがゴルフで、ハンディ20であったといわれる。

そして戦前、ゴルフに劣らず問題にされたのが生物学御研究だが、これだけはいかに妨害があっても、天皇はやめようとしなかった。それについて記されているものを読むと「王者の不自由」という言葉を思い出す。本書は天皇の生物学御研究について記すわけではないので、以上の摘記にとどめるが、この生物学御研究の継続もまた、天皇の自己規定の一つの現われであり、ここに天皇の生き方の一端が現われている。

そこで当然に関心を持たざるを得なくなるのが、一章で記したような天皇の自己規定の形成において、生物学の服部広太郎博士のような影響を与えたのは誰で、その内容はどのようなものであったのかということである。

天皇は小学校は学習院で学ばれた。院長は乃木《のぎ》（希典《まれすけ》）大将で、彼は殉死の直前に、山鹿《やまが》素行《そこう》（江戸前期の儒学者）の『中朝事実《ちゅうちょうじじつ》』（日本の皇統を明らかにした歴史書）と三宅観瀾《みやけかんらん》（江戸中期の儒学者）の『中興鑑言《ちゅうこうかんげん》』（建武《けんむ》の新政の得失を論じた書）を、献上したという。

天皇は中等科へは進まれず、宮中の御学問所で学友とともに学ばれることになった。総計六人、期間七年である。七年はやや変則な期間に見えるが、当時あった七年制高校と同じと考えてよいであろう。ということは、旧制の中学・高校をこの御学問所で学ばれ、前述の服部広太郎博士もその教師陣の一人だった。

では、天皇の自己規定、および倫理的規範は、誰の影響によって形成されたのであろうか。言い換えれば、生物学における服部広太郎博士の役割を誰が演じたのであろうか。それは、おそらく白鳥庫吉《しらとりくらきち》博士と杉浦重剛《すぎうらしげたけ》である。もっとも、この二人だけとは言いがたいが、『倫理御進講草案《りんりごしんこうそうあん》』を残して、その跡をうかがわせるのは杉浦であり、自己の教育方針と一部の資料が明確なのが白鳥である。

杉浦重剛の青年時代と自己形成

ここでまず、資料の最もはっきりしている杉浦重剛（通称・じゅうごう一八五五—一九二四年）について、少し記さねばならない。彼はすでに忘れられた人であり、またさまざまな資料で彼の名を知る人も、だいたい写真でその風貌に接したのが限度らしい。

現代ではこれ以上の関心を持たれなくても当然だが、写真の炯々《けいけい》たる眼光と白く長い髯《ひげ》は、国士ないしは右翼を連想させるらしく、現に私の知人でそう思い込んでいた人もいる（写真参照）。そこで、彼はイギリスに留学した化学者ですよと言うと、たいていの人は驚く。写真とイギリス留学の化学者とは結びつかないからであろう。まことに、外見をもって人を判断するなかれだが、ここでまず杉浦重剛の略歴に簡単に触れておきたい。

杉浦重剛

彼は安政二年（一八五五年）、近江膳所《おうみぜぜ》藩の儒者の二男に生まれた。藩校で十四歳まで学び、成績優秀で十五歳で句読方《くとうかた》という職に取りたてられた。彼は儒者の家の出身だが、幕末という時代の影響であろうか、藩校のほかに三人の師について漢学と洋学を学んでいる。

そしてこの青年期の彼への最大の衝撃が、最も尊敬する師の高橋坦堂《たかはしたんどう》が、尊王派の一員として、ある事件に巻き込まれて刑死したことであった。慶応元年（一八六五年）のこと、そしてこれは全くの冤罪《えんざい》であったらしい。こういった事件、いわば藩内が尊攘《そんじょう》派と佐幕《さばく》派に分かれて主導権を争い、それが二転三転してさまざまの悲劇を生じた事件は、歴史には残らないが、多くの藩に起こっている。

その後に杉浦が師事したのは、黒田麴盧《くろだきくろ》（一八二七―九二年）である。この人は、有名な緒方洪庵《おがたこうあん》や伊東玄朴《いとうげんぼく》（幕末・維新期の蘭方医）に学び、江戸で蕃書調所《ばんしょしらべしょ》に勤務した。この蕃書調所が大学南校《なんこう》となり、さらに東大へと発展していく。彼はここでさまざまの言語に接し、かつ学んだらしく、漢学は言うに及ばず、オランダ語、英語、フランス語、ドイツ語さらにサンスクリットまで手を伸ばしたという。いわば草創期に出てくる典型的な〝百科全書的学者〟であろう。

この麴盧《きくろ》に約一年半にわたって教育を受けたことが、杉浦に大きな影響を与えた。いわば漢学のほか、英語、オランダ語、フランス語、数学、理化学、天文学を学び、それらは彼にとって新鮮な驚きだったらしい。こう見てくると、重剛もまた、緒方洪庵の系統といえる。もちろん天皇の場合は簡単に洪庵の学統とはいえないであろうが――。

そして重剛の関心は漢学からしだいに洋学へと傾き、やがて藩の貢進生《こうしんせい》として大学南校に入学すると、専攻に化学を選んだ。彼が大学南校に入学すべく故郷を出立するとき、麴盧は、もう蘭学は時代おくれだから、英仏独のいずれかを選択して学ぶように言った。彼は英語を選び、それが英国留学へとつながったわけだが、彼がなぜ、英語を選んだかは明らかでない。

麴盧のほかに彼は、京都の岩垣月洲《いわがきげつしゅう》（幕末・維新期の儒学者）にも学んだ。この人は弟子が多く、岩倉具視《いわくらともみ》、近衛忠煕《このえただひろ》、篤麿《あつまろ》（文麿の父）、富岡鉄斎《とみおかてっさい》（日本画家）らがその弟子にいる。重剛が学んだころはもう老齢で、盲目であった。

この師がある日、空論ばかりたたかわせていないで、まず飯が食えるように注意したらよかろうと言った。当時の武士たちは、飯のことなぞ口にするのもいやしいことと考えていたので、重剛もこの師を一時、いやしんだらしい。そして彼は、廃藩置県のときに、この師の言葉の重要さを思い知らされる。以上の三師を彼は自己の生涯の師と考えていた。

明治になると、政府は近代国家を担《にな》う人材の養成が急務であると感じ、全国各藩から優秀な青年一人ないし三人を推薦によって集め、蕃書調所の後身の大学南校で洋学教育を行なうことにした。総計三一〇人。彼らは文字どおり新しい日本を担うエリートであり、その多くは、今までにない新しい学問を日本に根づかせた人たちである。

一方、彼らの苦労も大変だった。授業は外国人教師による外国語であり、とうていついて行けないと自殺する者や、故郷へ逃げ帰る者もいた。無理もない。重剛も英語でいきなり数学や化学の講義を受けるのだが、辞書といえば『薩摩《さつま》辞書』しかない。彼の成績は、はじめはどんじりの方であったが、猛勉強で二、三年のうちにトップクラスになり、明治九年に外国留学生に選ばれ、明治天皇の前で御前講義をする一人にも選ばれている。彼はこのときの印象を『倫理御進講草案《りんりごしんこうそうあん》』の中で語っている。

イギリスが杉浦に与えたその精神とは

明治九年六月、彼は外輪船《がいりんせん》(蒸気で水掻《みずかき》を回す初期の汽船) アラスカ号で、アメリカを経由してロンドンに向かった。サンフランシスコに上陸し、はじめて米大陸の土を踏んだとき、彼は大変な文化ショックを受けた。当時の日米の懸隔《けんかく》を思えばこれも当然で、幕末から明治初期に米国経由で西欧に行った者は、すべてサンフランシスコでショックを受けている。

ただそのショックの結果は人によって相当に違い、ある者は日本に失望して自己否定の欧化絶対となり、ある者は逆に「負けるものか」と日本人意識が逆に強くなる。強くなっても、それは欧米の絶対的優位を認めているわけだから、出来るだけ早く学ぶべきものを学んで相手を凌駕《りょうが》しようとあらゆる努力をする。自己否定の欧化主義者も努力をするから、学ぶという点では両者は同じであろうが、ただその内なる心の持ち方は全く違うという結果になる。重剛は後者であったらしい。

彼が化学を選んだのは、後の彼を考えると少々奇異な感じがするが、農業改革のため農芸化学を学びとることが日本の急務と考えてのことらしい。そこでイギリスに着くとすぐ農芸化学に進んだが、彼はこれを途中で放棄した。理由は、イギリスの農業は牧畜・麦作中心で、日本と違いすぎたからである。

そこで彼は純正化学へと転じ、マンチェスターのオーエンス・カレッジに移って、ロスコー、シャーレマルという二教授について化学を学んだ。彼はこの二教授を深く尊敬して熱心に学び、イギリス人学生を抑えて首席となった。語学というハンデキャップを考えれば、超人的な努力であったろう。ここに、強い文化ショックから、一日も早く欧米を凌駕しようという方向に向かった彼が現われているといってよい。

彼がイギリスに学んだ一八七六年から四年間は、ヴィクトリア女王の時代（在位一八三七―一九〇一年）、いわば大英帝国の最盛期である。当然に強い影響を受けたであろうと思われるが、それは不思議なくらい表に現われていない。また化学を学び、首席になるほど勉強したのに、それを以《もつ》て身を立てようともしていない。

表面的には、イギリスも化学も忘れてしまったように見えるが、『倫理御進講草案』を見ると、そう簡単には言えないという気がする。一例を挙げよう。「百聞不如一見《ひやくぶんはいつけんにしかず》」の章で、彼は次のように述べている。

「思うに人間の知識なるものは、単に耳を以て聞き、書籍にて読みたるのみにては、いまだ真実を得がたきことあり。自らその境《きよう》に臨《のぞ》み、あるいはその地を踏み、あるいはその物を実験して、初めて正確を期すべきものなり。たとえば政《まつりごと》を施すには、自ら民情を視察するを有益なりとし、学問を修むるには、実験踏査等を必要とするが如《ごと》し。（物理・化学・地理・歴史の如きは最も然《しか》り）。

その他、商業、工業、および軍事等凡百《ぼんぴやく》のこと、みな実地に就《つ》きてこれを見るを切要《せつよう》なりとす。もし然《しか》らざれば、則《すなわ》ちいわゆる机上《きじよう》の空論の弊《へい》に陥《おちい》るを免《まぬが》れざるべし」

と、大いに実験を主張している。

さらにこれだけでなく、彼は、歴史上のさまざまな例を用いて説明するとき、しばしば帝王と科学者の関係を例に引いている。たとえば「好学《こうがく》」のところでは、次のように述べている。

「かつて英国にディヴィー（一七七八―一八二九）といえる理学者あり。ポタシアム（カリウムのこと)、ソディアム(ナトリウムのこと)の二元素を発明(発見)して声名を馳《は》せたり。時あたかも英仏交戦中なりしが、仏帝ナポレオン一世は、特にこの名誉ある理学者をして、自由に仏国内を旅行せしむることを許可せられたるのみならず、また拝謁《はいえつ》をも賜わりたり」

こういったことは、普通の歴史家も倫理学者も知らないであろう。やはりこれは彼が化学を専攻し、それに興味を抱きつづけた結果であり、同時に帝王の「好学」は、単に自分が学問が好きなだけでなく、学者は政治を超えてナポレオンのように待遇すべきものだという意識が、彼にあったことを示している。

後の天皇が、独伊を信頼しなかったのはなぜか

また英米についての関心は、さまざまな問題に関連して出てくる。これはアメリカが文化ショックを受けた国、イギリスは学んだ国だから不思議でないが、面白いのはそれが、特に一章を設けるという形でなく、ごく自然にさまざまな例の中に散見していることである。

これと比べると、このような形で全然出て来ないのが独伊である。これは、知らないから当然ということになるであろうが、重剛はこれらの国に明らかに親近感を持っていない。ドイツについては「前独逸《ドイツ》皇帝ウィルヘルム二世の事」との一章がわざわざ設けられているが、これはあくまでも「反面教師」として出てくるのであり、天皇は決してこうなってはいけないという例である。

第一次世界大戦での敗戦とともに、ウィルヘルム二世が何もかも投げ出して退位、亡命したことは、決して責任を全《まっと》うしたことにならない。こういう時こそ自らが身を捨てて正面に立つべきだ、ということを天皇はこの「反面教師」から学ばれたであろうと想像される。

天皇の親英仏米・反独伊は、たとえば、

「独伊が如き国家とその様な緊密な同盟を結ばねばならぬような事で、この国の前途はどうなるか」

（昭和十五年九月十六日、『天皇秘録』）

といった言葉にも現われている。「独伊が如き国家」という言葉は少々「差別的」だが、これが、マジノ線（フランス北東国境の要塞線）が突破され、イギリスがダンケルクの総退却となり、フランスが降伏し、イタリア軍がリビアからエジプトへの侵攻を開始したとき、独伊枢軸側がいわば得意の絶頂にあったときの言葉であることを思うとき、そしてその結果、マスコミはもちろん、日本国中が独伊ブームといった現象を呈していたときの発言であることを考えると、天皇の親英米仏感は、決して一朝一夕《いっちょういっせき》のものでないことを思わせる。

もちろんそこには、イギリス王・ジョージ五世への強い親愛感と、専攻された第一外国語がフランス語であったことも深く関連するであろうが、少年期に、重剛が不知不識《しらずしらず》のうちに植えつけたものが根底にあったであろう。

以上のような点で見ていくと、重剛における英国と化学は、決して消えていないと思わざるを得ない。だが彼は、帰国後もイギリス式に日常生活を送った穂積陳重《ほづみのぶしげ》（法学者）のような生き方はせず、また「日本化学の祖」と言われるような位置にもつかなかった。彼とともに、あるいは前後して留学した者は、政界・学界・法曹界《ほうそう》で「重鎮」といった位置を占めた人が多いが、それと比べると重剛は、世間的には「出世しそこなった男」にも見えたであろう。

そうなった理由の一つは彼の病気にあった。彼には神経症的ともいえる完全癖があり、そのため一点一画もおろそかにしない猛勉強をする。何しろイギリス人を抑えて首席になるほどだから、その勉強ぶりはすさまじく、そのため不眠症となり胸部疾患を生じた。

その前に彼はマンチェスターを去ってロンドンに移ったが、これは成績が二番に落ちたことを恥じたからだともいわれているが、彼自身はこれを否定し、さらに見聞を広めたかったからだと言っている。事実はおそらく後者であろうが、あくまでもイギリスの学生を凌駕しようとする彼の猛勉強が、周囲に前者のような解釈をさせたのであろう。

そして不眠症から生じた神経衰弱と胸部疾患のため、彼はついに帰国せざるを得なくなり、明治十三年（一八八〇年）三月帰国の途につき、五月に横浜に上陸した。その点では挫《ざ》折《せっ》の人である。帰国時の第一印象は、日本が大変に貧弱で、人々がのろくさく見えたことらしいが、これは明治の帰国者の第一印象に共通している。

彼の留学中に、大学南校は東京帝国大学になっていた。洋行帰りの東大卒の彼は、半年ほど療養するとすぐ母校に招聘《しょうへい》され、東大理学部博物場掛取締になる。ついで明治十五年東京大学予備門長となり、そのかたわら同志と私立英語学校（後の日本中学校）を設立し、また家塾「称好塾《しょうこうじゅく》」を開いて青少年の教育をした。またジャーナリズムの世界にも進出し、一時は文部省にも勤め、明治二十三年には、第一回帝国議会の選挙に郷里から推《お》されて当選したが、政治の世界に失望して半年で議員を辞《や》め、日本中学校の校長となり、教育と言論の世界に身を置くこととなった。

なお「称好塾」は、まことに自然発生的で、彼を慕《した》って集まる青年が多く、その一部が書生として住み込むようになり、そのためしだいに家を増築した結果、出来上がったような家塾である。この点で彼は天性の教育者であったらしい。

学者は必ずしも教育者ではないし、教育者は必ずしも学者である必要はない。特に中学・

高校の段階までは、教師として大学者が要請されるわけではない。重剛が学者タイプか教育者タイプかといえば、前述のように明らかに後者である。彼は自らを「書生道楽」といい、代議士を辞めた後は政界・官界・学界などに、一切野心も関心もなく、私立中学校の校長を天職と心得てこれに専念していた。そして明治も終わるころになると、世間から忘れられた存在になっていた。

明治のはじめに留学したとはいえ、一私立中学の校長を人々が記憶していないのは当然だが、理由はそれだけでなく、イギリス留学以来の持病ともいうべき神経衰弱が彼を苦しめた。

その眼光と白髯《はくぜん》から来る国士的・右翼的な風貌とは裏腹に、彼は、きわめて細心で用心深く神経質で完全癖のタイプであった。いわば、豪放磊落《らいらく》太っ腹でおおまか、の逆であり、決して多血質でも粘液質でもない。そう見ていくと、神経衰弱にかかっても不思議でなく、特にひどかったのが明治三十五年から四十二年までの七年間である。この間に彼は東亜同文書《とうあどうぶんしょ》院《いん》長や、朝日新聞客員等をすべて辞め、文字どおり半《なか》ば隠退《いんたい》したような状態になっていた。新聞に「故杉浦重剛氏」と書かれたという逸話があるが、おそらくこのころのことであろう。

倫理の教師に、杉浦が指名された理由

この忘れられた人物がなぜ御学問所で「倫理御進講」をする結果となったのか。学士院会員とか東大教授といった立派な肩書を持った人がいくらでもいたではないか、なぜそういう「名士」が選ばれず、世から忘れられた私立の一中学の校長が選ばれたのか。

実は前々から、この忘れられた「書生道楽」者に眼をつけていたらしい人がいた。それが浜尾新《はまおおあらた》（一八四九―一九二五年）である。彼は東大総長を二度つとめ、文部大臣も経験した教育界の長老だが、重剛が大学南校の学生のころの監事で、学校に泊まり込みで生徒の世話をしていた。いわば重剛とは四〇年来の先輩・後輩の間柄であり、彼の生涯をつぶさに見ていたと言ってよい。

浜尾新もまた嘉永《かえい》二年（一八四九年）生まれの幕末人。先祖代々但馬豊岡《たじまとよおか》藩御右筆《ごゆうひつ》（書記）で、明治三年、藩から選ばれて東京に遊学、福沢諭吉の慶応義塾などで英語を学び、開成学校に勤めた入江文郎《いりえぶんろう》（幕末・維新期のフランス語学者）や、中江兆民《なかえちょうみん》にフランス語を学んでいる。彼はフランス語の方が英語より得意であったらしいが、後述する山川《やまかわ》や杉浦のような劇的な体験はしていなかったらしい。

当時の人の思い出によると、浜尾は一言で言えば、「温厚」だが「芯」が強い「君子」であったらしい。彼は学者よりむしろ教育家、ないしは教育行政家であったであろう。

その彼が東宮大夫《とうぐうだいぶ》となり、東宮御学問所副総裁を兼ねるようになって、白羽の矢を杉浦重剛に立てた。東大総長と文部大臣を歴任した彼は、もちろん当時の教育界に精通しており、多くの学界の重鎮といわれる人を知っていた。だがそれらの人が選ばれず重剛が選ばれたのは、彼が中学教育のベテランであったからであろう。

この名総長といわれた人の判断は的確で、これから中学生になる将来の天皇には、経験を積んだ中学教師が必要でも、大学教授が必要なわけではない。そして理想的なのは、優に大学教授が務まる中学教師で、長らくの経験を積んだ者であった。この点で杉浦重剛こそ適格と見たのであろう。

もちろん浜尾は独断で決めたわけではなく、杉浦の著作を審査したのは山川健次郎《やまかわけんじろう》（一八五四―一九三一年）である。山川は白虎《びやっこ》隊から城づきにまわされたので生きのびたという数奇な運命の持主である。彼は会津鶴ケ城で籠城戦を一カ月戦い、落城後に、彼の才を惜しむ人に助けられて越後に落ち、江戸に出て開拓使の試験を受け、これに合格してエール大学に留学という苦難の道を歩んでいる。

その彼が、東宮大夫となった浜尾新を助け、東大総長のかたわら、東宮御学問所評議員を兼務していた。さまざまな面から見ると、この御学問所への彼の影響力は、きわめて強かったといえる。その彼も「中等教育のベテラン・杉浦」に期するところがあったのであろう。

もちろん、以上のことだけで適格・不適格が判定出来るとはいえない。彼が教育にいかなる主義を持ち、またどれだけの実績を挙げているかも、当然に問題になる。

極端な言い方をすれば、将来の天皇を無政府主義者に育てあげるわけにはいかないが、といって、神がかり的超国家主義者でも困る。簡単に言えばごく常識的で穏健な立憲君主がのぞましいわけで、それは薫陶《くんとう》を受けた卒業生を見れば分かる。ただ、著書、論文は調べているが、特に卒業生を調べたらしい形跡はない。だがこれは名簿を見て調べれば分かることなので、形跡が残らなかったと考えてよいであろう。事実、卒業名簿には錚々《そうそう》たる人物が並んでいるから、この点では問題がなかったであろう。

国家の興廃は「道徳」にあり

では杉浦重剛とはどのような思想の持主であったのか。それを要約するのはきわめてむずかしい。理由は簡単で、彼は青少年期に漢学と洋学を学び、イギリスに留学して化学を学んでも、いわゆる「西欧近代思想」を学んではいないからである。

これが哲学者や倫理学者なら何々の系統――たとえばヘーゲルの系統とかミルの系統とか――言えたであろうが、彼にはそれがない。またそのような学問をしていないから、自己の思想を体系的・学問的に記す術《すべ》を彼は持っていないし、またそのようなことには生涯少しも興味を示さず、「書生道楽」の中学校長に専念していたからである。

　しかし『倫理御進講草案』をはじめとする彼の著作を読むと、その思想はある程度はつかめる。簡単に言えば、彼は、幕末に漢学を学び明治初期にイギリスに留学した多くの人と、ある面では、同じような思想を持っていた。それを彼自らの言う「日本で発達した日本固有の儒学」と「ヴィクトリア朝的なイギリス思想」との習合といった思想と見てよいであろう。

　当時留学した日本人で、進化論の影響を受けなかった者はいない。それもスペンサーの社会進化論的な考え方で、個人も国家も適者生存で不適者は淘汰《とうた》されるという考え方である。穂積八束《ほづみやつか》（法学者、陳重《のぶしげ》の弟）などはこの信奉者で、個人が適者生存・不適者淘汰を継続すれば、その民族は優秀な適者だけになるから、次は、世界における諸民族との競争にも勝ち残るといった考え方を持っていた。この思想は、きわめて危険な要素を含んでいるが、問題はいかなる要素を持てば適者になれるかである。

　重剛もまた精力をたくわえた者が適者になると信じていたが、興味深いことは、彼が、力とは武力・知力・腕力でなく道徳だと信じていたことである。その点では、道徳至上主義者と言えるであろう。ここには「徳」に絶対的な価値を置いた儒教の影響があるであろうが、それだけではあるまい。いわば道徳的頽廃《たいはい》が一民族を衰亡に導くことが、ギボンの『ローマ帝国衰亡史』以来、ある程度は常識化していたイギリスの影響もあったと考えてよいであろう。

この考え方も明治にはある程度は共通して見られ、内村鑑三《うちむらかんぞう》なども道徳的頽廃が衰亡につながると考えている。日本でこのような考え方をしたのは、徳川時代では水戸の栗山潜鋒《くりやませんぽう》（一六七一―一七〇六年）で、彼は、朝廷が道徳的に頽廃したが故《ゆえ》に、政権が武家に移ったと『保建大記《ほけんたいき》』の中で記している。

この『保建大記』が『倫理御進講草案』に登場するが、その内容にはほとんど触れていない。これはきわめて珍しい例で、採《と》りあげている他の本、たとえばマルサスの『人口論』などは、その内容を要約し、同時に批評し、他の思想家との関連も述べている。重剛は、栗山潜鋒の厳しい批判――特に後白河《ごしらかわ》法皇への――や、天皇家の頽廃の状態などは、問題化しないように、あくまでも口頭で行なって記録に残らぬようにしたのであろう。

彼は日本がイギリスのように、世界の中心的勢力になるべきだとしている。これもヴィクトリア朝時代の留学生に共通していると言ってよい。もっともそれが目標か憧《あこが》れか明確でない場合もあるが、重剛は、日本は世界の盟主になるべきだとしている。

そう言うと誤解されそうだが、彼は、超国家主義的軍国主義者ではない。それはあくまでも、道徳という力において最高になることだとしている。これも『保建大記』とよく似た考え方で、潜鋒は、朝廷は「失徳《しっとく》」によって政権を失ったのだから、「徳」をきわめれば幕府は大政を奉還し、他の国々も日本を盟主とすると説いている。

重剛は、道徳がなぜ力であり得るかを自然科学的に説明しているが、これは、今では問題にするに足りない。ただ彼の考え方は道徳至上主義で、道徳的に頽廃すればその国家・民族は衰亡し、道徳的に向上すればその国家・民族は興隆すると考えていたことは間違いない。

さてこうなると天皇は、模範的な道徳的人間にならねばならない。そうでなければ日本は衰亡に向かうことになる。彼は帝王倫理と個人倫理は区別しがたいと言っているが、この点では確かにそのとおりであろう。そして、さらに「マルサス人口論」のところでベンサムを引用し、次のような面白いことを言っている。

「マルサスとほとんど同時に、ベンザム《(ママ)》といえる政法学の大家あり。この両人の間の個人的交際および学術的の関係のいかなりしかは、いまこれを詳《つまびら》かにすること能《あた》わざるも、ベンザム《(ママ)》が『最大多数の最大幸福』を主張したるを見れば、自《おのずか》ら一種の連絡ありたるものならんか。人口の増加は事実なり。その増加する人間を治むるには、結局その最多数に最多の幸福を与うるを目的とすべしというに外《ほか》ならざるなり。言を換《か》うれば、東洋のいわゆる仁《じん》を行なうにありとす」

この「仁＝最大多数の最大幸福」は彼の持論であったらしく、浜尾と東大総長山川健次郎が調べた彼の論文にもある。いわば中国思想とイギリス思想を習合させているわけで、まことに重剛らしい考え方である。そしてこれらを調べた結果、浜尾は、あらためて彼こそ適任と考えた。

大正三年（一九一四年）五月十五日、浜尾は杉浦家を訪れ、「皇太子裕仁親王《ひろひとしんのう》の倫理教師を引き受けてもらいたい」と言った。全く予期しない話に重剛は驚いた。前述のように彼は「故杉浦重剛氏」と書かれた一介の中学校長、世間から全く忘れられた人物である。そんな要請が自分のところに来ようなどとは、夢にも思っていなかったからである。彼は一両日の猶予を請《こ》い、日ごろ信頼している関係者に相談して、この大任を引き受ける決心をした。

浜尾が彼の宅を訪れてから八日後の五月二十三日、彼は宮内省に出頭して辞令を受け、ついで御学問所を見学してから皇太子裕仁親王に拝謁《はいえつ》した。初対面であったろう。それから約一カ月間、彼は、御進講の草案づくりに没頭する。それが、いま残されている『倫理御進講草案』の草稿であろう。

倫理の「御進講」が、後の天皇に与えた影響

以上のような経過を経て、杉浦重剛は皇太子裕仁親王に倫理を講義するようになった。それが天皇にどのような影響を与えたか。それは、さまざまな機会に天皇が口にされた言葉、およびほぼ一貫している生き方と、重剛の残した『倫理御進講草案』とを対比すると、自ずと明らかになってくる。

本書はそれが主題でないので東宮御学問所《とうぐうごがくもんじょ》については省略するが、総裁は東郷《とうごう》元帥で、その下に東大および学習院の有名教授がずらりと並んでいる。大正三年五月四日が始業式。東郷元帥はじめ教職員・学友一同が列席しているが、杉浦重剛はいない。前述のように彼が辞令を受けたのは五月二十三日、倫理の教師はまだ決まっておらず、倫理抜きの始業式だった。これは、その人選がどれだけ難航したかを示している。

なお授業課目は、倫理、国文、漢文、歴史、地理・地文、数学、理化学、博物、フランス語、習字、美術史、法制経済、武課、体操、馬術、軍事講話である。馬術、軍事講話を除くと、当時の中学・高校とあまり変わらない。語学がフランス語なのは、当時の常識であった。後の記録を見ると、天皇が最も得意な外国語はフランス語、次が英語であり、ドイツ語は習得されなかったらしい。

興味深いのは、歴史が白鳥庫吉《しらとりくらきち》博士で、彼の学問を継承したのが津田左右吉《つだそうきち》だが、ともに

東宮御学問所の職員たち。白鳥庫吉（前列右から二人目）、東郷平八郎総裁（同五人目）、浜尾新（同六人目）、杉浦重剛（同八人目）らが写っている。

「神話は歴史に非《あら》ず」としている点である。この白鳥庫吉が天皇にどのような影響を与えたかも、また興味深い問題だが、ここではまず、重剛が「倫理御進講」でこれをどう扱ったかに進むことにしよう。というのは、当時はこれは、避けて通ることができなかったからである。

なお、東郷元帥も杉浦重剛もともにイギリスへの留学生であったことも興味深い。それが天皇の親英米的傾向にどのような影響を与えたかは明らかでないが、重剛がドイツをほとんど無視するか、否定的に採りあげるかのいずれかであったことは『倫理御進講草案』を見れば分かる。さまざまな理由があったであろうが、〝時局〟も影響したであろう。彼が一カ月の準備を終えて講義をはじめたのが六月二十二日、そして七月二十八日に第一次大戦がはじまり、日英同盟の関係から、日本も八月二十三日にドイツに宣戦布告をしているからである。

三章

「三種の神器《じんぎ》」の非神話化

——道徳を絶対視しつつ、科学を重んじる杉浦の教育方針

世の中も　かくあらまほし　おだやかに
朝日にほへる　大海《おおうみ》の原《はら》

▼大正十一年、歌会始にて。摂政として最初のお歌

三種の神器は「知・情・意」の象徴

『倫理御進講草案』（以下『御進講』と略す）には、その冒頭に「趣旨」が記され、次の言葉ではじまる。

「今回小官が東宮殿下《とうぐうでんか》に奉侍《ほうじ》して倫理を進講すべきの命《めい》を拝したるは無上の光栄とする所なり。顧《おも》うに倫理の教科たる唯《ただ》口にこれを説くのみにして足れりとすべからず。必ずや実践躬行《きゅうこう》、身を以てこれを証《しょう》するにあらざれば、その効果を収むること難《かた》し。故《ゆえ》に、学徳ともに一世を超越したるの士にして始めてこれを能《よ》くすべし。

小官の浅学菲徳《せんがくひとく》なる果《は》たして能くこの重任に堪《た》え得るや否《いな》や。夙夜恐懼《しゅくやきょうく》して措《お》く能《あた》わざる所なり。然《しか》れども一旦《いったん》拝命したる以上は、唯《ただ》心身を捧げて赤誠《せきせい》を致さんことを期するのほかなし。いま進講に就《つ》きて大体の方針を定め、左にこれを陳述せんとす。

一、三種の神器《じんぎ》に則《のっと》り皇道《こうどう》を体《たい》し給《たま》うべきこと。

一、五箇条の御誓文を以て将来の標準と為《な》し給うべきこと。

一、教育勅語の御趣旨の貫徹を期し給うべきこと」

となっている。これが彼の「倫理御進講」の趣旨で、時代を考えればごく常識的といえる。ただいまの時点で見ると「少々神がかり的超国家主義くさい」と感ずるのが普通であろう。しかし早合点はしばらく措《お》いて、まずこれらについて、重剛がどのような講義をしたかを調べてみなければならない。彼はまず、『御進講』の最初の項「三種の神器」の冒頭を、

「皇祖天照大神《あまてらすおおみかみ》、御孫瓊瓊杵尊《おんまごににぎのみこと》を大八洲《おおやしま》に降《くだ》し給わんとする時、三種の神器を授け給い……」

とはじめるが、すぐにこれを非神話化して「知仁勇《ちじんゆう》＝知情意《ちじょうい》」の象徴であると、次のように説きはじめる。

「三種の神器即《すなわ》ち鏡、玉、剣は唯《ただ》皇位の御証《みしるし》として授け給いたるのみにあらず、これを以て至大の聖訓を垂《た》れ給いたることは、遠くは北畠親房《きたばたけちかふさ》、やや降りては中江藤樹《なかえとうじゅ》、山鹿素行《やまがそこう》、頼山陽《らいさんよう》などのみな一様に説きたる所にして、要するに知仁勇の三徳を示されたるものなり」

いわば神話的要素を一気にはずして道徳基本論へと入り、ついで中国と西欧の基本的な発

想に進み、再び日本にもどるという形で論を進める。すなわち――、

「これを支那《シナ》に見るに、知仁勇三つの者は天下の達徳なりと、『中庸《ちゅうよう》』に記されたるあり。世に人倫《じんりん》五常《ごじょう》（父子親《ふししん》あり、君臣義《くんしんぎ》あり、夫婦別《ふうふべつ》あり、長幼序《ちょうようじょ》あり、朋友信《ほうゆうしん》ありの五つ）の道ありとも、三徳（知仁勇）なくんば、これを完全に実行すること能《あた》わず。言を換《か》うれば君臣、父子、夫婦、兄弟、朋友の道も、知仁勇の徳によりて、始めて実行せらるべきものなりとす。支那の学者すでにこれを解して、知はその道を知り、仁はその道を体し、勇はその道を行なうものなりといえり」

と説き、ついで西欧に進む。

「またこれを西洋の学説に見るに、知情意の三者を以て人心の作用を説明するを常とす。知は事物を知覚すること、情は自然の人情にして悲喜愛憎みなこれなり。その至純にして至清《しせい》なるものを仁となす。意は事を行なわんとする志にして、困難に当《あた》りても屈せず撓《たわ》まず、これを断行するを尊ぶ。これ勇なり。知情意の完全に発達したる人を以て完全なる人物となす。換言すれば優秀なる人格の人は、完全なる知情意を有するなり」

として、西欧も中国も同じことを主張していると締《し》めくくって、また日本にもどる。

「以上述べたる如く、支那も西洋もその教《おしえ》を立つること同一なり。要は知仁勇の三徳を修養するを以て目的とす。ただ彼にありては理論よりしてこれを説き、われにありては皇祖《こうそ》大神《おおみかみ》が実物を以てこれを示されたるの差あるのみ」

と彼は結論づける。「三種の神器」という言葉は、戦後にもさまざまな形で生活水準の向上を示す象徴的「宝物」を示すために用いられてきた。簡単に言えば「三種の神器」を備えていれば、一人前の生活水準ということであろう。

重剛はここで「完全なる知情意」という「三種の神器」を「有する」のが「優秀なる人格」と規定しているから、これは「三種の神器」という言葉を、近代的な意味で象徴的に用いたはじまりかもしれない。

「普通倫理」と「帝王倫理」

重剛は「帝王倫理」と「普通倫理」は分けがたい点があるとしているが、その教育方針は、大体「普通倫理から帝王倫理」という行き方で、はじめは、ほとんどこれを分けることをしていない。「知仁勇＝知情意」などは、両者に共通する基礎と見ている。当然といえば当然であろう。

「道徳には種々の綱目《こうもく》あり。ことに王者として具備せらるべき徳も多々あるべしといえども、要は知仁勇の三徳に着眼して修養せらるること大切なり。即ち知を磨くには、まず能《よ》く諸種の学問を修め、古《いにしえの》聖賢の教訓を味わい給うべし。『中庸《ちゅうよう》』にも学を好むは知に近し、と見えたり。かくの如くに学んで能く道を明らかにするときは、あたかも明鏡《めいきょう》の物を照らすが如く、いかなる混雑にも迷わず、直《ただち》に善悪正邪を判断することを得るに至るべし。

また仁は人を愛するの情なれば、単に一個人としてもこの情け無かるべからず。ことに幾千万の民の親として立たせらるる帝王には、下《しも》、民《たみ》を愛憐せらるるの情をそなえさせらるること最も肝要なり。何となれば上《かみ》に愛情なき時は、下《しも》これを慕《した》うの念、また自《おのずか》ら薄かるべきを以てなり。

現今の如く列国相対峙《あいたいじ》して、競争激烈なる世にありては、種々困難なる問題の起こり来《きた》るは、けだし免《まぬが》れざるの数《すう》なるべし。かかる際には十分勇気を鼓舞して、臆《おく》せず恐れず、これを処理し、これを断行せざるべからず。これすなわち勇なり。勇気を修養せんには、種々の方法もあるべけれど、『中庸』に恥を知るは勇に近しとあり。思うに能《よ》く恥を知りなば、その行為必ず公明正大にして、真正の勇者たるべし。

以上述べたる如く、支那《シナ》にても西洋にても三徳を尊ぶこと一様なり。能くこれを修得せられたらんには、身を修め、人を治め、天下国家をも平らかならしむるを得《う》べきなり。皇祖天照大神が三種の神器に託して遺訓を垂れ給いたるは、深遠宏大なる意義を有せらるるものなれば、よろしくこの義を覚《さと》らせ給うべきなり」

以上が「第一　三種の神器」の本文であり、重剛はこれを「知仁勇＝知情意」に変え、神秘的な要素は記していない。一言で言えば、化学者らしい「非神話化」で、重剛はこれを個人倫理の象徴に還元してしまったわけである。

維新体験者の「御誓文《ごせいもん》」に込められた思いとは

そして次に「五箇条の御誓文」にうつる。「趣旨」のその部分を次に引用しよう。

「わが国は鎌倉時代以後およそ七百年間、政権武家の手に在《あ》りしに、明治天皇に至りて再びこれを朝廷に収め、更《さら》に御一新の政《まつりごと》を行なわせられんとするに当たり、まず大方針を立てて天地神明《てんちしんめい》に誓わせられたるもの、すなわち五箇条の御誓文なり。
爾来《じらい》世運大いに進み、憲法発布となり議会開設となり、わが国旧時の面目を一新したるも、万般の施政みな御誓文の趣旨を遂行《すいこう》せられたるに外《ほか》ならず。単に明治時代に於《お》いて然《しか》るのみならず、大正以後に在《あ》りても、政道の大本《たいほん》は永く御誓文に存するものというべし。故《ゆえ》に将来、殿下が国政を統《す》べさせ給わんには、まず能《よ》く御誓文の趣旨を了得せられて、以て明治天皇の宏謨《こうぼ》（広大な計画）に従い、これを標準として立たせ給うべきことと信ず」

本文の「五箇条の御誓文」は独立した相当に長い一文だが、それに進む前に、重剛だけでなく彼の時代の人々が、天皇制について昭和生まれとはやや違う感覚を持っていることに少し触れておこう。

前述のように重剛自身、徳川時代の生まれであり、廃藩置県の際の経済的困窮を経験している。いわば青少年期を徳川時代に過ごした人は、一一九二年の鎌倉幕府創立以前の天皇制と、明治維新以後をはっきりと分けて考えても、七〇〇年の武家時代を無視して、この二つの天皇制が継続しているとは考えなかった。というより、それは彼らの実感であった。

いわば天皇家がつづいていたということは、天皇制がそのままつづいていたということではない。そして天皇家によって新しい天皇制が樹立されたとき、その基本は何かということを、否応《いやおう》なく意識しないわけにはいかなかった。いわばこの時代の人たちにとって、明治維新は激烈な革命であったから、無条件で過去とつなぐことは、体験として、とうてい出来なかったわけである。

それは重剛の著書・論文を審査し、彼を推挙した東大総長山川健次郎（55ページ参照）でも同じであった。前述のように彼は会津の出身、白虎隊からはずされたために生き残ったが、会津鶴ケ城包囲の一カ月間、自ら官軍と戦っている。そして戦後、俊才を愛した人の手引で危うく新潟へと脱出し、明治三年、開拓使が北海道開拓の技師養成のため、海外に留学生を派遣するときに選ばれ、エール大学で物理学を学んだのが、学者としての出発点である。いわば明治における出世頭《しゆつせがしら》の一人といえようが、いくつになっても、話が白虎隊に及ぶと、絶句して涙を流したという。

重剛の同世代は、多かれ少なかれ、このような、生涯忘れることの出来ない体験を胸中に秘めていた。この点では、私の世代が、太平洋戦争における同僚の無残な死を生涯忘れ得ないのと似ている。山川は烈々たる国家主義者だが、それは血で贖《あがな》った新生国家への熱烈な愛ともいうべきもので、白虎隊への涙と裏腹の関係にあったというべきであろう。それを単純に、昭和の浮ついたナチスかぶれの超国家主義と同一のものと見てはならない。

そして、この人たちにとって絶対なのは、明治の基本の「五箇条の御誓文」であり、これが、維新という革命後の新生日本のドクトリンであった。重剛の記述が熱を帯びて来るのは不思議ではない。次に引用しよう（第四学年の最初の頃）。

「本学年の最初に当たり、まず五箇条の御誓文の大意を申し述べんとす。これ、地理は外国地理、歴史もまた外国歴史となり、軍事学も御修得あらせらるることとなりたれば、日本帝国も鎖国時代の旧日本にあらずして、世界の一帝国として立ちたる維新大政の方針を説述せんがためなり。

慶応三年正月、明治天皇御践祚《ごせんそ》あらせらる。この年十月、徳川十五代の将軍慶喜《よしのぶ》、大政《たいせい》を奉還せしかば、朝廷にては新たに制度を立てて、以《もっ》て王政維新の政《まつりごと》を行なわせらるることとなりぬ。

顧《かえり》みれば今を去ることおよそ七百有余年前、源頼朝《みなもとのよりとも》が覇府《はふ》を鎌倉に開きてより、政権久しく武人の手に在り。後鳥羽《ごとば》上皇これが回復を謀《はか》り給いしも、承久《じょうきゅう》の役《えき》（一二二一年）に事《こと》敗れて成らず。後醍醐《ごだいご》天皇はいったん建武中興《けんむのちゅうこう》（一三三四年）の政を為《な》し給いたれども、僅々《きんきん》二年にして、政権再び武人に帰するに至りぬ。爾来《じらい》、足利《あしかが》、織田《おだ》、豊臣《とよとみ》、徳川《とくがわ》の諸氏相ついで政権を掌握《しょうあく》したりしが、明治天皇の御代《みよ》に至り、徳川将軍大政を奉還したり。これ実にわが史上の一大事なり。

かくして政権朝廷に復帰したるが、朝廷にては如何《いかん》の方針を立てて以て維新の政を行なわせらるべきか。これ天皇におかせられても、また公家《くげ》においても、また勤王の諸士においても、等しく心を苦しめられたる所なり。慶応四年（明治元年）三月、ついに五箇条の御誓文なり、天皇は公卿《くぎょう》諸侯《しょこう》を率《ひき》いて、これを天地神明に誓わせられ、以て王政復古たる維新政府の大方針を定めさせられたり」

ついで五箇条の解説が来るが、重剛は、明治からの天皇制は、この五箇条を天皇が天地神明に誓ったことを基礎としているという。

俗にいう天皇の「人間宣言」（28、380ページ参照）は、そのまま読めば、実は、五箇条の御誓文の再確認と再宣言であることが分かる。

すなわち「須《すべか》ラク此ノ御趣旨ニ則《のっと》リ、旧来ノ陋習《ろうしゅう》ヲ去リ……」であり、天皇と国民との紐帯《ちゅうたい》は「単ナル神話ト伝説トニ依リテ生ゼルモノニ非ズ」で、いわばこの五箇条を共に誓ったという「相互ノ信頼ト敬愛トニ依リテ結バレ」たる一体化だという。事実『倫理御進講草案』には神話は出てこない。三種の神器は非神話化されて「知仁勇＝知情意」の表象とされ、それでおしまいである。

「道徳では負けないが、科学で劣っている」

ついで重剛は各条の解説に入る。そのすべてを紹介する必要はないが、面白いと思われる部分を次に引用しよう。まず第一に、重剛は、「広ク会議ヲ興《おこ》シ」の会議とは、町村会、郡会、県会、帝国議会などを指すのだとして、次のように述べていることである。

「第一条においては、門閥専横の政を斥《しりぞ》け、天下の政治は、天下の公論によりてこれを決せんとす。天下の公論を聴かんとするには、広く会議を興して、つぶさにこれを問わせられんとするの御思召《おんおぼしめし》なり。今日、町村には町村会あり、郡には郡会、県には県会あり、全国の政を議するには帝国議会あり。大小の政治、これら会議によりて議せらるるは、すなわちこの御趣意の実行せられたるものなり」

この「門閥専横の政を斥《しりぞ》け」を「軍閥専横」とすれば、それは昭和の十年代ということになる。天皇にとっては、五箇条の御誓文とそれに基《もと》づく明治憲法を否定されることは、自分が否定されることであった。

二条以下は、特にこれといった面白い解説はないが、第五条の「智識ヲ世界ニ求メ……」に関連して、重剛は『御進講』の中で特に「科学者」という一章を設けて、西欧の科学者や技術家を紹介している。

そしてその冒頭に彼は、日本は科学において西欧に劣っている点を指摘し、御誓文の第五条を極力実施に移すよう強調する。こういう点、彼はやはり、イギリスで学んだ化学者であった。次に引用しよう。

「さて諸外国、ことに西欧諸国の長所は、果たしていずれの点に存するか。これ疑いもなくその科学の進歩にありと断ずべきなり。わが国には古来忠孝一本の道徳発達して、世々《よよ》その光輝を発揚せることは、あえて西欧諸国に譲らざるのみならず、さらに数等を抽《ぬき》んでたるものあり。しかれども理化学的の研究に至りては、彼に比して大いに遜色《そんしょく》あるを免《まぬが》れず。故《ゆえ》によろしく彼が最大の長所たる理科の諸学を取りて以てわが短所を補うべきなり」

原子論の創始者・ダルトンの生涯を語る

道徳を最高の精力と見た彼が、道徳では「譲らざる」なのに、国力の基本である「理科の諸学」で劣ることを認めているのは少々矛盾のようだが、ついで彼は、科学の振興もまた道徳の力が基《もとい》になっているというに等しいことを、次のように主張する。

「西欧の学者が科学の研究に従事するや、奮励努力、夜を以《もつ》て日につぎ、百折不撓《ひやくせつふとう》の忍耐を以てこれにあたり、あえて世のいわゆる名利《みようり》に拘泥《こうでい》せず、超然として一身を学理の闡明《せんめい》に捧ぐるの態度すこぶる崇高なるものあり。これを以て科学大いに進歩し、これを実地に応用しては則《すなわ》ち文明の利器の続々として発明せらるるあり。たとえば汽車、電信、電話などの如き、これみな理化学の応用に外《ほか》ならざるなし。

されば我国においても、将来大いにこれを奨励し、彼に比してあえて譲らざるに至るを期せざるべからず」

以上のように述べてから、ニュートン、ダルトン（色盲の研究、および化学的原子論の創始者）、ダーウィン、さらに計算で海王星の存在を予言したレヴェリーへと進み、ワット、スティヴンソン（蒸気機関車を発明）、ジェンナー（種痘《しゆとう》の発明）、アークライト（水力紡績機の発明）、マルコニー（無線通信装置を発明）を挙げる。

マルコニー（イタリア人）を除くとすべてイギリス人だが、この中で、一種の感動を込めて語っているのがダルトンである。重剛自身が化学者で、神経衰弱になるほど勉強したから、親近感があったのであろう。次に引用しよう。

「ジョン・ダルトンは英国に有名な化学者なり。もとカンパーランドの一小村に生まる。羊毛を織ることを業《なりわい》としたる貧者の子なり。十一歳までは村の学校にて教育を受け、十二歳よりは半《なか》ば学校教師となり、半ば農園に労働して自ら生活し、後には教師を以て専業とするに至れり。

彼はマンチェストルに在《あ》りたる日、色盲に関する研究を発表して初めて世に認められたり。当時彼はジョンスといえる牧師の家に寄寓したるが、その日常の生活につきてドクトル・アンガス・スミスは左の如く語れり。

彼は毎朝、冬にても八時に起き出《い》で、提燈《ていとう》（カンテラ）を手にして実験室に入り、火を点じおきて朝食に来《きた》る。家族の人々のほとんど食しおわるころなり。しかるのちまた実験室に入りて、中食のときようやく出《い》で来り、ほどよく食事をしてただ水を呑《の》み、また実験室に帰り、午後五時ころ茶に出《い》で来り、急ぎてまた実験室に入り、九時まで継続し、それより出《い》でて夕食を取り、しかる後喫煙し、一家の人々と談笑す。

云々。

その規律正しく、かつ熱心に研究に従事したる態度想い見るべきなり。されば彼が化学上における一大卓説たる原子論は、あたかも物理学における引力の法則の発見と同様の価値を認めらるるに至りぬ。英国王もその功績を認められ、一八三六年には三百ポンドの年金（一八三三年にまず年金百五十ポンドを賜わりたり）を下賜《かし》せられたり。翌三十七年パラリシス病（中風）に犯されしが、研究の熱心と勇気とは更に衰えず、幾多《いくた》の論文を公《おおやけ》にしたり。一八四四年、七十八歳にして没す。

ダルトンは、人の己《おの》れを称して、英才衆に超えたりと言えるを聞くごとに、これを承認せずして曰《いわ》く、『予はただ勤勉と積累《せきるい》とによりてわが業《ぎょう》を成就したり』と」

重剛も一時は将来のダルトンならんと心に決めていたのであろう。いずれにせよ彼は、科学上の発見や技術的な発明は、継続的な努力の結晶であると見ていた。そしてワットのところで、明治人らしくスマイルズの『自助論』を引用し、次のように記している。

「スマイルス《（ママ）》はその著『自助論』において、これを賛して曰《いわ》く、『ワットは最も勉強労苦せる人と称すべし。その生平《せいへい》（つねひごろ）の行跡を観《み》るときは、絶大のことをなし、絶高の功を収《おさ》むるものは、天資大気力あり、大才思ある人には非《あら》ずして、絶大の勉強を以て極細の工夫を下し、慣習経験によりて技巧の知識を長ずるの人にあることを知るべきなり。

このときに当たり、ワットよりすぐれて知見の広き人は数多《あまた》ありしかども、勉強の居《きよ》常《じよう》（ふだん）の習いとして、およその知る所のものを有用の実物練習に運転すること、ワットの如きもの一人もなかりけり。云々』と」

彼はその他のさまざまの例を挙げ、科学の進歩とその実地応用によって大いに国力を増し、人類の進歩に貢献した旨《むね》を述べ、日本は「理化学の研究においては、遺憾ながら彼に譲らざるを得ず」と率直に認める。そこで「よろしく彼の長所を取りて、以てわが短所を補うべきなり」「これ御誓文第五条の御旨趣《ごししゆ》なりと拝察す」と結論づけている。

硬軟とりまぜた杉浦の名講義

五箇条の御誓文の中で特に一章を設けたのはこれだけだが、興味深いことは、この『倫理御進講草案』には、「科学者」の章はあっても「文学者」の章がないことである。もっとも「詩歌《しいか》」と「万葉集」の二章があり、和歌と漢詩、万葉の歌について述べており、また「絵画」もあって主として日本の絵画について述べているが、文学、特に近代文学は西欧も日本も登場しないといってよい。

生前、天皇は新聞記者の質問に答えて、自分は文学については全く知らないといった意味のことを述べておられたが、『倫理御進講草案』を見ると、「なるほど」という気がする。また科目を見ると、国文、漢文、美術史はあるが、西欧文学、近代文学はない。

以上に記した部分を読むと、実にかたくるしい教科書だといった印象を持つ読者が多いであろう。また重剛の風貌からコチコチの授業を連想する人もあるかもしれない。また年配の人は昔の「修身」を思い出して、少々うんざりするかもしれない。だが、全編を通読すると、決してそうではない。もちろん固い話はあるが、そこは中学教育の経験者だから、それでは聞く者が飽きてしまうことを重剛はよく知っていたらしい。固い話が少しつづくと、まことに面白い話が出てくる。

さらに関係者の思い出によると、重剛はその風貌とは違って実に明るい人で、自らも笑うとともに、よく生徒を笑わせたらしい。彼はノートも取らせず、リラックスして自分の話を聞かせるという方針だったようである。

やはり「書生道楽」で、中学生教育のベテランであったのであろう。そこで、「やわらかい」方の話も紹介しようと思うが、これは、それと関連する後の章にゆずり、その前に少々、避けて通れない問題がある。

四章

天皇の教師たち（Ⅱ）

——歴史担当・白鳥《しらとり》博士の「神代史《じんだいし》」観とその影響

廣《ひろ》き野を　ながれゆけども　最上川《もがみがわ》
うみに入るまで　にごらざりけり

▼大正十五年、歌会始にて。皇太子時代最後のお歌

天皇は、神話や皇国史観をどう考えられたか

アメリカ人が「日本人は天皇をGｏｄと信じ、このGｏｄが戦争の開始を命じたから戦争をし、停止を命じたからやめた」と信ずるのは彼らの自由である。説明すべきことをことごとく説明してもなお彼らがそう信じるなら、「そう信ずることを止めよ」という権利は誰にもない。また、これに同調する日本人がいても別に不思議ではない。外国人の日本観を金科《きんか》玉条《ぎょくじょう》とする日本人は、昔からいたからである。いまそのことを採りあげようとは思わない。

ただ参考までに、半藤一利《はんどうかずとし》氏が雑誌の論文（『天皇とマッカーサー』／『オール讀物』昭和63年11月号所収）で記されている昭和十九年四月号『フォーチュン』誌の、アメリカ国内の世論調査を引用させていただく。すなわち、「日本国民にとって、天皇とは何か」の設問にたいして、

「唯一の神である44・2％、名目上の飾り18・6％、独裁者16・4％、英国流の国王5・7％、無回答15・1％」である。

だが問題は天皇御自身が自らをどう規定していたか、である。天皇はしばしば「立憲君主として」という言葉を使っておられるが、「現人神《あらひとがみ》」はもちろん「現御神《あきつみかみ》として」という言葉も、いくら探しても発見できない。一体、天皇は、日本の神話や皇国史観的歴史認識をどう考えていたのであろうか。

これは『倫理御進講草案』からは分からない。というのは、前述のように杉浦重剛は「三種の神器」を知・情・意の象徴として非神話化すると、すぐに神話から離れてしまうからである。

次に神話が出てくるのが第二学年二学期の「御即位式と大嘗祭《だいじょうさい》」だが、この中で、時々さまざまな形で採りあげられる「大嘗祭」への杉浦の説明は、ごく簡単で次のとおりである。

「……御即位の大礼に引きつづき行なわせらるる大嘗祭は、新帝即位後、始めて新穀《しんこく》を天祖および天神地祇《てんじんちぎ》（天の神と地の神）に供《そな》え給《たま》い、かつ親《みずか》らも聞《きこ》し食《め》す所の大祭にして、天皇御一代に一度行なわせらるる重大の神事なり」と。

そして次に、明治四年にこれが行なわれたとき神祇官《じんぎかん》が上奏した文書が掲載されている。これによると、昔は毎年、新穀が出来るたびに行なっていたが、天武天皇のころから、

「毎歳の大儀を省《はぶ》き、全《まった》くの式は践祚《せんそ》の大祀《たいし》を以《もっ》てす」

となっている。簡単に言うと、豊作を感謝し来年の豊作を願う祭りで、盛大に行なわれたらしい。ただ今回の維新に当たり、

「……衰頽《すいたい》修飾の虚礼を改め、隆盛純粋の本儀に復し」

で、一代一回のみとする旨定められたとあり、その祭りの由来は、瓊瓊杵尊《ににぎのみこと》の天孫降臨のとき、

「神器を賜わり、かつ稲穂を与えさせ給いて」

の結果であるとする。杉浦の言い方はあくまで稲作民族の農業祭で、次のように記す。

「天孫稲穂《てんそんいなほ》を携《たずさ》え来《きた》り、これを播種《はしゅ》して以て国家万民の食物を供給し給えり。我国において米の尊きこと即ち言わずして知るべきなり。かるが故《ゆえ》に、天皇新《あらた》に御登極の上は悠紀主基《ゆきすき》（新穀を供える東西の祭殿）の田を定め、ことに神聖に作り上げたる米を以て天祖および諸神を祭らせ給う。これ実に天祖より封《ほう》ぜられたる日本国を統御せらるるにおいて、まず

大祭を行ないて天職を明らかにし、同時に政《まつりごと》を統《す》べさせ給うことの責任をも明らかにし給うの意義なり」と。

簡単に言えばオカルト的な要素は全くないと言ってよい。

この場合の天皇は祭主であり、祀《まつ》る側であっても祀られる側ではない。そして杉浦が説いているのは、いつもこのような形で、オカルト的ないしは神がかり的な要素は感じられない。この種のケース以外に彼は神話には触れていないが、おそらくそれは、歴史の教育は白《しら》鳥庫吉《とりくらきち》博士の分担と考えたからであろう。

後年、天皇は、新聞記者の質問に答えて、購入する本は「生物学と歴史」と答えておられる。生物学に生涯ご関心を持たれたことはよく知られたことだが、このときのお答えから拝察すれば、研究成果は何も公表されていないとはいえ、歴史にも深い関心を持ちつづけられたと言ってよいであろう。

となると、他からの見方はさて措《お》き、天皇御自身が「神代史《じんだいし》」をどう解釈されておられたかは、きわめて重要な問題である。こうなると、歴史学において、生物学における服部広太《はっとりひろた》郎《ろう》博士の位置にいた白鳥庫吉博士の「歴史観」は、きわめて重要な問題を提起する。

日本に「歴史学」は存在しなかった

『白鳥庫吉全集』の末尾にある『小伝』によれば、氏は慶応元年（一八六五年）千葉県に生まれ、明治二十三年（一八九〇年）帝国大学文科大学史学科を卒業、ただちに学習院教授に任じられている。卒業と同時に教授任命とは、いかに明治の草創期とはいえ少々不思議な気がするが、ここではまず、白鳥博士自らの記す「学習院に於《お》ける史学科の沿革」を少し引用しよう。

「私の若いころには今日のような小学校はなくて、私は寺子屋で勉強したのでした。もちろん私は寺子屋で歴史を習いはしませんでした。……八、九歳のとき小学校に進んだのでしたが、そこでも歴史科はありません。私が歴史と言い得るものに接したのは、やっと中学に入ってからです。ですから、私は結局〝日本における歴史の歴史〟を述べることになります」

といった書出しではじまるこの短い文章で、白鳥博士はきわめて重要な指摘をしている。それは日本には「歴史学」という学問はなく、中国史は漢学の付属物、日本史は国学の付属物であったという指摘である。すなわち中学校では、

「ただ漢文科において日本歴史として、（岩垣《いわがき》）松苗《まつなえ》氏の『国史畧《こくしりやく》』と頼《らい》（山陽《さんよう》）氏『日本外史』を歴史としてでなく漢文学習のために、しかも一部分を読んだに過ぎなかったのです」

同じように、漢文学の一部として『十八史略』の一部を読み、英語学習のためバーの『英国史』の一部を読んだにすぎず、

「中学には、いまだ歴史科としての独立した科目は存在せず、私たちは傍系的に歴史の一端を覗《うかが》い知ったに過ぎなかったのです」

「日本には歴史学はなかった」と要約できる白鳥博士の指摘は重要である。私が教育を受けた昭和のはじめは、もちろん明治の前半期と同じとはいえないが、日本史は国学の付属物、中国史は漢文の付属物といった状態がなお尾を引いていたといえる。戦前の日本では「神話を歴史として教えた」という言葉は必ずしも正しくなく、「国学の付属物」のように扱《あつか》われたと言うべきであろう。無理もない。白鳥博士はつづけられる。

「明治二十年、文科大学（帝国大学）には始めて歴史科なる独立した科が設けられ、講師としてドイツの学士であるルドヴィヒ・リース氏が迎えられて、私は最初の史学科の学生として入学しました」

氏がなぜ、卒業と同時に学習院教授に迎えられたかは、これで理解できる。簡単にいえば近代的な歴史学を学んだものは、他にいなかったからである。

歴史学を何の付属物でもない独立した学問にすること、これが白鳥博士の生涯の念願ではなかったかと思われる。氏は、歴史学が漢学や国学の付属物となることを拒否されたが、同時にマルクス主義の付属物となることも拒否した。前記、『白鳥庫吉全集』の『小伝』には、

津田左右吉

「マルクス主義の理論家として名声の高かった櫛田民蔵《くしだたみぞう》氏と先生（白鳥博士）とが、相対して、史学の理論について熱心に議論を上下《しょうか》され

るのを傍聴したことがあったが、ついに論議は平行線をたどって、互いに喰い合わなかったことを覚えている」

と記されている。そしてこの白鳥博士の学統を継承されたのが津田左右吉《つだそうきち》博士だが、この問題については後述しよう。ただ昭和十七年、第一審で免訴になったとはいえ「出版法違反」で第一審で有罪判決を受けた津田博士と天皇が、ともに白鳥博士の弟子であったのは、興味深い。

日本で最初の「歴史学」教授

話は少し先へ進みすぎたようである。ここで白鳥博士が、

「……当時の世間には、もちろん歴史などは全然問題ではありませんでした。こうした社会へこうした私が、第一回の歴史科卒業生として乗り出したのは明治二十三年七月のことで、同年の八月、学習院教授を拝命しました」

と記されている。このころの学習院のことを、白鳥博士の記述から引用しよう。

「当時学習院では、三浦梧楼《みうらごろう》（爵）が院長として高島信茂《たかしまのぶしげ》氏が次長であられ、学制一般の刷新《さつしん》に着手せられた時でした。科目は改《あらた》まり、ちょうど学習院でのエポックメイキング時代とも言うべき時に、大学で歴史を専攻したこの新学士さまは教授の大任に就《つ》いたのです」

つづく白鳥博士の記述を読むと、当時の学習院は、新しいエリートを教育するため、新しい教育の先端を切っていたらしい。そして面白いことに、そのカリキュラムは特別で「文部省管轄学校」とは無関係であった。これは当時としては、当然のことであったかもしれない。というのは文部省の方は「文盲一掃《もんもういっそう》」的な義務教育に主力を注《そそ》がねばならぬ時代であったからである。

ただ時代が進み、学習院から帝国大学へという時代となると、

「一言にして言えば、学習院における教科は文部省におけるそれと同一で」

そこで、

「学習院設置の必要如何《いかん》ということが問題になってきます。なるほど明治二十三年の改革の精神より言えば、今日の如くなっては、もはや存在の必要はありません」

と白鳥博士は論を進める。これが大体結論と言ってよいが、これは「学習院輔仁会雑誌《ほじんかい》」への寄稿なので、これでは少々気の毒、そこで「設備の完全なる点や教職員の優秀なるところ」にその特色があり、この特色を発揮すべきだという結びになっている。昭和三年十月の寄稿である。

昭和三年以降現在までは「もはや存在の必要はありません」かもしれないが、天皇が入学された明治四十一年ごろは、必ずしもそうは言えず、「明治二十三年の改革」がまだ生きていたと見てよいであろう。ただ教授に任命されて白鳥博士がなんとしても困ったことは、日本史も東洋史も実は存在していないということであった。

「……元来『東洋諸国の歴史』といっては、当時知らないのは私たち二人（白鳥・市村両教授）だけではないので、世界中どこにもいまだ東洋史の研究家はなく、私たちが困ってしまったのは、学習院において改革案を施すに際し、遠く時勢に先んじていたからです。

東洋諸国の歴史を高等科に置いたことは、卓見と言えば卓見で、実際文部省では、これより十年後において各学校に東洋史を課した位ですから、その教授者があろうはずはありません」

と白鳥博士は記されているが、これは中学校以上のことで、義務教育では、私の世代になっても、東洋史も西洋史もなかった。

以上の記述から見ると、まことに面白いことに天皇は「文部省教育」を受けていないのである。ここには時代の要請もあり、急速な近代化のためには、エリート教育と庶民教育は分けねばならぬといった意識もあったであろうし、学習院こそ全学の先頭に立って新しい教育を行なわねばならぬといった意識もあったであろう。

明治三十四年（一九〇一年）、白鳥博士は欧州諸国への留学を命じられた。そこでどのように学ばれたかの細部は省略するが、簡単に言えば、当時のヨーロッパの最新の史学を吸収されたわけである。そして帰国、三十七年（一九〇四年）に東大教授を兼任され、大正三年（一九一四年）東宮御学問所で国史、東洋史、西洋史の御進講を担当するようになった。

白鳥博士は「神代史《じんだいし》」をどう解釈したか

さてここで問題になるのはまず第一に、白鳥博士がどのような歴史観を持ち、日本の「神代史」をどう解釈されたかであり、第二は、それを何の妨害も掣肘《せいちゅう》もなく、裕仁《ひろひと》親王すなわち後の昭和天皇に教え得たか否《いな》か、という問題である。

これらの問題で、少々分かりにくいのは、まず第一の点では、杉浦重剛の倫理の場合のような『歴史御進講草案』といったものが残っていないからである。『白鳥庫吉全集』末尾の「著作目録」を見ても、「未発表原稿」の中にさえ、それらしきものを見出すことはできない。さらに、そのほかの博士の論文は内外の学術専門雑誌に発表されたものがほとんどであり、その全部を通読した上で「白鳥史観」ともいうべきものを把握することは容易ではない。

『小伝』には、次のように記されている。

「……日本の神話の解釈や上古史に対する先生の見解については、巷間《こうかん》あるいはこの方面においては津田左右吉博士が先鞭《せんべん》を着けたかに言うものもあるが、津田博士は少年の時より白鳥先生の門に出入し、先生もまたその明晰な頭脳と犀利《さいり》な達見とを愛し、記紀の神代の物語や上世の古伝等について常に議論を上下《しょうか》し、これを商搉《しょうかく》（ひき比べて考えること）

することと永く、博士の著には、先生と根本の意見を同じくするもの少なからず、ただ先生は、博士のように早く著書としてこれを公刊せらるることを控えられたために、かくの如き巷説《こうせつ》を生ぜしめたやにも思われる……」と。

このことはもちろん白鳥・津田両博士の見解が同じだったということではない。白鳥博士は「(津田) 博士の少しく演繹《えんえき》的に過ぎる」のを、やや問題視されていたらしい。いわば白鳥博士は、漢学者がその専門家であった在来の「東洋史」に、実証的なヨーロッパ史学のメスを加え、徹底して資料批判に基づく近代史学を日本に樹立しようとされたわけである。この態度は東洋史の研究で一貫している。いまその一例として『小伝』から中国の部分を採りあげてみよう。

「支那および支那人について、先生の最も力を致《いた》されたのはその上代伝説の批判であって、早くすでに『尚書《しょうしょ》』に高等批評を加えて、尭《ぎょう》・舜《しゅん》・禹《う》の史的人物でないことを唱え、後また殷《いん》・周《しゅう》の史実と伝うるもの、多くは占星天文の想念に由来する伝説に過ぎないことを論証し、疑雲に包まれた支那の太古史に対して初めて深い検討を加え」た。

もちろん、これに似たことを行なった儒者がいなかったわけではないが、「儒者固有の衝《つ》き破れぬ習癖」があった。白鳥博士は「厳正な科学的見地」に立って、この儒者的見方を一掃されたわけである。この態度は、他のアジアの国々に対しても全く変わらない。

少々余談になるが、白鳥博士がヨーロッパに留学されたころが、大体、聖書への高等批評《ハイヤー・クリティーク》がはじまる時期である。いわばヨーロッパは自らの聖典に自らメスを加える時期に来ていた。こういった当時の学問の傾向は、白鳥博士に強い影響を与えたのではないかと思う。

というのは、聖書にメスを加えて、資料別にばらばらにして研究するということ、さらにそれがエジプトやバビロニアから何を借用し、またどういう影響を受けて成立したかを徹底的に研究することは、別に、聖書が西欧の精神史において実に貴重な役割を演じていることを否定しているわけではない。この考え方は、白鳥・津田両博士に共通している。しかし、こういう考え方への抵抗が西欧にも日本にもあったことは、また、否定し得ない事実である。

「神代史」研究に国学者が果たした役割

白鳥博士には『皇道について』という古めかしい題の未発表原稿があり、その中に次のようにある。

「すべて国に道のあり教《おしえ》のあるのは、あたかも人に精神のあるのと同様なことで、国家存立の上に片時《かたとき》も相離れることは出来ませぬ。支那に儒教があり、印度《インド》に仏教があり、西洋に耶蘇《ヤソ》教がありますが如くに、皇国にもまた固有の道がなくてはなりませぬ」

として、その中心は天皇だから、

「これを天皇教と称しても差支《さしつか》えはないのであります」と。

だが、そのすぐ次に、

「神代史とはその文字の示す如くに、神々の記述であります。『日本書紀』には、特にこの巻を神代史と題してあります。しかるに従来の学者がこれを弁《わきま》えないで、この巻を普通の歴史と心得ていたのは、大いなる謬《びゅうけん》見と言わねばなりませぬ。

もしもこれを普通の歴史と見做《みな》すときは、その全篇は、ことごとく不可解のものとなってしまうのでありますが、これを上代人の信仰、信念と考えるときは、そこに何らの矛盾もなく、また何らの不思議もないのであります」

とも記している。この二つは白鳥博士にとって何の矛盾もない。もっとも前の記述を「天皇は国民統合の象徴」と言いあらためれば、表現が古いというだけで、別に戦後と変わりはないとも言えよう。

以上を見れば、白鳥博士の考えはほぼ明らかだが、さらに参考になるのが『神代史の新研究』である。ただこれは四三〇ページに及ぶまとまった著作のように見えるが、「序」でも「あとがき」でも編者がことわっているように東洋文庫第九回東洋学講座の草稿であり、さらに一部が欠落しているので、完成された著作とは言いがたい。

いわば引用資料や他人の説は正確に記されているが、白鳥博士自身の説はメモ程度、時には全くない場合もあるからである。いわば講義の準備として、資料や他人の説は正確にノートをしなければならぬが、自分の説はメモ程度で充分ということであろう。いまとなってみると少々残念だが、いたし方がない。

本書のすべてを紹介する必要はないが、「神代史に関する古来諸家の解釈」の中で、昭和にも大きな影響を与えた「国学者の態度」と「明治時代の合理的説明」の二つを採りあげよう。

白鳥博士は「国学は本居《もとおり》（宣長《のりなが》）氏によりて、ほとんど絶頂まで登り込《こ》められて、もはや、その上に出ずることは出来ない」とされ、さらにこれをシナ・インドに広げ「これを神《しん》典《てん》に引きつけて説明するのに努めた」平田篤胤《ひらたあつたね》は、国学には裨益《ひえき》（貢献）した点があるかもしれないが、「その結論にいたっては、ほとんど児戯《じぎ》に属するもので、何ら価値のないものとなってしまった」とされる。

いわば国学は、宣長の業績をもって終わったのであり、もはや『神代史の新研究』に資するところは全くないと断定される。

明治における「神代史」研究の状況

では「明治時代の合理的説明」ではどうであったか。白鳥博士はまず次のように記されている。

「明治の代になって、西洋の文物が輸入せられ、国家の文運は各方面において全く面目を一新するほどに発展を遂《と》げたのであるが、言語の学問は、ほとんど停滞して何ら進歩の成績を見ない。したがって神代史の研究なども、徳川時代のありさまで、別に新しい意見が発表せられなかった」

この記述は、明治初年の一面を表わしている。外人教師に日本の歴史についてたずねられた学生が「日本には歴史などありません」と答えて相手を驚かせた時代である。これとよく似た一時期が戦争直後にもあったが、明治にも過去を消して未来だけを見ようとする一面があった。いわば西欧の医学、機械工業、さらにその基礎となる自然科学の導入に専念していたわけである。いかに歴史学が軽視されていたか、「学習院に於ける史学科の沿革」ですでに明らかであろう。言語学もまた同じである。

しかし徳川時代のまま、というわけにもいかない。そこで、

「本居氏や平田氏のように、神代史をその文字のとおりに信ずることは出来ないので、やはりこれを合理的に解釈しようと努めた。ただ神話学というものが閑却《かんきゃく》せられていたために、その見解は徳川時代の新井白石《あらいはくせき》などのそれと大差はなかった」と。

当時は「言語学」や「神話学」などは「閑学問《ひまがくもん》」で、そんなものは後まわしで、ひたすらヨーロッパに追いつくのが学問の任務のように考えられていた。

新井白石を一歩も出ずに、ただ安直に「合理的に解釈しよう」とすればどうなるか。それは「神代史の神とは人である。人であるから歴史である」という解釈になる。これはまこと

におかしな話で「アダムとエバは人であるから創世記は歴史書である」というようなもの。「人である」「人が登場する」は、それが神話・伝説ではなく歴史であることの証拠にはならない。だが安直に「合理的解釈」を下そうとすると、白鳥博士が指摘するように、おかしな説になる。

「神代史が普通の歴史物語のように解釈されて、この現世の上に出来た出来事を、譬喩《ひゆ》的に書き綴《つづ》ったものと考えられたから、日本人種も単純なものでなく、土着の出雲《いずも》系の民族と、外国から進入してきた異民族とが存在し、今日の日本人はその混合融和した複雑なものと思われるようになった。それとともに、神代史の上に活動している神々は、無論、普通の人間と解せられたから、神典《しんてん》の中で至高の神と記されてある天照大神《あまてらすおおみかみ》でさえ、後世の天皇の如き人間と見做《みな》されたのである。それで、もしもこの神を天《あま》ッ神《かみ》と見るときは大不敬事と思惟《しい》せられることになった。何となれば、これを神と見ればそれは思想上の話になって、事実虚空のものになるからと信じられたからである。この見解は今日においても大なる勢力を有している」

「今日」とは博士が講義をされた昭和三年のことである。まことに面白いことに、この時点ではまだ「皇国史観」は出現しておらず、天照大神を「人」と見なければ不敬罪になりかねない状態であった。そしてこれを「裏返し」にして天照大神を天ッ神とすると、天皇もまた「現人神《あらひとがみ》」になってしまう。こうなったのは結局、明治における「徳川時代的で神話学抜きの一見合理的な解釈」が基本となっているるであろう。

「しかるに近年になって、ようやく神話は神話であって歴史でないという事が了解せられて来たので、我国の神話も他国の神話と同様に取扱《とりあつか》われて研究せられるようになってきた。それで追々と新しい意見が提出せられて、従来の合理的解釈とされたものが排斥せられるようになってきたのは、実に斯界《しかい》の一進歩として慶賀すべきことである」

と記されて「神代史に関する古来諸家の解釈」は終わっている。もちろん講義ではさらに話を進めたであろうが、残念ながらそれは明らかではない。しかし大正十三年にすでに津田左右吉博士の『神代史の研究』『古事記及日本書紀の研究』は出版されていたから、講義はその方向に進んだであろう。というのは、これらの著作は明らかに「慶賀すべき」「新しい意見」であったから――。

白鳥博士は、信念のままに御進講出来たか

第一の問題、すなわち「白鳥博士の歴史観」および「神代史解釈」については、以上で充分であろう。そこで第二の問題、すなわちそれを何の妨害も掣肘《せいちゅう》もなく裕仁親王すなわち後の昭和天皇に講義出来たのであろうか、という問題が残る。もちろん三浦梧楼（92ページ参照）が院長の時代には問題ではなかったであろうし、明治はある意味では「欧化主義」の時代であったから「西欧の史学」を正面から反論する者もいなかったであろう。明治以降の日本が、全期間を通じて昭和十年代と同じであったと考えてはならない。

ただ乃木（希典）大将が学習院長になったとき、白鳥博士は少々心配であったらしく、ある種の了解を求めた。これは前記の『小伝』の筆者石田幹之助《いしだみきのすけ》氏の話である。

「私どもは乃木さんという人は非常に頑固な人だと聞いておったものですが、それでも先生（白鳥博士）のお話によって案外分かる人だとも思いました。乃木さんに神話と歴史的事実は別のものであるということを篤《とく》と生徒に話したいと思うけれども、了解しておいてもらいたいということを言ったら、乃木さんはまことにもっともだ、神話は神話で歴史事実は歴史事実だ、ということで――ちょっとみるとそういうことは反対のようにも思われるんだけれども、よく了解してくれた、ということを私にお話しになったんですがね。し

かしどの程度、乃木さんが了解したか分かりませんけれども……。ことに御学問所に行かれるようになりましてから、皇太子様にはうそのことは申し上げられない。だから神話は神話だ、それから本当の歴史事実はこういうことだ、ということを申し上げるのだ。それは私は俯仰《ふぎょう》天地に恥じないということを言っておられたと思いますがね」

（『東方学報』第四十四輯）

この記述を疑う理由は少しもないが、ここには、白鳥博士が「教頭的な位置」にいたことも作用していたであろうと思う。乃木将軍自刃《じじん》の後、彼は周囲から強く学習院長に推され、一時、院長事務取扱の辞令を受け、院長代行をしている。ただ学問に専念するため院長就任は固辞しているが、こういう位置にいた白鳥博士の要請を、新任の乃木院長が快《こころよ》く応じたこともまた不思議ではない。そして御学問所では主任であった。いわば教師としてはトップの位置にいたわけで、その講義に学問的な面から掣肘を加える上役はいなかったわけである。

ただこのことは、彼が神話を無視したということではなく、「神話は神話として」教えたということである。その内容はおそらく、「日本建国の精神」という昭和五年の講演と基本的には同じであったろう。

「神代史は神話であって、歴史ではなく、神の物語であります。そこでこそこれを『書紀』は神代の巻《まき》として、人間の巻と区別しております。神代の巻をも人間の如く考えるから、全く分からないのであります。神代の巻は神の話であって、これは我々の祖先が皇室に対して如何《いか》なる考えを有していたか、その信念思想の現われであります」

天皇は、その講義にどう反応されたか

こういう教育に対して、東宮御学問所の教職員のすべてが賛意を表したか否かは明らかではない。だが、問題はそこにはない。要はこの教育に対して天皇がどう反応されたかである。前述のように、新聞記者の質問に答えて、購入する本は「生物学と歴史」と天皇は言われた。このお言葉はある意味で興味深い。というのは、それが天皇であろうとなかろうと、生物学者で歴史に深い関心を持っている人に、「神代史」を「神話でなく歴史だ」と信じさせることが出来るであろうか、という問題になるからである。

さまざまな面白い問題があるが、次の一例だけを挙げておくから、読者が結論を出してくだされればよい。

天照大神から四代目の彦火火出見尊《ひこほほでみのみこと》が兄の釣針《つりばり》を失い、これを探しに海底に下り、海神《わたつみ》

の娘豊玉姫《とよたまひめ》と結婚し、三年逗留《とうりゅう》する。しかし望郷の念に耐えがたく、妻の豊玉姫とその妹の玉依姫《たまよりひめ》を連れて陸地に帰る。豊玉姫は妊娠しており、海辺に上がると産気づいたので産屋《うぶや》を造り籠《こ》もる。そして出産が終わるまで中を見ないように言うのだが彦火火出見尊は秘《ひそ》かに見てしまう。すると出産のとき豊玉姫は鰐《わに》になっていた。見られたと知った豊玉姫は、生まれた子と妹の玉依姫を残して海にもどり、海への道を閉ざしてしまう。このようにして生まれた子が彦波瀲武鸕鷀草葺不合《ひこなぎさたけうがやふきあえず》尊《のみこと》で、やがて長じて叔母《おば》の玉依姫を妻として、生まれたのが神日本磐余彦《かむやまといわれびこ》、すなわち神武《じんむ》天皇である。

以上に要約した神話は、神話としては大変に面白いし、神話学的にはさまざまな問題を提起するであろう。しかし『日本産一親属一新種の記載をともなうカゴメウミヒドラ科Clathrozonidae のヒドロ虫類の検討』を公刊された生物学者天皇が、これを歴史的事実だと信じていると思う人がいれば、私はその人の頭脳を疑わざるを得ない。もちろん神話は決して無価値なものではないが、それは歴史ではない。天皇が歴史に関心を持たれたのは、もちろん、これを神話と峻別された白鳥博士の教育によるであろう。

そして「朕《ちん》ト爾等《なんじら》国民トノ間ノ紐帯《ちゅうたい》ハ、終始相互ノ信頼ト敬愛トニ依リテ結バレ、単ナル神話ト伝説トニ依リテ生ゼルモノニ非《あら》ズ」は、いつかははっきりと言っておきたい天皇の自己規定であったであろう。事実、上記の神武天皇の出生神話が、天皇と国民との紐帯にな

ると は、考えられないからである。これが明確に出てくるのがポツダム宣言受諾のときである。

敗戦国に待ちうける皇室の運命

だがそれに進む前に、天皇が東宮御学問所で学ばれている間に起こった第一次大戦の終結を振りかえってみよう。まず大正六年、ドイツ降伏前に敗北同様になったロシアのロマノフ王朝が倒れ、ついで翌七年、オーストリア・ハンガリア帝国が降伏、トルコ帝国降伏、そしてついにドイツ帝国の降伏となる。降伏は同時に王朝の滅亡であり、国王は退位・亡命あるいは虐殺という運命に陥った。無条件降伏をしてなお存続した王朝のないことを、歴史に深い関心を持っていた天皇が知らないわけではなかった。

「自分は、この時局がまことに心配であるが、万一日本が敗戦国となった時に、一体どうだろうか。かくの如《ごと》き場合が到来した時には、総理(近衛)も自分と労苦を共にしてくれるだろうか」

(『西園寺公と政局』)

前にも記したが、昭和十五年九月十六日、独伊との三国同盟締結が閣議で決定されたとき、これを奏上に来た近衛首相についてのお言葉である。近衛の説明ではこれでアメリカが抑制できるということであったが、天皇はこの言葉をあまり信用されず、逆に、対米開戦になるのではないか、そうなれば敗戦必至ではないかと憂慮されたときのお言葉である。

近衛の見通しは甘く、天皇の見通しの方が正しかったわけだが、もしそうなったときどうすべきか、すでに覚悟を定《き》められておられたのかもしれない。歴史を学んでいる天皇の目前には、第一次大戦の敗戦国の歴史があった。そしてその際、ロシア皇帝の「ロシア正教の保護者」、オスマン・トルコ皇帝の「イスラム教主」（カリフにしてスルタン、カリフはモハメットの後継者の意）といった宗教的神権的権威などは、何の力も持っていないことも知っておられた。

日本政府は「国体護持」を条件にポツダム宣言の受諾を八月十日連合国に通告、十二日に回答が届いたが、その中に「日本政府の形態は、日本国民の自由意思により決定されるべき」という一文があり、軍部は天皇制廃止、共和制誘導の意志があると強く反対したが、天皇は次のように言われた。

「それで少しも差支《さしつか》えないではないか。たとい連合国が天皇統治を認めて来ても、人民が離反したのではしようがない。人民の自由意思によって決めて貰《もら》って少しも差支えないと

（『木戸幸一関係文書――日記に関する覚書』）

思う」

国民との紐帯《ちゅうたい》がなくなれば、ドイツやトルコのように消えてしまう。このことは前記の詔勅にも新憲法にも現われているが、これは、若き日に経験された第一次大戦の結末に影響されているのであろう。天皇はイギリスのジョージ五世を「慈父のように」敬愛されたが、そのジョージ五世は、従弟《いとこ》にあたるロシアのニコライ二世を助けようとして果たせなかった。当時の大英帝国ですら、他国の君主の地位はもちろん、その生命も保証出来なかったのである。まして占領軍の保証など、たとえあったところで意味はない。

だがそれだけでなく、天皇の「人民の自由意思によって……」というお言葉には、天皇のプライドもあったと思う。たとえ連合国の保証で帝位を保てても、敗戦国の元首が国民に見放されながら、勝者の保証によってその地位を保っているような屈辱的な状態は、天皇には耐えられなかったのであろう。天皇のこの判断は正しい。自らの帝位を保持するため、国民を犠牲にして連合国と取引するような行為は、勝者との紐帯になるかもしれないが、それは逆に、国民との紐帯を断ち切る結果となったであろう。

天皇は、第一次大戦の敗戦国の元首とは全く逆の行き方をされた。その行き方の一部は、歴史から学ばれて、これが正しいと思われる道に進まれたのであろう。

終戦のとき、天皇は白村江《はくすきのえ》の敗戦（六六三年、百済《くだら》救済に向かった日本軍が、唐《とう》・新羅《しらぎ》の連合軍に惨敗を喫した海戦）のことを口にされているが、この敗戦について白鳥博士からどのような教育を受けられたかは「戦捷《せんしょう》を誇る勿《なか》れ」という、日露戦争後の博士の講演を読むとほぼ想像がつく。この講演の中で博士は「我国はこれまでの学校に用いられる教科書を始めとして、その他種々の書籍などを見るに、我国の勝利だけ記載して、敗北した事は一つも書いてない」と批判されている。白村江の敗戦は、実は、戦前の国定教科書には載《の》っていない。終戦後すぐ天皇がこれを口にされたのは、文部省管轄でない、白鳥博士の別の教育を受けておられたからであろう。

五章

「捕虜《ほりよ》の長」としての天皇

――敗戦、そのときの身の処し方と退位問題

庭のおもに　つもるゆきみて　さむからむ
人をいとども　おもふけさかな

〈御製〉▼昭和二十四年、歌会始にて。
前年暮、東京裁判が終結し、A級戦犯の死刑が執行された

いる。

天皇とマッカーサーの単独会見

天皇は、天皇家の神祇《じんぎ》を実にまじめに実施されている。これは、「大宝律令《たいほうりつりょう》」以来、天皇は神祇官《じんぎかん》と太政官《だいじょうかん》の長であるという伝統に基づくものだが、この場合の天皇もあくまでも「祀《まつ》る人」であって「祀られる対象」ではない。このことを杉浦は「大宝令」の章で述べている。

だがそれがそのまま現代に継続したのでなく、武家政治で中断され、更新された天皇制は「五箇条の御誓文」にはじまる。これは『倫理御進講草案』の「五箇条の御誓文」に引用されている「明治元年三月十四日の御宸翰《ごしんかん》（天皇直筆の文書）」にも示されている。いわば天皇家は継続していたが、それは天皇制が昔どおりに継続したということではない。この「御宸翰」はこのことを率直に記し、次のようにつづける。

「……億兆の君たるも唯《ただ》名のみに成り果て、其《そ》が為《ため》に今日の朝廷の尊重は古《いにしえ》に倍せしが如くにて朝威は倍衰え、上下《しょうか》相離るること霄壌《しょうじょう》（天と地）の如し」

これにつづいて、こういう状態ではどうして天下に君臨しているなどといえようか。今回の御一新にあたり、国民の中で一人でもその所を得ない者がいれば、それはすべて私の責任であるから、今日からは自らが身を挺《てい》し、心志《しんし》を苦しめ、困難のまっ先に立ち、歴代の天皇の事績を踏まえて治績に努めてこそ、はじめて天職を奉じて億兆の君である地位にそむかない、そのように行なう、と記されている。

いわゆる「人間宣言」、すなわち昭和二十一年一月一日の詔勅の背後には明らかにこの言葉がある。前述のように天皇は「朕《ちん》は現人神なり」と言ったことは一度もない。したがって天皇は自らが「人間宣言」をしなければならぬ理由はない。これはむしろ「五箇条の御誓文」とそれに基づく「憲法」が明治元年以来の天皇制の基本であることの再確認ともいうべきものであろう。

そして「御宸翰《ごしんかん》」の中に「朕自ら身骨を労し心志を苦しめ艱難《かんなん》の先に立ち」という言葉があるが、前記の詔書は、天皇がまずマッカーサーとの単独会見という少々驚くべきことを実行された後に公布されたことは、注意すべきであろう。

というのは終戦直前の天皇へのアメリカ世論は、当然ながら、きわめて厳しいものであった。戦争は単純に敵味方の二分法でものを考えさす。「ヒットラー、ムッソリーニ、ヒロヒト」と並べれば、前二者は、すでにあるいは自殺し、あるいは処刑されている。

戦後の天皇の処置についての二十年六月二十九日のギャラップの世論調査では、「処刑せよ33％、裁判にかけよ17％、終身刑11％、国外追放９％、そのまま存続４％、操《あやつ》り人形に利用3%、無回答23%」

であり、この「無回答」も絶対に好意的無回答ではあるまい。処刑から追放までが実に七〇パーセントである。「人気」を気にするマッカーサーが、この世論を完全に無視することはむずかしい。

「骨のズイまでも揺《ゆ》り動か」されたマッカーサー

このマッカーサーを、天皇は終戦の年の九月二十七日に訪問し、会談された。まことに、「艱難《かんなん》の先に立ち」だが、その内容は明らかにされていない。というのは「天皇・マッカーサー会談」は、今後とも一切外部に洩《も》らさない、という約束の下に行なわれたからである。天皇が会談に先立って、このような提言をされたとは考えられないから、おそらくマッカーサーの方が、内容を一切外部に洩らさないという約束の下に会談に応じたのであろう。彼は、会談の内容がアメリカの世論にどう撥《は》ねかえるかを、当然に気にしていたものと思われる。

天皇はこの約束を実に生《き》まじめに実行された。後に（昭和五十二年八月二十三日）、記者会見でこの会談について質問されているが、

「マッカーサー司令官と当時、内容は外に洩らさないと約束しました。男子の一言であり、世界に信頼を失うことにもなるので話せません」

と答えておられる。また側近の中にも、その内容を「漏《も》れ承《うけたま》わった」者はいない。天皇は生涯この約束を守られ、一言も言われなかったが、マッカーサーの方は必ずしも約束を守っていない。そのため、内容が察知できるのは、彼のリークだけだが、日本側にも全くないわけではない。それは藤田侍従長のメモである。

会談の内容は外務省がまとめて天皇に届けられた。宮内省の用箋に五枚ほどで、藤田侍従長はこれを目にしている。通常この種の文書は、天皇が閲読《えつどく》した後で侍従長にわたされるのが慣例だが、天皇はマッカーサーとの約束を守られて、これをそのまま手許に留められたままである。ただ藤田侍従長はそれを一読し、天皇は次の意味のことをマッカーサーに伝えられたと記している。

「敗戦に至った戦争の、いろいろの責任が追及されているが、責任はすべて私にある。文武百官は私の任命する所だから、彼等に責任はない。私の一身は、どうなろうと構わない。私はあなたにお委《まか》せする。この上は、どうか国民が生活に困らぬよう、連合国の援助をお願いしたい」

（『侍従長の回想』）

日本側にはこれ以外に資料らしい資料はない。マッカーサー側の記録には、彼自らが記した『回想記』がある。これはある程度は信憑性《しんぴょうせい》があると見てよいであろうが、あとはすべて、会談や雑談の際「マッカーサーがこう言った」という形で記されており、話す側は一種の〝自慢話〟、聞く側には聞く側の主観があり、さらに後の記憶に基づいて記されているから、あまり正確とはいえないであろう。ここではまずマッカーサーの『回想記』を採りあげ、次に参考になるものを一、二挙げてみよう。

マッカーサーはまず、天皇が非常に憔悴《しょうすい》して落着きがなかったと記しているが、これは事実であろう。当時は、私はまだ、フィリピンの収容所にいたので何も知らなかったが、帰国後に、終戦後にニュース映画や写真などで天皇を見た人たちが「憔悴しきっておられ、痛々しくて見ておられなかった」と語るのを聞いたからである。

ただその次に、

「私が米国製のタバコを差し出すと、天皇は礼を言って受け取られた。そのタバコに火を点《つ》けてさしあげた時、私は天皇の手がふるえているのに気がついた」

とあるのは、おそらく彼の記憶違いで、誰かほかの要人との会談の時のことを混同しているのであろう。天皇の禁酒・禁煙、さらにこのとき出されたコーヒーにも手をつけられなかったことからも、そう思わざるを得ない。ただ以下の記述はおおむね信頼できる。

「私は天皇が、戦争犯罪者として起訴されないよう、自分の立場を訴えはじめるのではないか、という不安を感じた。連合国の一部、ことにソ連と英国からは、天皇を戦争犯罪者に含めろという声がかなり強く挙がっていた。現に、これらの国が提出した最初の戦犯リストには、天皇が筆頭に記されていたのだ。私は、そのような不公正な行動が、いかに悲劇的な結果を招くことになるかが、よく分かっていたので、そういった動きには強力に抵抗した。

ワシントンが英国の見解に傾きそうになった時には、私は、もしそんなことをすれば、少なくとも百万の将兵が必要になると警告した。天皇が戦争犯罪者として起訴され、おそらく絞首刑に処せられることにでもなれば、日本中に軍政を布《し》かねばならなくなり、ゲリラ戦がはじまることは、まず間違いないと私はみていた。結局、天皇の名は、リストからはずされたのだが、こういったいきさつを、天皇は少しも知っていなかったのである。

しかし、この私の不安は根拠のないものだった。天皇の口から出たのは、次のような言葉だった。

『私は、国民が戦争遂行《すいこう》にあたって、政治、軍事両面で行なったすべての決定と行動に対する全責任を負う者として、私自身をあなたの代表する諸国の裁決に委《ゆだ》ねるためおたずねした』

私は大きな感動に揺すぶられた。死をともなうほどの責任、それも私の知り尽くしている諸事実に照らして、明らかに天皇に帰すべきではない責任を引受けようとする、この勇気に満ちた態度は、私の骨のズイまでも揺り動かした。私はその瞬間、私の前にいる天皇が、個人の資格においても日本の最上の紳士であることを感じとったのである」

『回想記』と藤田侍従長の『回想』との天皇のお言葉には、多少の違いはある。もちろん「文武百官」が「政治・軍事両面」となっているのは、翻訳上当然であり、訳されたメモの要約と考えれば主旨は同じといえるが「この上は、どうか国民が生活に困らぬよう、連合国の援助をお願いしたい」がない。

いわば天皇の要請は、戦犯裁判を自分一人に留めることによる実質的な中止と、国民の食糧難の解決の二点なのだが、この点は、マッカーサーの要約で少々ぼかされている。ただマッカーサーの雑談の中には「天皇はこう言った。自分はどうなってもいいが、国民を食わせてやってくれ、と」というのがあり、これらの点では藤田侍従長の記述の方が正確であろう。

「私を絞首刑にしてかまわない」

少々不思議なことは、これに対してマッカーサーがどう答えたかの記録が全くないことである。もし彼が、何か大変に「カッコよい」返答をしたなら、当然『回想記』に書かれているであろうが、それがない。彼は自己顕示欲が強いから、それに対してどう言ったかを劇的な〝名文〟で記すのが普通であり、『回想記』には劇的な場面に必ずと言ってよいほどにそれが出てくる。それがないのはおそらく、この時のマッカーサーの最大の関心事は、この天皇の言葉が洩れないことであったからであろう。

というのは、もしアメリカの新聞に「ヒロヒト、戦犯第一号としてマッカーサーに自首――全責任は私に」といった見出しが躍《おど》ったら、前記のギャラップ世論調査から見て、彼にも収拾できない事態を招来すると感じたのであろう。その後のマッカーサーのリークを調べても、彼が天皇に何と言ったかは、全然記されていない。

天皇の第一の目的が、戦犯裁判には自分一人が法廷に立てばそれで充分のはず、と言いに

来たことは明らかである。というのは終戦後間もない八月二十九日の『木戸日記』に、

「戦争責任者を連合国に引渡すは真に苦痛にして忍び難きところなるが、自分が一人引受けて退位でもして納めるわけにはいかないだろうか」

というお言葉がある。この「退位でもして」は相当幅の広い意味であろうが、天皇のマッカーサーへのお言葉はこの延長線上で考えるべきであろう。

なおマッカーサーのリークの中で、ある程度信頼できるのは、半藤一利氏が記されているヴァイニング夫人の記述であろう。次に引用させていただく（前出の論文より。84ページ参照）。

「ヴァイニングは十二月七日の項で、マッカーサーが語ったという会談の〝一問一答〟をこう記述した。（わかりやすく書くと）

元帥　戦争責任をお取りになるか。

天皇　その質問に答える前に、私のほうから話をしたい。

元帥　どうぞ。お話しなさい。

天皇　あなたが私をどのようにしようともかまわない。私はそれを受け入れる。私を絞首刑にしてかまわない。

――原文では、“You may hang me.”と記載されているという」

あるいはこういった問答であったのかもしれない。いずれにせよ天皇には、深い決意のほかには何の準備もなかったであろうし、誰の助言もなかったであろう。当時の日本に、そして天皇の周辺に、「マッカーサーの所にお出になって、自分を戦犯として絞首刑にせよと、おっしゃるように」などと言える人間がいるはずはないからである。とすると、これは全く天皇御自身の発意、そして会談はぶっつけ本番である。

では天皇には何かの計算があったのであろうか。何もなかったであろう。マッカーサーはこれに「骨のズイまでも揺り動か」されたと記しているが、同時に困惑もしたであろう。というのは、彼は「よろしい、そのとおりにしよう」とも言えないし、「断わる。あなたを起訴しないが、日本国民の飢餓に私は責任を持たない」とも言えないからである。

まことに、捨身《すてみ》の相手は扱いに困るとも感じたであろう。彼の応答が記されていないのは不思議ではない。

天皇の反面教師——ウィルヘルム二世

一方、天皇が何に基づいてこのような行動を取られたか、これは謎として残る。というのは天皇に「敗戦教育」をした人間はいないし、いるわけがない。戦前の日本で天皇に「無条件降伏の際はこのように行動されますように……」などと天皇に教育出来るわけがないからである。

もちろん一般論としては、天皇が絶対化していた「五箇条の御誓文」と「御宸翰《ごしんかん》」があり、また「教育勅語」の実にまじめな実践者でもある天皇が「一旦緩急《かんきゅう》（危急の事態）アレハ義勇公ニ奉シ」を字義どおり実践したともいえるであろうが、これは抽象論であって「敗戦における天皇の在り方」への直接的な教育というわけではない。

しいてその「教育例」をあげるとすれば、杉浦の『倫理御進講草案』の「前ドイツ皇帝ウィルヘルム二世の事」であろう。これを読むと、ウィルヘルム二世は生涯を通じての天皇の「反面教師」であったように思われる。これは人物評としても大変に面白いので、次にそのほぼ全文を引用したいと思う（原文の国名の漢字表記をカタカナに改む）。

「最近における世界の大戦乱は、列国の形勢を一変したるのみならず、各国民の思想その他においても一大変化を与えたる稀有《けう》の事件なり。たとえばロシア、ドイツ、オーストリア＝ハンガリア等の諸帝国は崩壊したるのみならず、崩壊後に創立せられたる共和政府も、果たして確立し得べきや否《いな》やも疑問なり。また諸国民の思想も、富の分配に関する経済上の問題、および平等自由の政治的問題に関して動揺しつつあるなり。かかる点より観察すれば、最近の大戦乱は、実に全世界に不安と苦難とを与えたるものというべし。

さてこの大戦乱は、何が故《ゆえ》に破裂したるかは、外交上その他種々複雑の関係によるものなることもちろんなり。しかし、戦乱を惹起《じやつき》したる中心的人物を求むれば、何人《なんぴと》も、ドイツ皇帝ウィルヘルム二世を以てその人となさざるなし。

ドイツ皇帝ウィルヘルム二世は、そもそも如何《いかん》の人ぞ。これに関しては世上すでに種々の評論あり。いまさらに言うべきものなしといえども、近ごろ偶然にも一書を手にするを得たり。この書は『世界戦乱に関して』と題し、前オーストリア＝ハンガリア帝国外務大臣ツェルニン伯の著にかかれり。いまこの書を読みて感ずる所あるが故に、一言、申し述べんとす」

とあって、次にこの本がどのようにして日本に送られてきたかが記されている。杉浦にこれを贈呈したのは穂積陳重《ほづみのぶしげ》（明治・大正期の法学者）で、おそらく「反面教師」としてぜひ、若き裕仁親王に講義するようにとあったらしいが、そのあたりは省略されて明らかではない。杉浦はつづける。

「該書中、前ドイツ皇帝ウィルヘルム二世に関する論評あり。先《ま》ずその要点数条を左に抜《ばっ》粋《すい》す。

㈠　各個人は門地、教育、経験の産物なり。ウィルヘルム二世を判断するにつけても、帝が少年時代より成人に至るまで、常に欺《あざむ》かれ、決して存在せざる社会をのみ示されたるものなることを、先ず念頭に置かざるべからず。云々。

㈡　予は、ドイツ皇帝よりも更《さら》にまさりて善意を有する王者の存するを思わず。帝は己れが観じたる天職のために生存したるなり。すべての考慮、希望はことごとくドイツに集注せられたり。帝の愉快、娯楽はすべてドイツ国民を偉大に、かつ幸福になさんとする唯一の理想に随《したが》うのみ。もし単に善意にして大事を為《な》し得るものとせば、帝はこれを成し得たるならん。云々。

㈢　帝は決して自身の行動の真実の結果を知り給わざりき。帝は実に親近者のみならず、すべてのドイツ国民に依《よ》りて誤り導かれたるなり。

㈣　帝王は実生活の学校における訓練を欠く。故に人情の見積《みつもり》を誤るを常とす。

㈤　予の知れる範囲にては、皇帝に対して率直に談話するの習慣を有したる大将一人あり。これをアルヴィス・ションブルグとなす。

㈥　帝が生活せられたる空気は、最も健全なる植物をも枯死せしめたるならん。帝の言行は、善悪いずれにもせよ、直ちに熱心なる称讃を博し得たり。空中にまで帝を称揚する人物の一ダースほどは、常に手近に居《お》りたり。

㈦　もし帝の行為の悪果を、帝に対して明言し、世界を通じて帝への不信の増加しつつあることを知らしむる人物ありしならば、すなわち、かかる人物一、二人ならずして、十数人ありたるならんには、必ず帝に反省を促《うなが》し得たるならん。

㈧　帝は全く親切にして、かつ善良なる人物なり。善事を為し得るを以て真実の愉快となし、敵をすら憎むことを為さざりき」

以上について、ツェルニン伯は事実を挙げて詳細に論じていると彼はつづける。ここに記されているウィルヘルム二世は、当時一般に持たれていた印象と非常に違う。今でも「杉浦重剛がウィルヘルム二世についてこんなことを書いている」と言うと、みな「へェー」と驚く。彼は大野心家で、第一次世界大戦は、彼が勃発させたと見るのが普通だからである。ついで杉浦は「次に所感を述べんとす」としてつづける。

「ドイツ皇帝ウィルヘルム二世は、鋭敏にして才略あり、天性また善良の人物たりしこと、宗教的には信仰あり、倫理的には道徳あり、一代の明君《めいくん》たるべき素質を有せられたること明瞭なるに、四囲の空気不健全なるがため、ついに国を誤り、身を誤るに至りたるなりというは、ツェルニン伯所論の大要なり。

王者は常に深宮《しんきゅう》にあるが故《ゆえ》に、ややもすれば世の実情に通ぜず。これ古今東西の歴史において常にしかる所なり。故に歳月を経《へ》るに随いて、その明智《めいち》もまた陰翳《いんえい》を生ぜんとするの恐れあり。故に古来明君の為《な》す所はよく直言を納《い》れ、よく諫《かん》を聴《き》くを怠らざりしなり。（中略）

もしそれ王者が一々自己の言行を称讃せられ、意満ち心傲《おご》るに至りては、その人必ず昧《くら》し。古《いにしえ》のいわゆる暗君は、おおむねみな、かくの如し。夏桀王《かのけつおう》は忠臣・関竜逢《かんりゅうほう》を殺し、殷紂王《いんのちゅうおう》は微子《びし》、箕子《きし》、比干《ひかん》に聴かず。ついに以て滅亡を招くに至れり。その他秦《しん》二世皇帝の如きは日々趙高《ちょうこう》の甘言を喜びて、人心の離反を知らず、天下の大乱を知らず、これまた、たちまち滅亡す。

同じドイツにおいても、ウィルヘルム一世はよく人を知るの明あり。ビスマルク、モルトケの二大人物を任用して、以てドイツ帝国創建の大業を完成したり。ビスマルクの如きは忠君愛国の念旺盛なれども、ウィルヘルム一世に対しては、往々顔《おもて》を犯し（恐れることなく、諫《いさ》めること)、理のある所を直言するの難事をあえてしたりき。

ウィルヘルム二世は、即位前よりビスマルクと相善《あいよ》からず、これを以て帝の位に登るや、久しからずして、老宰相は職を辞したりき。爾来《じらい》、帝はビスマルクに代わるべきほどの大人物を用いることなく、かえってルウデンドルフら一派の人びとを重用し、多くは万事を自ら処決したりしなり。

しかして忠言を聞くことを喜ばず、以て一身と国家との破滅を招くに至れるは惜しむべきなり。いかに鋭敏にして才幹勝《まさ》りたるにもせよ、かくの如きは王者の道より見て、以て大なりとすべからず。これらの問題に関しては、かつて鏡、納諫《のうかん》(諫言を受けいれること)、明智、任賢《にんけん》等の諸項(「倫理御進講」の項目)において、幾度《いくたび》か繰り返して申し述べたる所なり。

ことに欧州諸国の歴史は、王権と民権の争い、換言すれば圧制と自由との争いを以て、数百年を一貫せるものなり。故にロシアのロマノフ王朝が倒壊するにあたりても、十数万の貴族中、一人として起《た》って王事に身命《しんみよう》を捧げたるもの無きなり。

ドイツはロシアよりもさらに強固たる国家なりしも、ウィルヘルム皇帝の倒るるにあたりて、また猛然として起って皇帝のために死力を致したるものあるを聞かず。これ一半《いっぱん》は歴史の自《おのずか》ら然《しか》らしむる所なるも、また一半は皇帝および上流諸士の自ら招く所の禍《わざわい》なりというべし……」

天皇退位の決定権は誰にあるか

この「反面教師」と天皇とを比べていくと、さまざまな点で、その行き方が全く逆なことに気づく。だがそれについては、後述するとして、敗戦のときウィルヘルム二世はすべてを投げ出すようにして退位し、オランダに亡命したことと、その意志が全くなく、逆に、自らマッカーサーのもとへ出頭した天皇とでは「責任の取り方」が全く違ったといえる。

天皇は明らかに退位を考えており、それに関するご発言は四回あるが、そのいずれを見ても、いわば「逃げる気」は全くない。すでに述べたように終戦の八月二十九日の『木戸日記』に見えるお言葉は、「戦争責任者を連合国に引き渡すは真に苦痛にして忍び難きところなるが、自分が一人引受けて退位でもして……」である。

さらにマッカーサー会談の“You may hang me.”はもちろん退位を前提としたお言葉であろう。

次が二十一年一月四日、藤田侍従長の回想に次のようにある。天皇は公職追放令に驚いて言われた。

「随分と厳しい残酷なものだね。これを、このとおり実行したら、いままで国のために忠実に働いてきた官吏その他も、生活できなくなるのではないか。

藤田に聞くが、これは私にも退位せよというナゾではないだろうか」

必要があれば、公職追放令について自己の退位を含めて、マッカーサーと会談されるつもりでおられたらしい。

もう一度、すなわち四回目が、昭和二十三年十二月二十四日の『朝日新聞』の記事である。このころ、すでに十一月の十二日に極東軍事裁判所はA級戦犯二五人に有罪の判決を下し、十二月二十三日、東条英機《とうじょうひでき》ら七人の死刑が執行された。これと関連して天皇の戦争責任問題が、いわゆる進歩的文化人の意見発表や世論調査の結果などで連日報道され、退位問題がピークに達したときである。朝日新聞は次のように報じている。

「ある著名な人から天皇制護持のためにも退位を可とするという内容の著書が差し出されたとき、陛下は『個人としてはそうも考えるが公人としての立場がそれを許さない』という意味のことを洩《も》らされた。（中略）さらに『国民を今日の災難に追い込んだことは申し訳なく思っている。退くことも責任を果たす一つの方法と思うが、むしろ留位して国民と慰めあい、励ましあって日本再建のため尽くすことが先祖に対し、国民に対し、またポツダム宣言の主旨に副《そ》う所以《ゆえん》だと思う』と述べられたそうである」

この「公人としての立場」「ポツダム宣言の主旨に副う」とは具体的に何を意味しているのであろうか。マッカーサーはポツダム宣言に基づき天皇をも含む日本政府を接収《せっしゅう》しており、「公人として」の天皇は、勝手に退位するわけにいかない。御巡幸をはじめとする天皇の行動はすべて、マッカーサーの許可の下に行なわれている。さらにマッカーサーは天皇が「私自身をあなたの代表する諸国に委《ゆだ》ねる」と言ったと受けとっているし、天皇は確かに、そう受けとり得る言葉を口にしている。天皇は「男子の一言」でこのことを口にしていないが、「ポツダム宣言の主旨に副う」は、具体的にはこのことを指していると理解してよいであろう。

「捕虜《ほりょ》の長」を充分自覚されていた天皇

時々日本には妙な発言をする人が出てくる。その人は、日本が占領下にあることを忘れて、在位も退位も天皇が自由に出来ると思い込んでいたらしい。のんきな話である。

というのは、マッカーサーは日本全部を捕虜にしたと考えており、捕虜なるがゆえに「米陸軍の予算を使ってかつての敵を養うこと」は当然だと、米下院歳出委員会の疑問に対して次のように答えているからである。

「……われわれは勝利にともなう責任で、日本人を、捕虜として引き受けた。それはかつてバターン半島が陥落した時、われわれの飢えた将兵が、日本軍の捕虜となった時と少しも変わらない。こんどは立場が逆になったが、戦争はもう済んでいる。もし、われわれがいま、このせまい島国に閉じこめられて、われわれに監視されている日本国民に、生命をつなぐだけの食糧も与えることを怠るなら、われわれがとった懲罰《ちょうばつ》行為（「バターンの死の行軍」への戦犯処罰）は、果たして正当化できるであろうか」

マッカーサーにとっては、天皇は、「捕虜の長」にすぎない。したがってすべて彼の思うままであり、戦犯逮捕の際、天皇を退位させたほうが占領政策に有利だと考えれば、それは即座に出来たであろう。彼は天皇の言質《げんち》を取っている。おそらくマッカーサーは、天皇という「捕虜の長」とその言質との両方を「人質」にして、占領政策を進めるのが有利と考えていたであろう。

そして天皇御自身のお言葉から考えれば、天皇もまた自らが「人質」であることを自覚されていたと思われる。ただ敗戦のこの際、甘んじて人質になって留位していることが、「日本再建のため尽くすこと」だと、思っておられたのであろう。以上のお言葉を私はそのように解釈しているが、それ以外に、解釈の方法がない。

その後に、朝日新聞の本多勝一《ほんだかついち》記者の「ブラジルの勝ち組に引き渡せ論」から、ごく素朴な「もうお歳《とし》だから退位されて楽隠居を楽しまれては」に等しい議論まで、さまざまなものがあったが、天皇は何も言われていないので、これらについて天皇がどう考えられたかは分からない。

ただ一つ言えることは、カイザー・ウィルヘルム二世とは全く逆で、何もかも放《ほう》り出して退位し、そして逃げ出すことなど、毛頭考えておられなかったということである。ウィルヘルム二世が「反面教師」であったことは、他の点についてもいえるが、それは、次章で述べることにしよう。

六章

三代目——「守成《しゅせい》の明君《めいくん》」の養成

——マッカーサー会談に見せた「勇気」は、どこから来たか

山やまの　色はあらたに　みゆれども
わがまつりごと　いかにかあるらむ
〈御製〉▼昭和三年、即位して初めての歌会始にて

「創業と守成のいずれが難き」

一人間の生涯を考えると、すべてが幼少時の予定どおりにいったという例は皆無に近いであろう。これは天皇とても例外でない。

天皇の自己規定に大きく寄与したと思われる教育者に、明らかに共通している傾向があった。それは若き裕仁親王を、「憲政の王道を歩む守成の明君」に育てようとはしても、決して「覇王的な乱世の独裁君主」に育てようとはしなかったことである。

これは考えてみれば当然のことである。彼らはみな明治維新をくぐり抜けている。後代は、明治維新をさまざまに論評できるであろうが、実際にそれを体験した人にとっては、それは多くの先輩や同僚の血をもって贖った成果であった。と同時に、その犠牲を思うとき、二度と繰り返したくないことであったであろう。戦争であれ革命であれ、これは常に体験者が抱く矛盾した感慨だが、この矛盾は「あの苦しみを二度と体験しないためには、その成果を確実に守れ」という形になる。それが「守成」であろう。

『貞観政要』（唐の太宗と群臣たちとの問答をもとに、政治の要諦を説いた書）の「創業と守成といずれが難き」は有名な言葉だが、この唐の太宗の問いに魏徴が答えているように、守成の方が創業よりむずかしいと言って過言ではない。この『貞観政要』が、『倫理御進講草案』でも採りあげられていることは、「目次」を見ると分かるが、残念ながら本文は残っていない。しかし「ペートル大帝」のところで、杉浦は『貞観政要』の前記の問と答の部分を全文引用している。そして「憲政の王道を歩む守成の明君」のイメージは、この草案の全編を貫いているといってよい。

以上のほかに、天皇が教育を受けられた時代も考えてみなければならない。学習院初等科へのご入学が明治四十一年、東宮御学問所での授業開始が大正三年、以後七年間ここで学ばれ、ついでイギリスにご外遊、ジョージ五世とイギリスの憲政に深い感銘を受けられ、帰国されて大正十年摂政宮《せっしょうのみや》となられ、実質的に政務をお執《と》りになっている。もっとも、以後も勉学をつづけられており、その御教育期間は、ほぼ大正時代といってよい。議会制度はやや軌道に乗り、「憲政の常道」で議会の多数党の党首に大命が降下するというイギリス的ルールが、確立しそうに見えた時代であった。

維新を生き抜いて来た教育者たちは、これでやっとその成果を守り、その枠内で将来の発展を目指せる「守成の時代」が来たと感じたであろう。ライシャワー博士の持論のように、民主主義は戦後とともに始まったのではなく、軍部により中断された大正自由主義の再生と見るなら、戦後こそ天皇への教育とそれに基づく天皇の自己規定の生かされていた時代といえるであろう。

外国の皇帝の中で、杉浦が採りあげているのは、前記の反面教師ドイツ皇帝ウィルヘルム二世と、ナポレオンとペートル大帝の三人だけだが、そのそれぞれに対する杉浦の批評は興味深い。

ウィルヘルム二世についてはすでに述べたが、ナポレオンについては、彼はいきなりワーテルローの戦いから話をはじめる。彼は生涯に「六百八十五戦を敢《あえ》てし、敗戦はわずかに五指を屈するに過ぎざりき」の天才的名将であり、読破した蔵書二千七百冊を残した勉強家であり、「人は睡眠二、三時間で足れりとすべし」の勤勉努力の人であり、またナポレオン法典を編纂《へんさん》させた偉大なる治者であったと、杉浦はまず説明する。

さらに、彼は「生まれながらの王者」ともいえる人であったと、次のようなエピソードを紹介している。

「提督《ていとく》エデンが未《いま》だ少尉なりし時、提督某に伴《ともな》われてセントヘレナに至りて、ナポレオン（原文は「那翁」、以下同）に謁《えつ》したる時の感想を語りて曰《いわ》く『ナポレオンは提督と談笑して後、予《よ》を顧《かえり》みたり。予はこのとき始めて、〝生まれながらの王者〟といえる句の意味を了解したり。予は悪魔を憎むが如く仏人を憎めと教育せられたる英人なり。しかれどもナポレオンが予に一顧《いっこ》を与えたる時、彼が威容は荘厳にして威力あり。彼もし予に命じて、伏せ、われ汝の上を歩まんと言わば、われは英国人なりとも、直《ただち》に彼が命令に従いて伏したるならん。ナポレオンの顔色は、その人物の黙示にしてまた精力の表現なり。彼は実に命令せんとて生まれたるものなり。云々』と」

彼は、ロシア皇帝アレクサンドルが語った同じようなエピソードを紹介した後、次のように結論している。

「以上述べたる所にして、ほぼナポレオンの人となりを知るべきか。ローズベリー卿、ナポレオンを評して曰《いわ》く、

彼は超人的能力を活用して立身し、濫用《らんよう》して敗滅したり。

と。もし徳を以《もっ》て守る所あらしめば、ナポレオンは真に王者中の王者たりしなるべし、惜しむべしとなす」

言うまでもなく、彼の結論は「徳を以《もっ》て守る所」すなわち「王道的な守成」が出来なかったが故《ゆえ》に、稀有《けう》の才を持ちながら破滅した、である。この点、ナポレオンは天皇にとって、一面教師・一面反面教師であった。

天皇がヨーロッパ旅行をされた大正十年（一九二一年）はナポレオン没後一〇〇年にあた

り、フランスは「ナポレオン一〇〇年祭」で、一種のブームになっていた。確かに守成に失敗し、エルバ島への退去のときには罵詈雑言《ばりぞうごん》の雨を浴び、暴動によって危害を加えられそうになっている。しかし死後一〇〇年たっても、国を挙げて記念されていることには、深く感銘されたらしい。

天皇の書斎にリンカーン、ダーウィン、ナポレオンの胸像が常に置かれていたことはよく知られているが、ナポレオンが置かれているのは、以上の理由と、もう一つ、すでに記した戦争中も敵国の科学者を厚遇したことであろう（49ページ参照）。

重剛、天皇にロシア革命の真因を説く

次の「ペートル大帝」は、ほぼ称賛の対象になっているが、北方戦争で今のレニングラード（現サンクト・ペテルブルク）附近をスウェーデンから奪取して海への出口を確保したことはわずか二行にとどめ、その内容はほとんどが、いかにして西欧の科学技術を導入したか、そしてそのために、どれだけ労苦を惜しまなかったかで占められている。次に引用しよう。

「（ペートル）大帝は……ドイツを去りてオランダに入り来《きた》れり。オランダは当時ヨーロッパにおける大海軍国たるを以《もっ》て、その造船術を実見し、かつ研究せんためなりき。すな

わちザァーンダムにおいては一小家屋に居を定め、造船所の職工服を身にまといて自ら諸機械を手に取りて、最も敏活に労働を継続したりき。このころ大帝が本国の僧に宛《あ》てた書翰に、

汝が額《ひたい》に汗《あせ》して汝のパンを食《しょく》せよと、神はアダムに宣《のたまわ》らせ給えり。われいまこの命に従いて生活す。云々。

その労苦、想い見るべきなり。朝は夙《つと》に起きて火の準備をなし、また自ら食物を調理せらるることもあり。かくの如くして、大帝は、ついに六十艘の砲艦を建造したりき。しかも単に造船の研究に熱注するのみならず、時々アムステルダムに出でて有名なる学者ルイシュの解剖学の講義を聞き、またウィツェンを師として博物学を勉強したり。その他製紙、製油等のことに至るまで、孜々《しし》として研究を怠《おこた》らず、短日月にして出来うる限りの知識を吸収することに努力したり。

大帝は、一六九八年一月を以てオランダを去りて英国に来れり。デットフォードにおいて造船の研究を為《な》すこと、オランダにおけると同一なりき。しかしてまた天文学を学び、あるいは二、三の有名なる数学者をロシアに招聘《しょうへい》するの約を結びたるなど、理科学上のことに関して常にその注意を怠らざりき」

記述はまだまだつづき、英国からオランダ、オーストリアのウィーンなどの視察・研究旅行の記述がつづく。このロシアの西欧先進国の科学・技術の導入を、杉浦は、明治と重ね合わせて説いているように見える。そのようにして、十八世紀に近代化の歩みを進めていたロシアがなぜ、現代（第一次世界大戦当時）のような状態になったか。ここで杉浦は「守成」のむずかしさへと進む。

「以上述べたる所にて、ほぼペートル大帝の人となりを知ることを得べし。大帝の性格・行為もとより欠点あるをまぬがれず。しかれども国家のためには身を労し、思いを焦《こが》し、千辛万苦《せんしんばんく》を辞せず、非常なる忍耐と勤勉とを以てロシアの面目を一新し、その興隆の基《もとい》を開きたるは、真に大帝の称に愧《は》じざるものというべし。

数年前より、欧州列国は、その国力を挙げて戦いつつあるにあたり（第一次世界大戦）、ロシアは昨年革命的暴動の起こりてより騒乱に次ぐ騒乱を以《もっ》てし、今やほとんど亡国の状態を以て目せらるるに至りぬ。想うに国家は国民の団結鞏固《きょうこ》なる時は、すなわち強大を致し、団結薄弱なる時は、すなわち国力また薄弱なるを免れず。ロシアの如きは、今日国家の運命を決すべき大戦に際して内部にかくの如き騒乱を来《きた》す。これ国民が協同一致の精神において欠如する所あるがためなり。

ロシアはその国土広大にして、全地球の六分の一を占むといわるるも、単に地の広きを以てその隆盛を期すべからず、またロシアは人口も一億を超えて人の多きを傲《おご》るも、人の多きは直《ただ》ちに強大を致す所以《ゆえん》にあらず。孟子《もうし》曰く、

天ノ時ハ地ノ利ニ如《し》カズ　地ノ利ハ人ノ和ニ如《し》カズ（公孫丑《こうそんちゅう》下論）

地の広きも人の多きも、人の和を得ざれば如何《いかん》。ロシアに人の和なし。これロシアのために悲しむべき状態を来《きた》したる所以《ゆえん》なり。

さらば人の和を得るの道如何《いかん》。詳細にこれを述べんとすれば、すこぶる多端にわたるべきも、その要旨を約言すれば、すなわち上《かみ》に立ちて政《まつりごと》を施すものは能《よ》く民を愛してその幸福の増進を謀《はか》るべく、下《しも》にあるものは能く上を敬《うやま》いて国家に忠なるべし。もし能くかくの如きを得ば、愛情自《おのずか》ら生じ、上下《しょうか》を連結し、以て永遠にその、いわゆる人の和を保つべし。いずこにか、破綻《はたん》を生ぜん。

しかるにロシアは内政に関する用意周到ならず、教育の如きもさらに普及せざるを以て多数の人民は蒙昧《もうまい》なり。しかして地主すなわち貴族は跋扈《ばっこ》して人民を抑圧し、自ら安逸に流れたり。しかも豊年の折は民情なお安らかなりしが、一九〇八年の凶作以来、生活困難なりしため、しだいに険悪に赴《おもむ》きてついに今日の大破壊を来《きた》したるものなり。

さればペートル大帝が精励刻苦《せいれいこっく》、幾多の困難に堪《た》えて、ロシア大帝国興隆の基礎を確立

せしも、後に出《い》ずるもの守成よろしきを得ず、今日の状態に陥《おちい》りたるは遺憾のきわみなり。昔、唐太宗《とうのたいそう》、創業・守成につきて侍臣《じしん》らと問答したることあり。左の如し」

杉浦はこれを漢文で引用しているが、現代文に訳せば次のようになる。

まずこの問いに、宰相房玄齢《ぼうげんれい》が答える。

「創業の時とはいわば乱世で、群雄が競い起こります。それを次々に攻め討《う》って降伏させ、いわば勝ち抜き勝負でこれを平定しました。こういう点から見れば創業の方が困難です」と。

これに対して諫議大夫《かんぎたいふ》（天子を諫め、政治の得失を論じた官）の魏徴《ぎちょう》は次のように言う。

「新しい王朝が起こるのは、〈いわば『継承的創業』であって〉必ず前代の失政による衰え・混乱の後を受け、そのようにした愚鈍で狡猾《こうかつ》なものを打倒します。すると、人びとは新しい支配者を推戴することを喜び、一応、天下がこれに従います。これが『天授《さず》け人与う』（『孟子』）であって、天から授かり、人々から与えられるのですから、それほど困難とは思われません。しかし、それを得てしまうと、驕《おご》りが出て志向が逸脱します。すると、人びとが平和と安静を望んでいるのに課役《かえき》がやまず、人びとが疲弊《ひへい》・困憊《こんぱい》しているのに、支配者の無駄で贅沢《ぜいたく》な仕事は休止しません。国の衰亡は、常にこれによって起こります。こう考えますと、守成の方がむずかしいと思います」と。

天皇は別に無駄も贅沢も欲しなかったが、軍部のみならず一部の国民も身分不相応ともいうべき「軍備」という無駄を欲していた。杉浦はつづける。

「創業守成ともに難《かた》し。秀吉・家康の如きは創業の偉人なり。しかれども豊臣氏は二代にして早く亡び、徳川氏は十五代三百年の久しきを保てり。これ守成の良否如何《いかん》によるものなり。後の人たるもの鑑《かんが》みざるべけんや」

これもまた、ロシアはペートル大帝の超人的努力により大きな躍進を遂げながら、後継者にその成果を守り育て発展させる守成の人がいなかったから破滅した、というのが杉浦の結論である。

「売家《うりいえ》と唐様《からよう》で書く三代目」

この「憲政の王道を歩む守成の明君」を育てるという杉浦の方針は相当に徹底したもので、『草案』で日本の例を挙げる場合、信長・秀吉・家康は、その表題にはないが「徳川家光」は出てくる。理由は明らかで、彼は家康から三代目、天皇もまた明治天皇から三代目だからである。ここで彼は、家光への歴史的評価は「歴史」にゆずるとことわった上で、彼を教材にして三代目のあり方、いわば、「継体守文《けいたいしゆぶん》の君徳」とはどういうものであるかを説く。

もっとも、これ以外にも彼はしばしば「三代目」について語っており、「徳川家光」の末尾でも次のように記している。

「かつても申し述べたる所なるが、『売家と唐様で書く三代目』といえる俗諺《ぞくげん》あり。その意味は、父祖が苦心して積みあげたる家屋なれども、三代目ごろに至りては、その苦痛を知らず、新奇を好み、柔弱《にゆうじやく》に流れ、終《つい》に家を傾け産を破るに至るをいうなり。これ最も恐るべく慎むべきなり。家光が如きはこれに反し、三代目にして能《よ》く父祖の事業を大成したるもの、また偉なりとすべし」

戦前、尾崎咢堂《おざきがくどう》（行雄）の「三代目演説事件」というのがあった。その内容は説明するまでもあるまい。これが「不敬罪」になるとかならないとか言われたが、天皇がそれを新聞で読まれても、別に驚かなかったであろう。

もっとも尾崎咢堂は「天皇は三代目だから……」と言ったのではなく「国民が三代目で……」と言っており、その主眼はむしろ「憲政擁護」なのだが、これについては後述する

（十章）。

これはひとまず措《お》き、いわゆる「三代目問題」は、杉浦が折に触れてしばしば「述べたる所」であり、天皇は三代目の問題点をよく知っていた。簡単にいえば、初代以来の功臣との関係である。これには二つの面がある。

一つは三代目自身が、何となく「位負《くらい》け」を感ずる創業の功臣、いわば経験者を遠ざけ、同年輩の気の合う「イエス・マン」を集めたがる傾向があること。典型的なのは「反面教師」ウィルヘルム二世で、彼はビスマルクを免職にして若い連中を周囲に集めた。当時のヨーロッパの漫画に「未経験な若船長はどこへ行く」というのがある。老練な船長ビスマルクはタラップを降りて行く、そして若船長ウィルヘルム二世がブリッジからこれを眺《なが》めている図である。これは昔も今もしばしば起こる。

第二が、創業の功臣の側の「若き当主」への「面従服背《めんじゅうふくはい》」である。一応は、たてまつっているが内心ではバカにしており、心服はしていない。家光も天皇も同じような問題を抱えており、これが最もひどかったのは実は陸軍であった。口では天皇絶対などと言いながら、陸軍の天皇無視は前述のように天皇自らが「大権を犯す」と憤慨されるほどひどかった。

昭和元年とは一九二六年、大正十年（一九二一年）十一月二十五日に摂政に就任され、五年の経験を経ておられるとはいえ、天皇は齢《よわい》わずか二十五歳である。以来終戦まで、天皇は常に政府部内における最若年であった。前述のマッカーサー会談のとき四十四歳、このときマッカーサーは六十五歳である。天皇とマッカーサーの写真を見て、斎藤茂吉《さいとうもきち》が憤慨したというエピソードがあるが、それは典型的な年長の勝者が若輩の敗者に対して採る態度をみてとったためであろう。表面的には別であろうが、内心では似たような態度の者は、特に天皇が二十代の昭和のはじめには、明らかに存在した。

三代目・家光《いえみつ》にみる「守成の勇気」

では以上の、三代目が宿命的に遭遇せざるを得ない状態に、家光はどのように対処したか。若き家光は酒井雅楽頭《さかいうたのかみ》（家康、秀忠《ひでただ》に仕えてきた重臣。本名・忠世《ただよ》）を嫌い、彼の家だと言われると顔をそむけて通るほどであった。ところがあるとき秀忠に呼ばれて言われた。

「『将軍（家光）には雅楽《うた》が気に入らぬとな。彼は東照宮《とうしょうぐう》（家康）このかたの旧臣にて、天下大小の政事に練熟しぬれば、大統《たいとう》（将軍位）を譲らせ給うにそえて、彼を進《まい》らせぬ。さるを気に入らぬとあるは、御身《おんみ》の我意《がい》というものなり。天下を治むるものは我意はならぬものぞ』と」

家光はこの言葉を聞いて後悔し、忠世（雅楽頭）を召して言った。

「『きょうは御隠居様よりことのほか御勘事《ごこうじ》（おとがめ）あり。よく思いめぐらせば、汝が天下の政道を大事と思いていう詞《ことば》を、われ悪《あ》しざまに聞《きき》ぬるは、今さら悔いても甲斐《かい》なし。この後はなおさら思う所残さず聞《きこ》え上《あげ》よ』」

と言って彼を優遇したという。

興味深いことに、天皇が最も信頼していたのは明治維新の経験者、また日露戦争の経験者で、慎重な意見の持主であった。前者の代表といえば西園寺公望《さいおんじきんもち》（元老、一八四九―一九四〇年）、後者の代表は鈴木貫太郎（一八六七―一九四八年）、すなわち終戦の「聖断」のときの総理である。天皇はその「聖断」について、一章でも紹介したとおり、「私と肝胆相照《かんたんあいてら》した鈴木であったからこそ、この事が出来たのだと思っている」と言われている。天皇はこの点、ウィルヘルム二世の逆であり、天皇と同年輩の青年将校にかつがれるようなことは絶対になかった。

第二が「若き当主」への先代の功臣の面従腹背である。これは家光の場合は特に警戒が必要であったろう。伊達政宗《だてまさむね》のような、腹に一物《いちもつ》も二物もある曲者《くせもの》はまだ生きており、内心では三代目の幼主などに服従する気はない。

これに対して家光は、諸侯に対して、俗にいう「生まれながらの将軍」の宣言をし「これを以《もっ》て他日さらに君臣の義を用い、衆（諸侯）を遇せんと欲す。今より三年、各々《おのおの》国に就《つ》き、策を定め、よろしく処分を決すべきなり」と言いわたす。不満なものは国へ帰って、戦争の準備をせよというに等しい。その後に、

「特に寝室に坐して、諸侯を引見《いんけん》し、一人相見《あいまみ》ゆるごとに佩刀《はいとう》を解きてこれに賜《たま》い、かつ語りて曰く、『よろしく刀身《とうしん》を試《こころ》むべし』と」

目の前で与えた刀を抜かせる。誰か一人でも、家光を殺そうと思えば殺せる。「衆みなその宏度《こうど》（広い度量）に服したりき」と彼は記す。

簡単に言えば「守成の勇気」は「創業の勇気」と同じではないということであろう。信長は確かに勇敢だが、その勇気の質は家光と同質ではない。そしてこの勇気がない限り守成はむずかしい。簡単にいえばそれは、マッカーサーの所に行き“You may hang me.”と言える種類の勇気であろう。これに似たことは他にもあるが、天皇のご教育に当たったものは、すべてこの方針であったと言ってよい。

さらに天皇は大正十年（一九二一年）三月三日にヨーロッパ視察に出発され、六カ月後の九月三日に帰朝された。この間に天皇に最も大きな影響を与えたのは、イギリスのジョージ五世（在位一九一〇―三六年）である。昭和五十四年の記者会見で、天皇は「ジョージ五世は私に親しくイギリスの立憲君主のあり方を話してくださった。その時以来……」と言われているが、そこに自らの模範を見られたのであろう。言うまでもないがイギリスには成文憲法はなく、政局の運営はすべて慣例に基づいて行なわれている。天皇はおそらくここに、確立された「憲政の運用」を見られ、それを理想とされたのであろう。天皇は明治憲法とそれに基づく慣例によって、すべてが整然と運営される方向へと目指された。その方向に行こうというのがおそらく天皇の自己規定である。

かたくななまでに憲法を遵守《じゅんしゅ》する姿勢のルーツ

天皇はしばしば「立憲君主として」という言葉を口にされ、また「憲法の命ずるところにより」とも言われている。そしてその私生活は、まことに生まじめなぐらい「教育勅語」のとおりである。そしてその基本を「五箇条の御誓文」に置かれていた。この「憲法遵守」は少々、「杓子定規《しやくしじようぎ》」といった感じさえするほどで、近衛（文麿）などはそれに対してある種の〝不満〟さえ口にしている。これについて、『倫理御進講草案』に、天皇はこのようにされていると、近衛などが感じたのではないかと思われる面白い挿話がある。

杉浦は『倫理御進講草案』の中で『教育勅語』の解説を行なっているが、その「国憲ヲ重《おもん》シ国法ニ遵《したが》ヒ」のところで彼が語るエピソードである。もちろん全体の趣旨は、天皇がまず率先して「国憲ヲ重シ国法ニ遵ヒ」でなければ、国民に法律を尊重させることは出来ない、であるが、彼の挙げている例が興味深い。次にその内容を記そう。

文化年間(一八〇四―一八年)、北海道エトロフ島にロシアの南下により事変起こり、幕府は御目付《おめつけ》・羽太正養《はぶとまさかい》を蝦夷地奉行《えぞちぶぎょう》として、さっそく、かの地に赴《おもむ》かせた。正養は幕府の命を受けて急ぎ旅の仕度《したく》をし、種々の兵器・大砲を牽《ひ》き、下総《しもうさ》の国栗橋《くりはし》の関所に到着したが、あまり急いだために、通行券を置いてきてしまった。

しかし、事変は一刻も猶予《ゆうよ》できない。そこで、よんどころなく、事のしだいを関所の番人に告げ、そのまま通り抜けようとしたが、関守《せきもり》は許可しない。正養は再び江戸に引き返して通行券を取って来ようと思い、その間大砲を預《あず》ってくれるように交渉したけれども、関守は、それは関所の規則に反すると言って受けつけない。正養やむなく、多くの供人、兵器・大砲を引き連れていったん江戸に帰り、通行券を持って再びその関を通り抜けた。

「この関守が高位の人に恐れず、法則を取って動ぜざると、正養が急変に赴く身にもかかわらず、関所の規則に従いしとは、ともに遵法の道を守りしものというべし」

言うまでもなく杉浦は、この関守の態度を高く評価している。「そんな杓子定規に規則に拘泥《こうでい》して、そのためエトロフ島をロシアに占領されたらどうなるか」といった非難は「乱世の論理」であって、「守成の論理」ではない。

そして天皇はこの関守のように「明治憲法」を遵守して動こうとはしない。前述の二・二六事件の処理と終戦の「聖断」は、憲法を考慮せずに純粋に政治的にのみ見れば、きわめて適切なもので、これを非難する者はいないであろう。ただ天皇御自身にとっては「立憲君主としての道を踏みまちがえた」のである。こういう点で、どう見ても天皇は「憲政の王道を歩む守成の明君」ではあっても、「覇王的な乱世の独裁君主」ではない。

天皇を「ロボット」と見做《みな》した人々

大正自由民本主義がそのまま戦後民主主義へと通じていれば、天皇は最も幸福な生涯を送られた君主ということになったであろう。だが、天皇が摂政に就任されたとき、早くも乱世の徴候が現われていた。

摂政になられたのは大正十年十一月二十五日、その二十日前に、原敬首相《はらたかし》は、東京駅頭で中岡艮一《なかおかこんいち》に刺殺されていた。

この暗殺から二・二六事件まで、暗殺者やその背後にいる者には、共通した一つの誤認があった。簡単にいえば彼らは、天皇を、「君側《くんそく》の奸《かん》」にあやつられているロボットと見ていたことである。「天皇絶対」と言いながらこれを「ロボット視」していた彼らの態度を、津田左右吉博士は鋭く批判しているが、これは天皇への最大の侮蔑である。しかしそう信じた彼ら右翼は「君側の奸」さえ除けば、天皇は自分たちの思いどおりのロボットになると思い込んでいた。一人格に対するこれ以上の侮蔑を私は知らない。

彼らは「天皇絶対」を口にしながら、天皇を「玉《ぎょく》」とか「錦《にしき》の御旗《みはた》」とか表現し、平然と「物扱い」にしていた。彼らは天皇に明確な自己規定があることを知らなかったし、知ろうともしなかった。「重臣どもが聖明を蔽《おお》う」などというもっともらしい言葉を使っているが、明治憲法とそれに基づく慣例を絶対視し、したがってウィルヘルム二世と違って重臣の意見を尊重しているのは、天皇自身の明確な意志であるとは彼らは思わなかった。天皇は彼らにかつがれるロボットではない。彼らがこのことを思い知らされたのは二・二六事件の時であった。そしてそうではないと知ったときの、「天皇への呪詛《じゅそ》」はすさまじい。

それは後述するとして（八章）、天皇は意志なきロボット、言葉を換えれば人格なき「玉」「錦の御旗」にすぎないといった見方はいつごろからはじまったのであろうか。

それは明確には分からないが、私が史料で調べた限りでは、『梅松論《ばいしょうろん》』（足利《あしかが》政権の成立までを述べた歴史書）に出てくる赤松円心《あかまつえんしん》（本名・則村《のりむら》、南北朝時代の武将）が最初であろう。京都から九州へと敗走する足利尊氏《あしかがたかうじ》に、この敗因は「錦の御旗」がなかったからであり、そこで光厳院《こうげんいん》を立てて「錦の御旗」を手に入れるようにと言ったのが赤松円心である。下剋《げこく》上《じょう》の時代に、彼がなぜこう言ったかは、本書ではとくに追究しないが、それは足利時代がはじまるころのことであり、明治天皇は決してロボットではない。

そして明治大帝を模範とすることを、幼児期から叩き込まれた天皇が「君側の奸」のロボットであるはずはなかった。ただ、明治は「創業の時代」、自分は「守成の時代」という任務の差をはっきりと自覚されていたということである。

帝国陸軍──天皇に対し最も「不忠」な集団

表面的には敬意を払いつつ、内心では軽視している者は、彼らのほかにもいた。何しろ即位されたときの天皇は二十五歳であり、海千山千の連中から見れば、自分の子どものような若輩《じゃくはい》である。天皇が味わわねばならなかったのは、家光と同じような「三代目」の苦労であった。

昭和三年、関東軍の一部による張作霖《ちょうさくりん》爆殺事件が起こる。いわゆる「満州某重大事件」

で、昭和四年一月二十五日、議会で中野正剛《なかのせいごう》がこの問題について田中義一《たなかぎいち》首相を追及する。出先《でさき》軍部の暴走を懸念された天皇は田中首相に関係者の厳重処罰と軍紀の粛正を命じられた。ところが田中は陸軍の強い反対で軍法会議さえ開けず、行政処分の方針を報告したところ、天皇は激怒された。これは陸軍刑法から見れば「抗命罪《こうめいざい》」になるであろう。昭和戦前を通じて、天皇に対して最も「不忠」だったのは、実は、陸軍だったのである。『岡田啓介《おかだけいすけ》回顧録』（中公文庫）には、次のように記されている。

「田中はさきに陛下に、取調べのうえ厳重に処罰します、と申し上げたてまえ、その後のことを御報告しなければならないので、参内《さんだい》し拝謁《はいえつ》を願った。陛下は、田中が読み上げる上奏文をお聞きになっているうちに、みるみるお顔の色がお変わりになり、読み終わるや否《いな》や、『この前の言葉と矛盾するではないか』とおっしゃった。田中は、恐れいって『そのことについては、いろいろ御説明申し上げます』と申し上げると、御立腹の陛下は、『説明を聞く必要がない』と奥へおはいりになったそうだ」

陸軍大将から政友会総裁、ついで総理となった田中義一は、天皇よりも陸軍の意向を重視し、天皇を軽視して法律を無視した。しかしこれが田中内閣の総辞職となり、ついで田中義一の急死となると、天皇は、立憲君主として少し行き過ぎではなかったかと思われたらしい。田中義一が、陸軍の機密費を政友会に贈って総裁となり総理になったのではないかという疑惑があり、議会でも問題となっていたので、その急死は自殺ではないのかといった噂も飛んだ。残念ながら日本はまだ、天皇が望んだような「憲政のルール」どおりに事が運ぶ段階には達していなかった。このときの天皇の行き方が、憲法違反か否か、これについては後述しよう。

不吉な兆候が、裕仁親王が摂政に就任された翌年に起こっている。ムッソリーニに率いられたファシスト黒シャツ党がローマに進軍し、ムッソリーニは首相になり、史上はじめてのファシズム政権が樹立された。

しかしこのことは、ほとんど日本では問題にされなかった。これに共感を示したのは、社会主義者の高畠素之《たかばたけもとゆき》ぐらいのものであろう。社会主義者は国家社会主義者すなわちナチスに転換しやすいのは、別に不思議な現象ではない。スターリズムといわれる一国社会主義も、言葉を換えれば国家社会主義であろう。ナチスとスターリンの敵対関係は、一種の「近親憎悪」にすぎない。

だがこれが日本に影響してくるであろうとは、当時の日本では、少数の例外を除けば、誰も考えていなかったと言っても過言ではあるまい。というのは、翌大正十二年には関東大震災があり、首都が壊滅した日本はそれどころではなかったからである。

しかし不吉な運命が、杉浦重剛も山川健次郎も予期しなかった運命が、天皇の前にあった。何人も、自己の運命を予知することはできない。要はそれに対して、生涯を通じての「自己の規定」を貫き得るか否かである。

七章

「錦《きん》旗《き》革命・昭和維新」の欺瞞《ぎまん》

——なぜ、日本がファシズムに憧《あこが》れるようになったのか

あめつちの　神にぞいのる　朝なぎの
海のごとくに　波たたぬ世を

〈御製〉▼昭和八年、歌会始にて。前年には五・一五事件、上海事変。
この年も国連脱退など、前途に暗雲の見えはじめたころ

ファシズムの台頭と、青年将校たちの憧れ

前述のように、天皇が摂政になられたのが大正十年（一九二一年）、その翌十一年、イタリアではムッソリーニの率《ひき》いるファシスト黒シャツ党が有名な〝ローマ進軍〟を行ない、史上はじめてのファシスト政権が樹立された。しかし、これがすぐに日本人の注目を集めたわけではなく、今でいえば中米の小国のクーデター騒ぎぐらいにしか受け取られなかった。そしてその翌年が関東大震災であり、日本自体が外国の動きに注意を払う余裕はなかった。

当時の日本は、第一次大戦の結果、多額の金・ドル準備を持ち、国内に大きな矛盾を抱《かか》えていたとはいえ、切羽《せっぱ》つまったという状態ではなかったことと、イタリアは移民の送金で貿易収支の赤字を埋めている国といった印象が強く、この国を軽く見ていた傾向があった。一方ドイツは、第一次大戦の敗戦国、ヴェルサイユ条約で再起不能と見られる状態にあり、いずれの国も日本人から高く評価されなかった。この時点で、二〇年後には日本は独伊と結んで米英と戦うようになると予言する者がいたら、一笑に付《ふ》されるか、狂人扱いされたであろう。まことに一〇年先、二〇年先を見通すのはむずかしい。

このファシズムの影が、さまざまな形で日本に忍びよって来るのは、昭和二年の金融恐慌、翌三年イタリア議会のファシスト独裁法可決、昭和四年のアメリカ株式市場大暴落とその影響を受けて生糸《きいと》価格の暴落、つづく昭和五年の世界恐慌の波及による「昭和恐慌」とい

った内外の諸要因が、日本に作用しはじめたころであろう。ついで昭和八年、ドイツ議会は授権法可決によってヒトラーの独裁を承認した。

これで見ても分かるように、ファシズムは議会制民主主義と裏腹の関係にある。いわば国権の最高機関である国会が、その議決によってある人間に全権を付与したのだから、その人間は合法的に独裁権を持つという論理である。

この論理は必ずしも日本では通用しなかった。というのは総理の任命権は天皇にあったからであり、ここで当然に出てくるのは、天皇を動かせばファシスト政権が樹立出来るという発想である。それに、さらに「天皇は自らの意志を持たない玉《ぎよく》または錦の御旗にすぎない」という発想が加われば、天皇を奪取すればよいということになる。これが青年将校が口にした「錦旗《きんき》革命・昭和維新」の基本的な図式であろう。

ファシズムへの憧れがいつごろから生じたか。大体、昭和六年ごろからで、これが昭和十一年のベルリン・オリンピックのころ最高潮となる。この年こそ二・二六事件の年、そして日独防共協定締結の年である。どうしてこのような情況になったか。

当時のマスコミのファシズム賛美を、後のソ連賛美、中国大躍進賛美、文化大革命賛美、さらにベトナム賛美、北朝鮮賛美などと比べ、いま振り返って見れば、まことに「例によって例の如し」という感じがする。

かつての中国の大躍進のとき「ヨーロッパが三〇〇年かかったことを、中国は三〇年で行なう新しい道を発見した」といった意味の論調を読んだが、こういった傾向は、ヒトラー、ムッソリーニ出現のときも変わらなかった。そして、いずれの場合も、ある面では確かに事実を報道していたのである。

たとえば、ムッソリーニが出現して、ローマから名物の乞食が姿を消した。ナチス・ドイツには失業はない。ベルリンから名物の娼婦が消えた。大アウトバーンを建設している。国民車《フォルクス・ワーゲン》がいずれは一家族に一台行きわたる。健康保険が完備していて病気になっても一銭もいらない等々。当時の貧しい日本人にアッピールしたのは、私の記憶している限り、以上のような点であった。これらを、第一次世界大戦後の殺人的なインフレと疲弊《ひへい》を克服して、急速に成しとげたヒトラーは、まさに「大躍進の奇蹟の人」に見えた。

そして一方、自分の周囲を見わたせば、新宿のガード下に乞食がたむろしており、農村は疲弊して娘を娼婦に売り、町に失業者があふれている。病気になっても医療の保証はなく、肺結核にでもなれば本人死亡、一家離散である。国民車《フォルクス・ワーゲン》を一家に一台などというのは文字どおり夢物語であり、アウトバーンなどはどこにもない。相手は大躍進、日本は停滞と沈淪《ちんりん》といった印象を多くの人が持った。もちろん政治にも経済にも奇蹟はない。ただ以上のような「報道された成果」の裏側に何があるかを知らなければ、ただすばらしいと思うだけである。

若くて純粋、といえば聞こえはよいが、隔離された特殊教育で純粋培養された世間知らずの青年将校が、以上のことに加えて、まことに颯爽《さっそう》と見えるナチスの再軍備にも、強い共感を示しても不思議ではなかった。

昭和六年九月十八日満州事変が起こったが、つづく十月十七日、軍によるクーデター計画が発覚した。これが錦旗革命事件とも十月事件ともいわれる。いわば彼らのはじめの計画では、満州と東京で、併行的に同時に革命を起こすことであった。というのは、満州で小事件を起こしても内閣が軍事費を支出せねば、線香花火で終わるからである。東京の方は不発に終わり、若槻《わかつき》（礼次郎《れいじろう》）内閣は予備費から戦費を支出し、一応事態を収拾したものの、これは「既成事実をつくれば予算はついてくる」という実に悪い先例を残した。これに対する天皇の態度については、後述する。

そしてその前の三月に、軍はすでに三月事件といわれるクーデターを計画していた。

「今の陛下は凡庸で困る」

日時はあまりはっきりしないが、このころ秩父宮《ちちぶのみや》が天皇に「憲法停止・御親政」を建言し、天皇は断乎《だんこ》としてこれを拒否されたらしい。というのは『本庄《ほんじょう》日記』に次のような記述があるからである。

「陛下は、侍従長に、祖宗《そそう》の威徳を傷つくるが如きことは自分の到底同意し得ざるところ、親政というも自分は憲法の命ずるところに拠り、現に大綱を把握して大政を総攬《そうらん》せり。これ以上何を為《な》すべき。また憲法の停止の如きは明治大帝の創制せられたるところのものを破壊するものにして、断じて不可なりと信ずと漏《も》らされりと」（傍点筆者）

この言葉は明治憲法発布のときの明治天皇の勅語「朕及《および》朕カ子孫ハ将来此ノ憲法ノ条章ニ循《したが》ヒ之《これ》ヲ行《おこな》フコトヲ愆《あやま》ラサルヘシ」を遵守し、これを「破壊」するようなことは絶対にしないという宣言に等しい。

この記述で注意しなければならないのは、直接に本庄侍従武官長に言われたのではなく、侍従長に言われたことの伝聞だという点である。したがって「憲法停止・御親政」が秩父宮の意見なのか、そういう意見が青年将校の中にあると告げられただけなのか、この点は明確ではない。秩父宮は二・二六事件の首謀者の一人安藤《あんどう》大尉ときわめて親しかったから、その意見を伝えたことは充分にあり得るが、秩父宮自身がこれにどれだけの共感を持っていたかは明らかでない。

ただ、天皇の歴史の教師は白鳥庫吉博士、一方、秩父宮の教師は「皇国史観」の平泉澄《ひらいずみきよし》博士であったことも何らかの作用をしていたかもしれない。しかし、この点を資料に基づいて論証することは不可能で、ある種の想像が可能なだけである。

上流貴族社会に属する者が、左右を問わず少々空想的な革命家を夢みるといった傾向は、いずれの社会にもある。日本も例外でなく〝赤い伯爵〟土方与志《ひじかたよし》が、ソビエトに憧れて密入国して爵位を剝奪《はくだつ》されたり、維新の元勲岩倉具視《いわくらともみ》の孫靖子《やすこ》が、学習院を中心とする上流子弟赤化事件で投獄され、まもなく転向して釈放されたが、周囲の白眼視に耐えられず自殺したような事件も起こっており、近衛にも右か左か分からぬ革新指向があったことも否定できない。社会主義と国家社会主義《ナチズム》は上下《しょうか》を問わぬこの時代の流行であったから、秩父宮の上申は、無理からぬことと言ってよいかもしれぬ。

以上のように見れば、秩父宮が革新将校にある種の共感を持っても不思議ではない。不思議なのはむしろ、まだ二十代の天皇が全く関心を示さなかったことであろう。

これにはさまざまな理由があろうが、天皇は幼児期から決して器用でなく、図画や手工は不得手、またいわゆる文学青年の要素は全くなく、作文は苦手であり、また俊敏活発で要領のいい方ではなかった。簡単にいえば、巧みに時流に乗ったり、かつがれたりするタイプではない。この点、秩父宮とは正反対といってよく、小学校のころの成績は秩父宮より天皇の方が悪かった。

簡単にいえば天皇は、何事も地道にこつこつと積み上げていき、その際、一点一画もおろそかにしない「生物分類学者」的なタイプである。そして常に原則に忠実で、一つのことをはじめたら決してやめない、少々驚くべき持続力を持っている。が、決して機敏とはいえなかった。少年時代、秩父宮が天皇に「鈍行《どんこう》馬車」という渾名《あだな》をつけたといわれるが、秩父宮にはそう見えたであろう。

「陸軍の一部の者が、『今の陛下は凡庸《ぼんよう》で困る』と言っているそうだが……」（『西園寺公と政局』）という言葉が出てくる。また前に触れた三月事件は橋本欣五郎《はしもときんごろう》中佐らの桜会《さくらかい》グループと、大川周明《おおかわしゅうめい》（国家主義思想家）が組んだクーデター計画だが、天皇を廃して秩父宮を擁立しようとした計画もあったという説もある。

さらに皇太子が生まれると、昭和十五年に天皇は「秩父宮は軽い肺結核で静養しており、私の万一の場合は、摂政は高松宮《たかまつのみや》に願わなくてはならないと思う。それゆえ、高松宮（海軍中佐）を第一線勤務につけないようにしてほしい」と米内《よない》（光政《みつまさ》）海相に言われたという。これは「憲法停止・御親政」の秩父宮が摂政になることを、予《あらかじ》め封じられたと受取ることも出来よう。

天皇はタイプとしても地味な守成なら、受けた教育もまた「守成の明君教育」であって

「乱世の英雄教育」ではなかった。このことはすでに述べたが、明治末から大正時代に予測された方向へと、世界は進んでいかなかった。前述のように二〇年先はもちろん、一〇年先さえ簡単には予測できない。

そしてこの予測し得ない未来に対して、天皇はまことに「愚直」とも言いたい行き方で進んでいった。文字どおり「自分は憲法の命ずるところに拠《よ》り」なのである。この言葉が公表されていたら、当時の日本人はみな驚いたであろう。というのは、ほとんどすべての当時の日本人は、天皇が頂上と信じており、天皇が命ずることがあっても、何かが天皇に命ずるとは信じられなかったからである。

ここには教育問題もある。というのは戦前の義務教育では、憲法教育は皆無に等しかったからである。「憲法停止・御親政」という言葉は、天皇が憲法を停止出来るという前提に基づいており、これは「天皇は憲法以上の存在」と信じているが故《ゆえ》に、はじめて口に出来る言葉だからである。

戦争制御における内閣の権限と、近衛の言い訳

この「天皇と憲法」という問題で、自決前（昭和二十年十二月）に令息に渡した所感で、近衛は次のように回想を記している。

「日本憲法というものは天皇親政の建前《たてまえ》で、英国の憲法とは根本において相違があるのである。ことに統帥権《とうすいけん》の問題は、政府には全然発言権がなく、政府と統帥部との両方を抑《おさ》え得るものは、陛下ただお一人である。

しかるに、陛下が消極的であらせられることは平時には結構であるが、和戦いずれかというが如き、国家が生死の関頭《かんとう》に立った場合には障碍《しょうがい》が起こり得る場合なしとしない。英国流に、陛下がただ激励とか注意を与えられるとかいうだけでは、軍事と政治外交とが協力一致して進み得ないことを、今度の日米交渉（昭和十六年）においてことに痛感した」

近衛文麿

これを読まれた天皇は「どうも近衛は自分だけ都合のよいことをいってるね」と不興気《げ》であったという。近衛のこの「言い訳」は確かに少々おかしいのだが、いまもこの「近衛の見解」と同じ見解の人が少なくない。なぜであろうか。

しばしば言われるのが、旧憲法では「第十一

条　天皇ハ陸海軍ヲ統帥ス　第十二条　天皇ハ陸海軍ノ編制及《および》常備兵額ヲ定ム」しかなく、政府はこれにタッチできない、という前提で「統帥権の問題は、政府には全然発言権がなく」と近衛は言っている。果たしてそうであろうか。

明治憲法には、「統帥権」という言葉はない。統帥とは、元来は軍の指揮権であり、いずれの国であれ、これは独立した一機関が持っている。簡単に言えば、首相は勝手に軍を動かすことは出来ない。しかし、軍も勝手に動くことは出来ない。というのは少なくとも近代社会では、軍隊を動かすには予算が必要だが、これの決定権を軍は持っていないからである。

具体的に言えば、参謀本部が作戦を立案するのに政府は介入できない。しかしその作戦を実施に移そうとするなら、政府が軍事費を支出しないかぎり不可能である。動員するにも、兵員を輸送するにも、軍需品を調達するにも、すべて予算を内閣が承認し、これを議会が審議して可決しない以上、不可能である。

日華事変で近衛は「不拡大方針」を宣言した。しかしその一方で、拡大作戦が可能な臨時軍事費を閣議で決定して帝国議会でこれを可決させている。このことを彼自身、どう考えていたのか。政府は予算を通じて統帥部を制御できるし、そうする権限と義務があるとは考えなかったのであろうか。

チャーチルは「戦争責任は戦費を支出した者にある」という意味のことを言ったそうだ

が、卓見であろう。もちろんこのことは、この権限を持つ政府と議会の責任ということである。

天皇が直接に作戦を中止させようとしたことはある。これは昭和八年の熱河《ねっか》作戦に天皇が激怒され、奈良《なら》侍従武官長に「(大元帥の)統帥最高命令」で、これを中止させることは出来ないか、と言われている。奈良武官長はこれに対して「国策上に害があることであれば、閣議において熱河作戦を中止させることができる。国策の決定は内閣の仕事であって、閣外のものがあれこれ指導することは許されない……」旨、奉答している。この答は憲法に基づけば正しいが、これについては機関説の項(227、241ページ)で触れよう。

言うまでもないが、内閣が国策を決定し、それに基づいて予算案を作成し議会が可決する。これに対して、天皇は口を出すことが出来ない。簡単に言えばこの場合「熱河作戦に必要な予算を削《けず》れ」とは言えない。それをすれば「憲政の基本」が崩壊してしまう。天皇は、臨時軍事費を削れとも言えないし、増加せよとも言えない。

この点から見れば、近衛が本当に「不拡大方針」を貫くなら、拡大作戦が出来ないように臨時軍事費を予算案から削れば、それで目的が達せられる。なぜそれをしなかったのか。彼にはそれだけのことを行なう勇気がなかった。というより軍に同調してナチスばりの政権を樹立したい意向があった。園遊会で彼はヒトラーの仮装をしているが、翼賛会をつくり、ナチスの授権法のような形で権力を握って「革新政治」を行ないたいのが彼の本心であったろう。しかしこのお公家《くげ》さんには、独裁者の能力はなかった、というだけの話である。

革命の狂気と〝総括〟

近衛には野心もあったし、暗殺への恐怖もあった。これは一面では無理からぬことで、当時は今から見ればまことに奇妙なファナティックな人間が横行していた。といってもそれは戦後にもあったことで、連合赤軍の右翼版と考えれば、そのファナティシズムはある程度想像がつくであろう。

ただ戦後と違う点は、それが軍人で武器を持っていた点である。そして彼らも同じように、軍人同士で〝総括《そうかつ》〟し合っていた。そして〝総括〟は、昔も今も罪悪とは考えられず、それを行なったものに罪の意識がなかったのも似ている。彼らはともに同志を〝総括〟しつつ革命を目指した。

この奇妙な心理はドストエフスキーが『悪霊《あくりよう》』で分析しているから詳説しない。しかしこの小説が実際に起こった「ネチャーエフ事件」(革命家ネチャーエフが、自分を批判した同志を殺害した事件)を材料にしていることを思うとき、戦前の日本にドストエフスキーがいたら、到るところに「日本的ネチャーエフ」を見て、日本的な『悪霊』を描いたであろう。

ある意味で、急速な「西欧化・近代化」を目指した日本と帝政ロシアには似た点があるが、決して同じではなかったし、同じ結果にはならなかった。ロシアは第一次大戦で連合国側にあったが大敗し、脱落してブレスト=リトウスク休戦条約を結び、ソビエト政府を樹立し（一九一八年）、ついでスターリン時代を迎える。それは『悪霊』の勝利の歴史で、その呪縛から脱するのが現在の課題といえよう。

日本はそうならず、現在のようになったのは、さまざまな要因があったが、その間に「鈍行馬車」の天皇がどのような役割を演じたかは、まことに興味深い問題だが、ここではまず、順序として、戦前の「連合赤軍的な狂気」と、その狂気の中に彼らが抱いた「錦旗革命の夢」について記さねばなるまい。

相沢中佐の異常心理と「昭和維新」

〝総括〟を思わせるのが、相沢《あいざわ》（三郎）中佐の永田《ながた》（鉄山《てつざん》）軍務局長斬殺事件（昭和十年八月）である。その背後にあったのは陸軍内の皇道派《こうどう》と統制派《とうせい》の争いで、細部は除くが、資料を見るとこの近親憎悪はすさまじいが、今回は彼らの異常心理についてだけ短く述べたい。

というのは、相沢は永田軍務局長を斬殺した後、まず福山の連隊に帰り、ついで命令どおり台湾に赴任《ふにん》するつもりであった。

これ自体、考えられない一種の「狂気」だが、それに斬殺後の興奮が加わると、支離滅裂の言動になる。それがやや落ち着いてくるのが、第三回目の公判（昭和十一年二月四日）ぐらいからである。彼は自分の行為は「大御心《おおみこころ》を体して」行なったのだから、国法以上のことだといい、杉原裁判長と次のような問答になる。

「杉原　国法以上のことを思ったから決行したと言うが、国法は知っていたのか。
相沢　十分知っていました。
杉原　（それなら）なぜ福山（連隊）に帰る気でいたか。
相沢　何度も訊《き》かれるが、はっきり説明します。いろいろな悪い方々のために青年将校が身を堕《おと》し、それで永田閣下が犠牲になったと思い、お上《かみ》の前に懺悔することもあると思っていました。根本（後述）が握手を求めてきたときのような気持ちになれば、十分私の気持ちを理解してくれるはずです。自分は憲兵隊で二、三時間司令官と話をすれば、『おまえは慎《つつし》んで台湾に赴任しておれ、追って処分を沙汰《さた》する』と言われるものと思っていました。これは軍部の幕僚あたりが自分の精神を解し、懺悔していたならばこうなるものと思っていたのに、この期待がはずれたことが認識不足であったというのであります」

この「根本が握手を求めてきた」は、彼が斬殺を終わって「部屋を出て階段にかかってくると、新聞班長根本大佐が丸くなって走ってきて、握手を求めました」と陳述している（第二回公判）その握手である。この「握手」の意味は分からないが、他の人の言動と合わせて考えると、血刀をもって興奮していた彼を無事に麹町《こうじまち》憲兵分隊に送りとどけるためだったかもしれない。彼はこれを誤解し、憲兵司令官と二、三時間話せば、握手のうえ「慎んで台湾に赴任して……」と言ってくれるものと思い込んでいたらしい。

一種の確信犯だが、それではどのような内容の確信があったのか。彼は第一回公判（昭和十一年一月二十八日）で次のようなことを述べている。

「……私の心情が分からんというならば申し上げましょう。私が昭和四、五年ごろ、日本体操学校に在《あ》るとき、国家の状態は万般《ばんぱん》にわたり実に情けない状態でありました。たとえば、農民は貧困の民のように心がすさんでいたようであります。農村には小作《こさく》争議が起こり、共産主義に心動き、鉄道大臣、賞勲局総裁《しょうくんきょく》が妙なことをし、最高学府さえ御国《おくに》に尽くすことを教えず、経済の中心も私欲に基づく権益擁護のみに動いていたのであります。また、外交も満州事変突発以前は情けない状態であり、海軍条約も統帥権干犯の不都合があり、こうした例は毎日の如く、真に大御心《おおみこころ》を悩まし奉《たてまつ》って臣下として申し訳ない次《し》第《だい》と思ったのであります。こう考えると、単に体操学校で愉快に生徒とともに御奉公を申し上げるだけでは済まないと感じたのであります。これが私の社会革新の動機となったのであります」

統帥権問題を別にすれば、ここまでは左右の革新主義者のすべてが口にしていたことで、別に珍しい認識ではない。そしてこの背後に、実は国家社会主義諸国では、以上のような問題がすべて解決されたかのような見方が作用していた。それは一種のイリュージョンにすぎないが、彼らは、それが分からなかった。もっとも戦後でもこの問題は残っている。しかし、これもまた別に珍しい現象ではない。問題は、その改革を担《にな》うのは青年将校であるとした点である。

永田軍務局長斬殺が、「大御心」か

「……青年将校の考えについても、一度申し上げます。すべて尊皇絶対であります。たとえば、軍について、連隊長なら連隊長はあくまで陛下の御身代《おみがわ》りとして動くべきです。『俺が、俺が』と私欲で動くことは絶対にいかぬ。軍以外でも絶対にいけないことである。青年将校はいかにすべきか、とにかく陛下の御傍《おんかたわら》に赤誠《せきせい》の人物、時代の進路を知り、一口に言えば、尊く明るい知識を持った英邁《えいまい》な人がお仕《つか》えすべきであります。なお皇軍がしっかりするためには、将校がしっかり団結して、尊い一つの塊《かたま》りとなって、上官とも切磋琢磨《せっさたくま》、軍民一体となって、昭和維新へ進む。これが青年将校の考える夢想であります」（第二回公判）

以上のように彼は言う。いわゆる昭和維新において彼は、青年将校をその「前衛」のように考えているわけである。彼はこの前衛の、さらに先頭に立ったと自負している。そして永田軍務局長斬殺は、『作戦要務令』第一条に基づく行為で、決して違法ではないと彼は主張する。

簡単にいえば何か危急のとき、たとえば将校が帰宅の途中、暴徒が皇居に乱入しようとするのを見たとする。このときすぐ部隊に引返し部下を率《ひき》いて暴徒を鎮圧するといった行為は、いわゆる「独断専行」で、直属上官の命令なくこれを行なっても違法とはいえない、ただ事後承諾は必要である。

そして永田軍務局長斬殺は「君側《くんそく》の奸《かん》」で暴徒に等しい彼を除くためのもので、『作戦要務令』にかなった行為、すなわち「統帥権に則《のっと》っている行為」だから大御心《おおみこころ》にかなっている。したがって、永田斬殺の後に命令どおり台湾に赴任するのは当然のこと、軍人精神から見ればもとより無罪であり、これを有罪にすることは軍人精神を殺すことだと彼は主張する。

彼はこう信じたのかもしれぬ。しかし彼には重要な誤解がある。まず平時の軍隊を律するのは『軍隊内務令』であって『作戦要務令』ではない。暴徒が皇居に乱入するのを阻止するのは警察の任務で、これが警察の手に負えなくなれば戒厳令がはじめて発令される。それまでは、軍隊は関係がない。

さらに『作戦要務令』が適用されるのは、戦闘序列の下命があって後で、このときに『軍隊内務令』に変わる。平時の町を歩いている軍人が、勝手に『作戦要務令』どおりに行動したら大変なことであろう。

なお『作戦要務令』を持ち出す妙な論理は二・二六事件にもあるが、「週番司令」「週番士官」は『軍隊内務令』に基づく指揮権しか持っていない。週番司令の命令で戦闘を開始することなどはあり得ない。

これは当時の軍人の「法意識」の欠如を物語っているが、さらに問題なのは「大御心に副《そ》って」とか「大御心を体して」とかいった言葉である。この「大御心」という言葉は、戦前・戦中を通じてよく用いられた。終戦時、徹底抗戦を叫ぶ部下に「大御心がわからぬかッ」と一喝してこれをおさめたといった話がよくあるが、この言葉はまことに奇妙な言葉である。

簡単に言えばそれは「天皇の御意志ないしは御意向」の意味であろう。終戦の時は「玉音放送」があり、天皇の意志は全国民に告げられたのだから、それに違反して徹底抗戦を呼号する者に「大御心がわからぬかッ」と一喝することは、一応、筋が通っていると言ってよい。しかしこれは前例がないことであり、「天皇の御意志・御意向」は誰も確認しているわけではない。

もし「大御心」といえるものがあれば「あくまでも憲法の命ずるとおり」であっても、「錦旗革命」ではあるまい。それを無視すると、自己の信念や妄想が「大御心」になってしまい、その人間が天皇になってしまう。

「永田軍務局長を斬殺することが大御心だ」などと言われたら、天皇は驚いて跳びあがったであろう。そして天皇の意志と、青年将校の「大御心」が激突するのが二・二六事件である。

憲法と歴史的実体との大きな乖離《かいり》

ある雑誌で「憲法に描かれた社会システムとしてのアメリカの青写真と、歴史的実体としてのアメリカの現実との間の重大な食違《くいちが》い」が現代のアメリカの問題点とする論文を読んだが、「帝国憲法と歴史的実体としての日本」の食違いが、最もはっきり現われているのが戦前の日本である。

いずれの国の憲法も完全ではないように、明治の帝国憲法も完全ではあるまい。しかし美《み》濃部《のべ》達吉《たつきち》博士が戦後に証言されているように、明治憲法自体に問題があったのではない。もちろんこれは「無欠陥」という意味ではないが、問題はむしろ、憲法と歴史的実体としての日本に、簡単に「食違い」とは言えない大きな乖離《かいり》があったということである。

では彼（相沢）に、憲法に代わるべき明確な理念があったのであろうか。錦旗革命とか昭和維新とか言っても、その方法も目的も相沢には明らかでない。彼は「軍民・官民一体の昭和維新」というようなことを言っているが、軍法会議の第五日目になり、島田検察官がその具体的内容について説明を求めると、彼の答弁はあいまいであり、はっきりしない。簡単に言えば何の内容もなかったということであろう。

興味深いのは、島田検察官との次の問答である。

「島田　国家の法律は陛下の下《くだ》し賜《たまわ》ったものであり、御裁可を得て国民斉《ひと》しく奉戴《ほうたい》しなければならないものである。

相沢　はい。

島田　法を犯せば大御心に反することになる。知っていたか」

この問に対して彼は答え得ないで沈黙する。憲法はもちろん、法そのものも意識になかったのであろう。ここで弁護人が、事実審理に法律論を持ち出すのは不当だと抗議する。そこで島田検察官は質問を変える。

「島田　永田局長ただ一人を一刀両断にすれば昭和維新は出来ると思ったか。
相沢　私の考えは少し違いますが、認識不足であったことを認めます。
島田　永田局長一人を殺しても維新決行は出来ぬということを今さら知ったことで認識不足というのか。
相沢　いや、維新とは悪い考えを持った人が悪かったと思うのがその発祥である。
島田　被告の行為によって悪い人がよくなるというのか。
相沢　そうであります」

この問答を読者はどう思われるか。小学生並みの知能水準と思われるかもしれないが、ドストエフスキーが鋭く見抜いた革命心理からすれば別に不思議ではない。これは彼が題材としたネチャーエフ事件でも、連合赤軍事件でも同じかもしれない。どのような方法で革命を行なうのか、革命後の社会に対してどういう青写真を持っているのかと問われれば、答え得ないのがむしろ普通である。

「青年将校」という新タイプの登場

ただ、つづく訊問で北一輝《きたいっき》の『日本改造法案大綱』が出てくるが、その内容に賛成なのかと問われても「単にそう言っても漠《ばく》として分かりません」と言い、さらに問われても、結局は答えていない。

ここに年代の差というものが現われているかもしれない。というのは青年将校なら、もう少しうまく答えたであろうと思われるからである。

陸軍士官学校では、将校もエリートとして社会に目を向けなければならないと、途中から、教課に社会科学を導入した。だがそれが逆効果となり、彼らを「軍部ファシズム」に走らせたが、相沢中佐はまだそれ以前の年代で、いわば「神がかり的尊皇家」といったタイプである。この神がかりの伝統と、社会科学の結合が、「青年将校」というあるタイプを生み出したという一面は否定できない。

天皇はこの風潮を相当よく知っておられたのではないか、と思われるお言葉がある。おそらく閑院宮《かんいんのみや》参謀総長からの報告であろう。閑院宮は、天皇のヨーロッパ旅行に随行し、きわめて親しい間柄であった。前述のように、天皇は常に体験者の言葉に耳を傾けたから、この日露戦争の時の重機関銃隊長の言葉には、当然に耳を傾けたであろう。

一方、二・二六事件の将校の供述に「閑院宮ガ参謀総長デアラレル限リ、陸軍ノ癌《がん》デアリマス」というのがある。また事件発生を知った瞬間、閑院宮は大丈夫かという危惧が、反射的に頭の中に走ったという関係者も多い。

こう思った理由は、真崎《まざき》（甚三郎《じんざぶろう》）教育総監（革新将校の精神的支柱）をやめさせたのは、本当は閑院宮だと彼らが思っていたこと、同時に、天皇に絶えず自分たちのことを〝中傷的〟に伝えていると思っていたからであろう。おそらく「君側の奸」の一人としていたであろう。

そして、もう一つの情報源は明らかに本庄《ほんじょう》侍従武官長である。これについては後述するが、次の天皇のお言葉もそれを表わしているであろう。

「将校等、ことに下士卒に最も近似するものが農村の悲境に同情し、関心を持《じ》するは止むを得ずとするも、これに趣味を持ち過ぐる時は、かえって害ありとの仰《おお》せあり」

（『本庄日記』昭和九年二月八日）

さらに、

「善政は誰も希《ねが》う所なるが、青年将校などの焦慮《しょうりょ》するが如く急激に進み得《う》べきにあらず」
（同三月二十八日）

言うまでもなく、このお言葉は「相沢事件」「二・二六事件」以前であり、そのことから天皇が相当の危惧を抱いていたことを示している。ただ、もし青年将校が以上のような天皇のお言葉を耳にしたらどうであろうか。「やはり鈍行馬車、これじゃダメだ」と感じたかもしれない。

「吾人は軍人の口から、しばしば天皇への批評を聞き、二・二六反乱の当時、もし天皇が革新に反対されるなら、某宮殿下（秩父宮）を擁《よう》して陛下に代うべし、という言葉すら聴かされた」と、当時外務次官だった重光葵《しげみつまもる》氏は記している。もちろんこれは、秩父宮がその気があったということではない。

しかし基本的には彼らの考え方は違っていたであろう。前述の言葉はおそらく「万が一」であり、彼らは天皇は自らの意志なき「玉」か「錦の御旗」だと思っている。そこで「君側の奸」を一掃し、自分たちが天皇をかついで一刀両断、大改革をすれば、すぐにすべてが解決すると信じていた。

八章

天皇への呪詛《じゅそ》

――二・二六事件の首謀者・磯部《いそべ》浅一《あさいち》が、後世に残した重い遺産

みゆきふる　畑のむぎふに　おりたちて
いそしむ民を　おもひこそやれ

〈御製〉▼昭和十二年、二・二六事件の翌年の歌会始にて

決起将校の〝読み違い〟を招来した一事件

天皇への批判はもちろんあるであろう。また怨《うら》みを抱いている人もいるかもしれない。しかし、天皇を呪《のろ》いに呪って呪い殺しそうな勢いで死んだ人間といえば、私の知る限りでは、磯部浅一《いそべあさいち》しかいない。彼は二・二六事件の首謀者、実質的な総指揮官だが、退職一等主計のため部下がおらず、自らを総参謀長と言っていた。

二・二六事件の首謀者は、判決後一週間で処刑されたので、外部のニュースはあまり入ってこないし、決起の熱気も冷めておらず、また多人数で気勢を上げて気をまぎらすことも出来る。この点で、最も重要なのは「君側《くんそく》の奸《かん》」に敗れたと彼らが信じ得たことで、そこで「天皇陛下万歳」を三唱、安藤《あんどう》（輝三《てるぞう》）大尉は、さらに「秩父宮《ちちぶのみや》殿下万歳」を叫んで処刑された。この方が幸福だったかもしれない。

というのは磯部と村中孝次《むらなかたかじ》（退役士官、磯部の同志）は、つづく裁判の証人として、執行まで一年間独房にいた。その間、面会などを通じて、しだいにニュースが入ってくる。そしてついに、彼らの昭和維新を潰《つぶ》し、彼らを処刑に追い込んだのは天皇その人だと彼は知るのである。そのショックがどれくらいすさまじかったか――。

彼はやがて、半狂乱のような文章で呪詛《じゅそ》の言葉を書きつづる。彼らが勝手に「体して」いた「大御心《おおみこころ》」と、天皇の意志とが全く別であったのだ。磯部にしてみれば「裏切られた、天皇こそ元凶《げんきょう》であったのだ」という気持ちであったろう。

彼らはなぜ勝手に「大御心を体して」いると考えたのであろうか。もちろん「大御心」は「国家意志」と受け取ることも出来るが、少なくとも軍人である以上、天皇を無視しての「国家意志」などあり得ない。さらに彼らの用いる「大御心」をたどっていくと、「天皇の意志＝国家意志」になっており、二つを明確に区別はしていない。したがって、天皇に確かめずに勝手に「大御心」を振りまわすのは少々奇妙だが、これは理由がないわけでもなかった。

磯部浅一

それは昭和十一年一月十日に、歩兵第一連隊に入隊する兵士の付添に、山口《やまぐち》大尉が激烈な演説を行ない、それが東京日日新聞に出た。いま読むと、言論の自由な現在では、こんな演説がなぜ問題になったかと思われる程度のものだが、同紙によれば山口大尉は「青年将校の中核的存在なので」「言論取締の憲兵は、この状況を上司に報告、これが成行きに関しては慎重な態度で注視している」と。

ただ連隊長の小藤《こふじ》大佐はこれを問題としなかっ

た。当局としても問題と感じたのは相沢裁判への影響と議会で問題化されること、ぐらいであったろう。

ところが彼の友人亀川哲也《かめかわてつや》が次のように言ったと、松本清張氏は記している。

「入営兵とその父兄に対する山口訓話が問題になって、憲兵隊は山口を逮捕しようとしたが、天皇のお声がかりでこれが出来なかった。天皇は本庄侍従武官長に『忠義は大切だから……』と言ったという。

……二、三日すると山口がやってきて『陛下の一言で逮捕が出来なかったんだよ』と言って笑っていた。山口訓示に対して天皇にはむしろ満足の気持ちがあったのではないか。

このことから、青年将校らは、天皇が自分たちの忠誠心を理解されておられると信じたのだろう」

（『昭和史発掘』8／文春文庫）

前にも記したが、天皇は個々の部門に対して絶対に容喙《ようかい》しないのが原則である。山口大尉は本庄侍従武官長の女婿《じょせい》だが、だからといって天皇が特別な指示をするとは考えられない。

天皇が、誰かを逮捕せよとか逮捕するなとかいった指示をされた例は皆無である。

ただ憲兵隊が本庄侍従武官長の婿《むこ》だからということで遠慮したことはあり得るが、これとてあったかどうか少々あやしい。というのは、殺人とか強盗の現行犯なら別だが、軍の実情として、彼の逮捕は、小藤連隊長への連絡なしでは出来にくい。というのは連隊長自身「若いだけに文句の一、二の個所は、あるいは穏当《おんとう》を欠いているのではないかと思われる節もあるが」、趣旨としては賛成で「別に取りたててどうこうしようと考えていない」と言っているからである。

憲兵が問題にしたのは演説が何らかの行動の前ぶれではなかったかという点で、演説そのものではあるまい。一大尉の演説に天皇が何かを指示するなどということはあり得ないが、彼は本庄侍従武官長の女婿だから、「陛下の一言で逮捕が出来なかったんだよ」という言葉は、何やら信憑性《しんぴょうせい》がありそうに思われる。

こういった気持ちは彼らだけでなく多くの軍人にあり、二・二六事件の後も「天皇が軍人の処刑を許可されるはずがない」と思い、軍法会議の裁判長さえ、陸軍大臣が判決を奏上した日も「あるいは死一等を免ぜらる、というようなことがあったら」と夜おそくまで待っていた。裁判長までこのような状態だから、死刑判決を受けたものはなおさらのことで、処刑の直前まで必ず恩赦があると信じ込んでいても不思議でなく、恩赦・出獄の際の祝賀会まで考えていた者もいた。

こういった一種「甘え」に似た気持ちと、もう一つは「皇軍相撃《あいう》つ」は絶対に起こらないと信じていることが、決起させた重要な要因である。というのは決起して、「君側の奸」を除いた上でどこかに立てこもれば、たとえ彼らを包囲することはあっても、絶対に討伐にならず、どこかで軍の上層部と話合いがつくと彼らは信じていたし、この行き方が成功しそうに見えた。

だが天皇の厳命で「二十九日払暁《ふつぎょう》攻撃開始」が決定される。ところが彼らは最後まで天皇がそのような命令を下されるはずはないと信じていた。しかし包囲網はしだいにちぢまり、戦車が轟音《ごうおん》を立てて近接し、住民はみな避難した。あり得ないと思っていた「皇軍相撃」が今や始まろうとしている。このとき彼らは崩壊しはじめた。

事件勃発、天皇の決然たる対応

天皇に反乱勃発を伝えたのは当直の甘露寺《かんろじ》侍従、時間は午前五時四十分すぎ——。

「陛下はまだ御寝《ぎょしん》になっている時刻だが、事柄が事柄だけに、一時も早く奏上せねばならぬと、御寝室に伺《うかが》った。差支《さしつか》えない。緊急の用務ならここで聞くと仰《おお》せられたので、鈴木（貫太郎）、斎藤（実《まこと》）両重臣が軍隊に襲撃され、斎藤内府《ないふ》は落命、鈴木侍従長は重態である旨《むね》を申し上げた。

陛下は静かにお聴き取りになり『そして暴徒はその後どの方面に向かったか分からないか、まだ他にも襲撃された者はないか』とかお訊《たず》ねになった……」

（『天皇陛下』高宮太平著）

天皇の最初の言葉が「暴徒」であることは注意を要する。そして岡田（啓介《けいすけ》）首相生死不明のため、急ぎ首相臨時代理に任命された後藤文夫《ごとうふみお》への指示も、

「速《すみや》かに暴徒を鎮圧せよ」

（『木戸日記』）

である。本庄（繁《しげる》）侍従武官長は、女婿・山口大尉の手紙を見、すぐに参内《さんだい》し六時ごろ到着した。そのときには、暗殺された者がほぼ明らかになっていた。以下少し『本庄日記』を追っていこう。

「参内早々御政務室にて拝謁《はいえつ》、天機《てんき》を奉伺《ほうし》し、容易ならざる事件発生し恐懼《きょうく》に耐えざる次第《しだい》を申し上げしところ、陛下には非常に御深憂の御様子にて、早く事件を終熄《しゅうそく》せしめ、禍《わざわい》を転じて福となせ、とのお言葉を賜《たま》わり、かつ、武官長のみはかつてかようなことに

至りはせぬかと申せしが如しと仰せられたり。

繁は、ただ恐縮して御前を退下す」

「午前九時頃、川島《かわしま》（義之《よしゆき》）陸相参内、何等《なんら》意見を加うることなく単に情況（原註：青年将校決起趣意書を付け加え朗読申し上げたり）を申し述べ、かかる事件を出来《しゅったい》し、誠に恐懼に堪《た》えざる旨《むね》奏上す。これに対し、陛下は速かに事件を鎮定《ちんてい》すべく御沙汰《ごさた》あらせらる」

だが事態は一向に進捗《しんちょく》しなかった。それもそのはず、反乱軍を背景に真崎《まざき》が、いつでも大命降下（首相任命）のため拝謁《はいえつ》出来るように、勲一等を佩用《はいよう》して宮中に乗り込み、侍従武官長室に入り「決起部隊は到底解散せざるべし。このうえは詔勅の渙発《かんぱつ》を仰ぐ外《ほか》なし」と繰り返し主張した。その席に本庄と川島陸相がいたはずだが、二人が何を言ったか明らかでない。またこの言葉を天皇に取りついだ形跡もない。到底そんなことの言える状態ではなかった。『本庄日記』はつづける。

「なおまた、この日（二十七日）、陛下には、陸軍当路の行動部隊に対する鎮圧の手段実施の進捗せざるに焦慮あらせられ、武官長に対し、朕《ちん》自ら近衛《このえ》師団を率《ひき》い、これが鎮定に当たらんと仰せられ、真に恐懼に耐えざるものあり。決してさようの御軫念《ごしんねん》には及ばざるものなることを、くれぐれも申し上げたり。

けだし戒厳司令官が慎重に過ぎ、ことさらに躊躇《ちゆうちよ》せるものなるやの如くに、お考え遊ばされたるものと拝されたり」


事実、「皇軍相撃」を何とか避けようとさまざま策を弄《ろう》するだけでなく、これを機会に政権にありつこうとする真崎もいる。ただ彼は、本庄侍従武官長から天皇の意志の固さを聞いたのであろう。ここで実質的に反乱軍を裏切り、何とかうまく逃げて無関係な状態にしてしまおうとする。少々気の毒な位置に立ったのは本庄侍従武官長である。二十六日も二十七日も、ほぼ一時間置きに天皇に呼びつけられている。

本庄はかつて関東軍司令官で、関東軍や荒木《あらき》（貞夫《さだお》、真崎と並ぶ皇道派の首領）らの強い推挙で侍従武官長になったという。

彼らは本庄を通じて天皇をあやつるつもりだったのかもしれない。また女婿の山口大尉が反乱側にいたわけで、この点でも「皇道派」と見られる位置にいた。だが彼は、侍従武官長をしている間に、天皇は到底ロボットに出来るような対象ではないと悟っていたであろう。簡単に言えば叱《しか》りとばされているような感じである。

彼は正直な人柄なので、その『日記』は、当時彼とともにいた侍従武官が見ても、きわめて正確であるという。

真綿にて、朕《ちん》が首を締《し》むるに等しき

「この日（二十七日）拝謁の折り、彼ら行動部隊の将校の行為は、陛下の軍隊を、勝手に動かせしものにして、統帥権《とうすいけん》を犯すの甚《はなは》だしきものにして、もとより、許すべからざるものなるも、その精神に至りては、君国を思うに出でたるものにして、必ずしも咎《とが》むべきにあらずと申し述ぶる所ありしに、後《の》ち御召《おめし》あり、
朕《ちん》が股肱《ここう》の老臣を殺戮《さつりく》す、かくの如き兇暴の将校ら、その精神においても、何の恕《じょ》すべきものありやと仰《おお》せられ、
またある時は、
朕が最も信頼せる老臣を悉《ことごと》く倒すは、真綿《まわた》にて、朕が首を締《し》むるに等しき行為なり、と漏らさる。
これに対し老臣殺傷は、もとより最悪の事にして、事たとえ誤解の動機に出ずるとするも、彼ら将校としては、かくすることが、国家のためなりとの考えに発する次第《しだい》なりと重ねて申し上げしに、それはただ、私利私欲のためにせんとするものにあらず、と言い得る

のみと仰せられたり」

この問答は多くの人が記し、すでにさまざまな解説が出ているが、私はこの問答の背後に、ある種の「含み」があったのではないかと想像している。本庄侍従武官長に、彼らを、というより陸軍全体を弁護したい気持ちがあっても不思議ではない。天皇は反乱側だけでなく、「皇軍相撃」を避けようとして、速《すみや》かに討伐をしようとしない軍の首脳にも怒りを感じている。

そして本庄侍従武官長は、反乱側をどのように弁護しようと天皇が受けつけないことはすでに知っている。それをあえて「(その精神は)必ずしも咎むべきにあらず」とか「国家のためなりとの考えに発する次第なり」などと言っているのは、それゆえに「皇軍相撃だけは避けたい」という伏線であろう。

というのは、あまり注意されていないが、二・二六事件のとき、戒厳令が二度出ていることである。最初に出たのは「平時戒厳令」で、これは内閣の副署で出される。簡単に言えば大震災のときの戒厳令と同じで、警察では手に負えなくなった事態への応急的な処置として行なわれるもので、厳密にいうと作戦行動ではなく、タテマエからいえば軍の一部が内閣の指揮下に入って警察行為をする、いわば今の機動隊の役割に任ずることになる。

一方、「戦時戒厳令」は「内乱勃発」のような場合で、これへの対処は純然たる戦闘行為になるから、「内閣副署」でなく、参謀総長が起案して天皇の決裁を求める。この戦時戒厳令の日本国内における公布は、後にも先にもこのとき一回だけである。

これが後に問題となる「奉勅命令《ほうちょく》」という言語と関連してくるであろう。

「二十七日午前八時二十分、自分（杉山参謀次長）は拝謁し、奉勅命令の御允裁《ごいんさい》を仰ぎしに、陛下にはしごく御満足にて直ちに御允裁ありしが……」（『杉山メモ』）

これが事件勃発以後、天皇がはじめて見せた「しごく御満足」であろう。『本庄日記』には次のように記されている。

「この日、戒厳司令官は武装解除、止むを得ざれば武力を行使すべき勅令を拝す。ただし、その実行時機は司令官に御委任あらせらる。

戒厳司令官は、かくして武力行使の準備を整えしも、なお、なるべく説得により、鎮定の目的を遂行《すいこう》することに努めたり」

天皇と磯部浅一との「心理戦争」

天皇のいらいらはまだつづくが、磯部浅一の計画はこのとき挫折したといってよい。「出来れば皇軍相撃は避けたい」といった気持ちが軍の首脳にあったことは否定できず、これは一応、無理もないことと言ってよい。磯部はそれを逆用したわけだが、「討伐は当然のこと、相撃は一向にかまわない」という強い意志が出てくると磯部の前提は崩れ、その結果、やむなく従って来た下級幹部が動揺し、兵士も動揺しはじめる。天皇はそれを意図したわけではあるまいが、これは天皇と磯部浅一との間の、「心理戦争」のような様相を呈している。

そして動揺がはじまると崩壊は早かった。首謀者は、部下に離脱されて崩壊したという結果になることを恐れ――一部ではすでにそうなっていた――自ら部下を原隊に帰した。

これが一歩誤ると逆の結果となる。というのは「心理戦争」は強烈な意志を持つ側の勝ちであり、磯部は当時の軍首脳の誰にもないような強烈な意志の持主であった。いわば皇軍相撃を避けるため、周章狼狽《しゅうしょうろうばい》した軍首脳が彼らと妥協し、天皇がそれに動かされれば彼らの勝ちである。

そして少なくとも二十六日いっぱいは、あらゆる面から見て、そうなりそうに彼らには思えた。その細部は除くが、彼らは内心では「成功」と思っていたであろう。これが裁判の途中で、磯部が真崎《まざき》ら一五名の将軍・佐官を告発した理由である。自分たちを反乱と規定するなら、彼らも同じではないかという趣旨で、これは、多くの軍首脳が彼らに傾いていたことを示している。

ではなぜそれが逆転し崩壊したかを彼らは知らなかった。そして知ろうとしないまま処刑された。

「自殺するならば、勝手に為《な》すべく」

少し冷静に事態を見ていれば、自分たちを鎮圧し反乱を失敗に終わらせたのが天皇その人だと感ずる機会はいくらでもあったはずである。反乱三日目、事がすでに終わったと感じた彼らに対し、川島陸相ら軍首脳は事件収拾策として、天皇の勅使を得たうえで、陸相官邸での彼らの謝罪の自決を許してほしいと申し出た。これは少々ずるい、軍首脳の彼らの口封じとも受け取れる。これについて『本庄日記』には次のように記されている。

「陛下には、非常なる御不満にて、自殺するならば勝手に為《な》すべく、かくの如きものに勅使など、以《もっ》てのほかなりと仰せられ、また、師団長が積極的に出ずるあたわずとするは、自らの責任を解せざるものなりと、いまだかつて拝せざる御気色《みけしき》にて、厳責あらせられ、直ちに鎮定すべく厳達せよと厳命をこうむる」

そしてこの「勅使差遣《さけん》」の要請はもう一度、電話を通じて山口大尉から本庄侍従武官長のところへ来る。だが彼はもうこれを天皇に取りつごうとしなかった。

これで見ると「勅使」は反乱軍将校の要請で、軍首脳がこれに便乗したと見るべきであろう。最初の要請は別として二度目の要請から返事も来なかったことを彼らはどう思ったであろうか。このあたりで感づきそうなものだが、人間の盲信とは不思議なもので、彼らは、それを天皇の意志とは思わなかったらしい。さらに人間には希望的観測というものがあり、ラ・ロシュフコーの『箴言《しんげん》』にあるように、直視し得ないものは太陽と死、すなわち自己の死である。

この妄信と希望的観測から、彼らは、死刑の判決があってもその後で恩赦があると信じきって安心していた。

「安心というのは求刑を極度にヒドクして判決において寛大なるを示し、軍部は吾人および維新国民に恩を売らんとするのだろう、という観察だ。この観察は日時がたつほど正しいと思えるようになった」

と磯部は自らを記し、ついで次のように記す（「仙台発見遺書」より）。

「安ド（藤）は馬鹿に楽観して、四月二十九日の天長節には大詔《たいしょう》渙発《かんぱつ》とともに、大赦《たいしゃ》があって必ず出所できるとさえ言っている。余はそれほどには思わなかったが、マア近いうちには出られるだろうと考えた……」

これは単に「甘い」などといえる状態ではない。彼らが勝手に描いている天皇像への彼らの信仰である。そしてその信仰に基づけば、天皇は忠誠なる軍人を処刑するはずがなかったのである。しかし、もとより恩赦はなく、天皇の言葉からすればあるべきはずもなく、まわりの者もそんなことを言い出せるような状態ではない。処刑は実施された。

天皇を叱咤《しった》、怨嗟《えんさ》する磯部の叫び

証人のために処刑を延期された磯部はこれが納得できない。そこでまず彼はそれをあくまでも天皇側近の仕業《しわざ》と考え、側近のロボットであってはならないと天皇を叱咤《しった》する。

「八月六日／

一、天皇陛下　陛下の側近は国民を圧する奸漢《(ママ)》（売国奴）で一杯でありますゾ。お気付《きづ》き

遊バサヌデハ日本が大変になりますゾ、今に今に大変な事になりますゾ、

二、明治陛下も皇大神宮様《こうたいじんぐう》（天照大神《あまてらすおおみかみ》）も何をしておられるのでありますか、天皇陛下を、なぜお助けなさらぬのですか、

三、日本の神々はどれもこれも皆ねむっておられるのですか、この日本の大事をよそにしている程のなまけものなら日本の神様ではない、磯部菱海《いそべりょうかい》（彼の法号）はソンナ下らぬナマケ神とは縁を切る。そんな下らぬ神ならば、日本の天地から追いはらってしまうのだ、よくよく菱海の云うことを胸にきざんでおくがいい、今にみろ、今にみろッ」

彼の呪詛はまず側近、ついでそれの言いなりになっていると思われる天皇から、明治天皇、さらに皇大神宮にまでおよぶ。彼のこの言葉と、「憲法停止・御親政」を秩父宮から言われたときの天皇のお言葉、「祖宗《そそう》の威徳を傷つくるが如きこと」「明治大帝の創制せられたるところのもの（憲法）を破壊するものにして、断じて不可」（164ページ参照）とを対比してみると興味深い。そして彼が勝手に描く天皇像は天皇とは無関係なことが、彼にもうすうす感じられるようになってくる。

「八月十一日／天皇陛下は十五名の無双《むそう》の忠義者を殺されたであろうか、そして陛下の周

囲には国民が最もきらっている国奸《こっかん》らを近づけて、彼らの言いなり放題におまかせになっているのだろうか。陛下、吾々《われわれ》同志ほど、国を思い陛下の事を思う者は、日本中どこをさがしても、決しておりません。その忠義者を、なぜいじめるのでありますか、朕は事情を全く然《（ママ）》らぬと仰《おお》せられてはなりません、仮《かり》にも十五名の将校を銃殺するのです、殺すのであります、殺すと云うことはかんたんな問題ではない筈であります……」

この言葉には、彼らが天皇の重臣たちを簡単に殺したことへの反省は、全くないことを示している。おそらく一種の〝総括〟に似た感情で、彼らは殺されてしかるべき国奸・売国奴だが、自分たちは天皇の最も忠節なものと彼は信じて疑わない。磯部にとって処刑とは、彼が描いた天皇が、その同志を殺すという行為なのである。これが本当に天皇の意志であろうか。彼の信念は徐々にぐらついてくる。彼はつづける。

「陛下がどうしても菱海の申し条をおききとどけ下さらねば、いたし方ございません。菱海は再び陛下側近の賊を討つまでであります。今度こそは宮中にしのび込んでも、陛下の大御前《おおみまえ》ででも、きっと側近の奸《かん》を討ちとります。

おそらく陛下は、陛下の御前を血に染めるほどの事をせねば、お気付き遊ばさぬのでありましょう。悲しい事でありますが、陛下のため、皇祖皇宗《こうそこうそう》のため、仕方ありません、菱海は必ずやりますぞ」

事実、彼は事件が終わりを迎えたとき、ただ一人、逃亡しても再挙を図ろうとしている。そしてこうなると天皇への脅迫だが、実質的には呪詛に近い。

彼の遺書は二通あり、その一つは面会に来た彼の妻が持ち出し、怪文書のように配布されたらしいが、もう一つの「仙台遺書」の方は、どのような経過で、なぜ仙台にまで行ったのか明らかでない。そして前記の楽観の部分は「仙台遺書」の方で、この方が、ホンネに近いかもしれない。

「天皇陛下は青年将校を殺せと仰せられたりや　嗚呼《ああ》
　秩父の宮殿下は青年将校は自決するが可　最後を美しくせよと仰せられたりや　嗚呼」

彼には天皇の激怒が、ぼんやりながら伝わってきたらしい。おそらく本庄侍従武官長から女婿の山口大尉が聞き、それが彼に伝わってきたのであろう。

「八月二十八日／

天皇陛下　この惨《さん》タンたる国家の現状を御覧下さい、陛下が、私共の義挙を国賊反徒の業《わざ》とお考え遊ばされていられるらしいウワサを刑ム所の中で耳にして、私共は血涙をしぼりました、真に血涙をしぼったのです。

今の私は怒髪天《どはつてん》を衝《つ》くの怒《いか》りに燃えています、私は今は、陛下をお叱り申し上げるところにまで、精神が高まりました、だから毎日朝から晩まで、陛下をお叱り申しております。

天皇陛下　何と云う御失政でありますか、何と云うザマです、皇祖皇宗におあやまりなされませ」

「八月三十日／余《よ》はたしかに鬼にはなれる、自信がある、地ゴクの鬼にはなれる、今のうちにしっかりとした性根《しょうね》をつくってザン忍猛烈な鬼になるのだ、涙も血も一滴ない悪鬼になるぞ」


悪鬼・怨霊《おんりょう》になって天皇に取り憑《つ》いてやるぞ、ということであろう。磯部から見れば、天皇は裏切者であった。天皇は、彼が勝手に描いていた天皇とは、似ても似つかぬ対象であった。

真崎《まざき》大将、陸軍首脳の腰抜けぶり

一方、陸軍の首脳の多くは彼が見たとおり腰抜けで、右往左往するだけであった。この点、東京陸軍軍法会議における裁判官の一人、陸軍法務官・小川関治郎の『二・二六事件秘史』は、まことに的確に事件の概要を要約している。その中での「当日川島陸相の恐怖振り」は興味深いが、これが軍人とは少々情けない。次に引用しよう。

「当日払暁《ふつぎょう》決起《けつき》部隊は陸相官邸に侵入し、下士官兵には着剣せしめて官舎内に闖入《ちんにゅう》し、廊下の所々に立哨《りっしょう》せしめ、一方決起将校は川島陸相に会見を要請した。当時護衛の憲兵および宿直の属官等はいたが、外部への電話通信連絡を遮断抑止しながら、頻《しき》りに陸相に面接を強要した。しかるに容易にこれに応ぜず、かえって陸相夫人が周章狼狽《しゅうしょうろうばい》の色をも見せず、出でて応対するなど、ことさら時間を費《ついや》すことに努められた。その内《うち》陸相は決起将校中に閣下閣下と呼び居る者の声を聞き、これなら恐らく自分には害を加えまいと思い、ようやく会見の用意をしたが、その間約二時間も掛かったとのことである」

「……（襲撃された者の）何《いず》れの夫人も身を以て夫を守り、そのような度胸には感服するの外《ほか》ない」

と、それにつづけて記されているが、いずれにせよ、その後も一貫して川島陸相はまことにだらしがなく、大体、反乱側の言いなりであった。また、反乱側の背後にあり、押しとあくの強さでは抜群で、一見、大変に度胸あるかに見えた真崎大将は、ひとたび収監されるや神経症のようになり、

「戒護看守らは……その扱いに手こずり、甚《はなは》だ閉口したとのことである。大将とまでなった人物としての、精神修養の点において甚だ遺憾であると評したものもあった」

興味深いのは、この点で、実に度胸がすわっていたのが、反乱幇助《ほうじょ》の容疑で収監された実業家の久原房之助《くはらふさのすけ》（日立製作所を設立、また政友会の有力政治家）である。多少横道にそれるが、その部分を引用しよう。

「次には久原房之助の事である。同氏はもちろん軍人ではない、……同氏の収監も初夏の

ころであったと思うが、同氏は入監前から少し胃腸を痛め、健康を害していたから、かねて温泉にでも行き静養するつもりであった。そこへ反乱幇助罪の嫌疑で収監の不幸に遇《あ》った。ところが、入監すると食事はもちろん起居動作、運動等きわめて紀律正しく、規則通り実践して試みると、たちまち健康を回復した。

……同氏の述懐に、『入監以来紀律正しき生活により、健康を回復し、全然温泉に行く必要もなく、健康保持には温泉以上である』と、また盛夏になってからも、『ここは非常に閑静で、風通しも良く暑さ知らずで、これ以上の避暑地はない』と語ったとのことである。かように監獄を以《もっ》てあたかも理想郷であるが如く感じたのは、恐らく久原氏一人くらいであろう……」

当時の軍首脳の中に、せめて彼くらい度胸のすわっている者がいたら、もう少し事態は違っていたであろう。反乱側の真崎は腰くだけ、川島陸相は甚だ頼りにならない。

岡田内閣総辞職のとき天皇は、

「陸軍大臣の辞表が他の閣僚の辞表と同一辞句なるを御覧あり、『陸軍大臣はこれで責任が尽くせりと思うのか、こんな考えだからよろしくない』」

（『木戸日記』昭和十一年二月二十八日）

と怒ったが、これは反乱側にとっても同じで、彼らは彼らなりに「川島はよろしくない」で、信頼出来なかったのであろう。

二・二六事件、最大の失敗

『二・二六事件秘史』には「当日香田《こうだ》、村中、磯部らが参内《さんだい》せんとせし目的ならびにこれが平河門《ひらかわもん》にて阻止せらる」について、次のように記述がある。

「この記事は不都合きわまるもので、大逆不逞《だいぎやくふてい》の者に関することである。決起部隊に対する判決中に、『次《つい》で（当日）陸相参内し正午に至るも帰邸なきを以て、すでに来邸しおりたる古荘《ふるしよう》次官に対し速《すみや》かに参内し、陸相と連絡し、決起者を義軍と認むべく要請したるが、やがて山下奉文《やましたともゆき》来邸し、陸軍大臣よりの、

一、決起の趣旨は天聴《てんちよう》に達せられあり

二、諸子の行動は国体顕現《けんげん》の至情に基づくものと認む

三、国体の真姿《しんし》顕現の現況（弊風をも含む）については、恐惶《きようこう》に堪えず

四、各軍事参議官も一致して右の趣旨により邁進《まいしん》することを申し合わせたり
五、これ以外は一《いつ》に、大御心に俟《ま》つ（注＝これは当時事件の証拠物として押収せしものの写しに依る、判決に示すものとは多少相違する所あり）

との告示を説示せらるるや、その内容抽象的にして先に要求したる事項として実現せられあらずとなし、古荘次官に対し、さらに具体的決定を為《な》すべき旨《むね》大臣に伝達を要請せり、同日午後五時半ごろ香田清貞《きよさだ》、村中孝次、磯部浅一らは、参内して宮中に在る陸軍首脳部に意見を上申せんことを企《くわだ》て、山下奉文、満井佐吉《みついさきち》の自動車に追随し、宮中に赴《おもむ》かんとしたるも平河門において阻止せられその目的を達せず』とありて、右判示の上ではそれほど極悪非道のものとも認められぬが、いよいよ参内の目的を達した上は、あくまで彼らの要求を貫徹するためには、非常手段として、（天皇に）拳銃を突きつけても御承諾を願う計画であったと。なお彼らは自分らはたとえ足利尊氏になっても目的を達せんとするものであると、暴言を放《はな》っていたとの調書も他にあるようである」

二・二六事件の最大の失敗はこの「平河門において阻止せられ」であろう。もし彼らが皇居に入り、天皇に拳銃を突きつけるような事態になれば、おそらく磯部は拒否する天皇を射殺して、秩父宮を擁立しようとしたであろう。磯部はその布石は打っていた。彼らがなぜ二

月二十六日に決起したか。その理由の一つが、同志の一人、近歩三（近衛歩兵第三連隊）の中橋基明《なかはしもとあき》中尉が、この日に赴援隊《ふえんたい》に当たっていたことが挙げられている。

当時皇居は皇宮警察と近衛師団が警備し、近衛歩兵を中心に各隊に衛兵が割り当てられ、これが皇居に来て守衛隊司令官の指揮下に入る。そして何か緊急事態が発生したとき赴援隊が皇居に駆けつけるというシステムになっていた。青年将校らが決起すれば当然に緊急事態の発生である。そうなると中橋中尉は部下を率いて坂下門《さかしたもん》（赴援隊の定位置）に駆けつけることになる。そして中橋中尉が決起部隊を皇居に入れるという計画である。

簡単にいえば予め《あらかじめ》「内通者」に坂下門を警備させておくわけだが、近衛と他部隊は徽章《きしょう》が違うからすぐ分かるので、これには近歩三の中橋中尉を用いる以外にない。そして野中《のなか》（四郎）大尉が警視庁を占領し、合図とともに坂下門から入るつもりであったらしい。

ただ彼らの計画に非常に無理があったのは、中橋中尉に高橋是清《たかはしこれきよ》（蔵相）邸を襲撃させ、そのあとで何くわぬ顔で皇居に赴かせたことである。これはきわめて危険なやり方で、周到に準備するなら、中橋中尉は素知《そし》らぬ顔で近歩三におり、緊急事態による要請があってから堂々と皇居に向かい、時機が来るまで知らんぷりをしていれば、あるいは、磯部らは皇居に入れたかもしれない。

情報が混乱していたので、守衛隊司令官・門間少佐は、演習を兼ねて明治神宮参拝の途次、変事を聞いて駆けつけたという中橋の言葉を信頼し、彼を坂下門に配備した。そこで彼は警視庁へ信号を送ろうとしたが、どうも様子がおかしいと思っていた片岡《かたおか》特務曹長に組みつかれた。

このあたりから、周囲はおかしいという目で彼を見る。守衛隊の一人であり、同じ連隊（近歩三）で中橋の部下でもある大高《おおたか》少尉は、兵に着剣させて中橋を囲ませた。中橋は怒って彼をにらみつけたが、それ以上の行動に出ようとしない。

大高少尉は兵を下がらせ二人で対決し、拳銃に手をかけた。すると中橋も拳銃を抜き出したが、発射したばかりの硝煙《しょうえん》のにおいがプーンとする。大高少尉は中橋中尉を射殺しようかと思ったが、決心がつかない。にらみ合っている間に中橋は身をひるがえして二重橋に向かい、部下を置いて皇居を脱出した。彼の部下は何が何だか分からぬまま帰隊させられた。衛兵や赴援隊が交代すること自体は別に不思議でなく、そのあとの近歩三の別の中隊が来ても、これは通常行なわれていることである。

この中橋基明の「皇居脱出」というより「逃亡」に等しい行為には、さまざまな解釈があり得るが、特務曹長に組みつかれたとはいえ、警視庁の屋上で彼からの信号を待っている野中大尉に、結局、信号を送らなかったときに、彼の決心はぐらついていたと見てよい。たったいま高橋是清を殺して来た彼が、特務曹長に組みつかれたぐらいで信号を送らなかったのはおかしい。硝煙のにおいがする拳銃が腰にあるはずである。

結局、彼の恐怖は坂下門を中心とした「皇軍相撃」であろう。私も軍隊時代に近衛野砲にいたから、近衛には一種独特の「近衛意識」といったものがあったことを知っている。彼らには彼らなりの誇りと使命感がある。指揮下であるはずの大高少尉が着剣した部下に彼を取り囲ませたのは一種の「近衛意識」である。それを中橋自身は理解できる。

それから見れば、皇居の守衛隊司令官は、近衛以外の部隊を黙って皇居に引き入れることはあり得ない。情況がしだいに明らかになる一方、天皇の意志は最も早く彼らに伝わる。野中隊が強行突破しようとすれば、当然に「皇軍相撃」となり、この際、攻撃軍が逆賊の烙印《らくいん》を押されることは目に見えている。これらの不安感と孤立感から彼は脱出した、と私は解釈している。

磯部浅一が残した〝重い遺産〟

ここで少々不思議なのは、香田、村中、磯部の三人が、山下奉文《やましたともゆき》らによって平河門に誘導された点である。当時の皇居の通用門は坂下門であり、他の門からは入れなかったはずである。山下奉文がそれを知りつつ平河門に向かったのなら、このとき彼は、すでに反乱側と内心では縁を断っていたのであろう。しかし、この点はよく分からない。

もし中橋基明があくまで合法的に皇居に入り、反乱とは無関係な顔をして坂下門をはじめとして内部を警備し、山下奉文らについて来た磯部浅一らを知らんぷりで坂下門から皇居に入れたら、どうなっていたであろうか。彼らの目的は達せられたであろうか。おそらく、そうはいかなかったであろう。

というのは終戦時、「玉音盤《ぎょくおんばん》奪取」を企ててクーデターを起こし、森《もり》近衛師団長を射殺し、ニセの師団命令を発して部隊を出動させて皇居を占領し、兵が内廷庁舎まで迫っても、天皇は平然としていた。その例からすると、わずか三名の将校が内廷まで押し入ったにしろ、どうも出来ずに逮捕されるのが落ちであったろう。

マッカーサー会談でも分かるように、天皇には妙に度胸がすわっているところがある。磯部だけでなく、多くのものも、それを何となく感じざるを得なかった。取調べの調書にある「(天皇に) 拳銃を突きつけても御承諾を願う……」につづく言葉は、天皇に敗れた彼らの、「あのときそうやっていれば……」という思いにすぎなかったのかもしれない。だが磯部浅一には、その思いが耐えられなかったであろう。

「陛下が、私共の義挙を国賊反徒の業とお考え遊ばされていられるらしいウワサを刑ム所の中で耳にして、私共は血涙をしぼりました。……今の私は怒髪天を衝《つ》くの怒りに燃えています」

「余《よ》はたしかに鬼にはなれる、自信がある、地ゴクの鬼にはなれる、今のうちにしっかりとした性根《しょうね》をつくってザン忍猛烈な鬼になるのだ、涙も血も一滴ない悪鬼になるぞ」

確かに彼はこの望みは達した。この「涙も血も一滴ない悪鬼」「ザン忍猛烈な鬼」は、天皇に取り憑《つ》くことは出来なかったが、多くの重臣や軍上層部、さらに政治家にも取り憑いた。

『重臣たちの昭和史』を書いた勝田龍夫《しょうだたつお》氏と話し合ったとき、私は、氏が相当辛辣《しんらつ》に批判している近衛文麿の、きわめて不可解な態度の真の理由を問うたとき、氏は言われた。「暗殺をこわがっていたんですよ。しかしそれは彼だけではありません」と。

そのとおりだっただろう。東条の「それでは部下がおさまりません」の一言でみな沈黙してしまう。この「ザン忍猛烈な鬼」は天皇の周辺だけでなく、政府も議会も腑抜《ふぬ》けにしてしまう。この点では彼は勝った。天皇が言われた「真綿にて、朕が首を締むるに等しき行為」を、彼はその死後も、悪鬼となってつづけた。この悪鬼に「止《とど》メ」を刺したのは、安藤大尉が、その夫人に制止されて「止メ」を刺し得なかった鈴木貫太郎《すずきかんたろう》と天皇との、「私と肝胆相照した鈴木であったからこそ」の終戦によって、はじめて行なわれた。彼は国民にとって全く「涙も血も一滴ない悪鬼」であった。天皇への呪詛は、結局、国民への呪詛となった。一方、鎮圧が天皇の意志であることが、陸軍の関係者に知られるようになると、彼らは方向を変え、一見〝合法的〟な方法でその目的を遂げようとする。

九章

盲信の悲劇

――北一輝は、なぜ処刑されねばならなかったか

静かなる　神のみそのの　朝ぼらけ
世のありさまも　かかれとぞおもふ
〈御製〉▼昭和十三年、歌会始にて。前年、日華事変勃発。

北一輝《いっき》の処刑は、明らかに不当

本書は、二・二六事件について記すのが目的ではない。しかしこの事件は、天皇への「逆照射」となって、その実像を浮かびあがらせる貴重な資料を提供している。加賀乙彦《かがおとひこ》氏は『北一輝と青年将校たち』という小文の中で、彼らの行為を「盲信の悲劇」と記されているが、まことに適切な評言だと思われる。彼らは天皇の意志を知らずに盲信しただけでなく、北一輝の思想を知らずに盲信していた。これは北一輝の著作を読めば明らかである。

この点で、北一輝の処刑は、「盲信された者の悲劇」といえるであろう。これは「天皇の戦争責任」を論ずる場合の、貴重な示唆となる。

磯部浅一は「日本改造法案（大綱）は、一点一画・一字一句ことごとく真理だ、歴史哲学の真理だ、日本国体の実表現だ、大乗仏教の政治的展開だ」と記している。しかし彼らは天皇機関説を否定し、国体明徴《こくたいめいちょう》を叫んで決起したはずである。一方、北一輝は明確な、天皇機関説の信奉者である。

また「ある全共闘系の学生が、『大綱』（『日本改造法案大綱』）に惚《ほ》れ込み、このなかの『天皇』を『革命執行部』と書き換えれば、そのまま革命の指導書として使えると感心していたが、たしかにそれだけの筋道と迫力は『大綱』に備《そな》わっている……」と、加賀乙彦氏は記しておられる。

二・二六事件の青年将校たちは、天皇を革命執行部のように盲信していたから、この点では彼らも全共闘の学生も大差ない。全共闘の学生は本当に北一輝の全著作を読んだのであろうか。それなら法華経と革命との奇妙な結びつけをどう解釈するのか、と言ってもはじまるまい。次に加賀乙彦氏の記述を引用させていただく。

「青年将校たちは北一輝を遠くに見て神格化し、その思想を奉じて決起したと信じたが、実際にはその思想の一部を拡大し極端にして、自分たちの行動を正当化したにすぎなかった。彼らの北に対しての係《かかわ》り方は、そのまま天皇へ対しての係り方となる。彼らは、まさしく雲の上の天皇を信じ、天皇の心を体《たい》して行動していると信じたが、当の天皇個人が何を考えているかを思わなかった」

北一輝

盲信して行動を起こして処刑されるのは、確かに悲劇であろうが、勝手に盲信されたがゆえに処刑されるのはさらに大きな悲劇である。天皇がマッカーサーに“You may hang me.”と言い、その結果、天皇が絞首刑になったら、これまた盲信された者の悲劇となったであろう。

もちろん、「功罪なし」という人間を除けば、あらゆる人間には「功罪」はあると言ってよい。そして、「功」は裏がえせば「罪」になるという、奇妙な関係になり、天皇とて例外ではあり得ない。

しかしそれを論ずるなら「盲信された者の悲劇」は慎重に除去せねばならない。北一輝の処刑は、誰が見ても不当である。盲信したのは盲信した者の責任であって、盲信された者の責任ではあるまい。


北一輝には「天皇尊崇の念」など全くなかった

ではここで北一輝への盲信の構造を少し調べてみよう。それにはまず、北一輝の思想を調べねばならないが、これは盲信を惹《ひ》き起こすだけに相当に複雑である。多くの著作に記されているように彼には四つの顔がある。
第一は、『日本改造法案大綱』その他の著作の著者であり、
第二が、法華経を絶対視し「地涌菩薩《じゆぼさつ》出現＝革命成就」と解釈して確信し、「天下に人なし、勇将真崎《まざき》（甚三郎）あり」という「霊告」を磯部に電話した神がかり的人間

であり、
第三が、財閥に右翼の情報を流して多額の報酬をもらう情報ブローカーであり、
第四が、一九一一年より三年間、中国の辛亥《しんがい》革命に参加した「革命経験者」である。

だがここでは第一の顔、すなわち彼の著作を通してみた基本的な思想のみを採《と》りあげたいと思う。といっても、これも短い紙面への要約は相当にむずかしいが、この点で山本彦助《ひこすけ》検事の『国家主義団体の理論と政策』〔昭和十六年「思想研究資料第84号」所収、昭和四十六年、東洋文化社より復刊〕の中の、北一輝の部分は便利である。

これは「国家主義運動をなす団体で、処罰、取締の対象となるもの」の理論と政策を要約解説した「検事の虎の巻」だが、ほとんどの団体が「神がかり的無内容」といってよく、読んでいて少々うんざりするが、北一輝の部分はそれらと全く違う。次にその主要な部分を引用しつつ要約しよう。

「我が国における、いわゆる国家主義運動中には、日本主義運動でない、すなわち正統派でない一つの力強い思想の流れがある。それは北一輝の社会民主主義思想である。同人の著『日本改造法案大綱』は、革新陣営内にありては、革命経典とまでいわれ、この書の革

新陣営に及ぼした影響は、きわめて大なるものがある。西田税《にしだみつぐ》（陸軍少尉）は、北一輝に師事するもの。しかして、この両者より、直接影響を受けたる者も、いまなお、ずいぶん、残存しているのである」（傍点筆者）

社会民主主義思想という言葉は読者に意外かもしれないが、彼が『国体論及び純正社会主義』を著《あらわ》したのが明治三十九年、二十三歳のとき。『日本改造法案大綱』を著したのが大正八年であることを考えれば別に不思議ではあるまい。この時代の思想家で、何らかの形で「社会主義」の影響を受けていないものは、まず、ないと言ってよいからである。

では、その後の彼の思想は変わったのか、変わっていないと北自ら述べ、山本検事も次のように記している。

「（全く変わらず）と豪語し、彼の晩年、すなわち、二・二六事件当時においても、彼の思想根底には、何らの変化なく、いぜん、社会民主主義を堅持し、天皇機関説を採り、天皇尊崇の念全くなかりしものと推定せざるを得ない……」

そのとおりで、二・二六事件の将校が盲信した北一輝には「天皇尊崇の念」などは全くない。彼は処刑されるとき、「天皇陛下万歳」を叫ぼうとする西田税をとどめ、黙って処刑された。

北が唱えた天皇の位置づけとは

では一体、変わらざる彼の「根本の思想」は、どのようなものであったであろう。山本検事は次のように記す。

「北一輝の根本思想は、社会民主主義である。社会民主主義は、広義社会主義の一種であって、個人主義、自由主義を根本指導原理となし、国家国体は、その手段に過ぎないのである。換言すれば、国家国体の存在は、認めることは認めるが、それは、個人の目的を達せんがためであって、個人の権威を強調するのである。かくの如く個人主義、自由主義を根本指導原理とするが故《ゆえ》に、議会主義はもちろん、資本主義といえども、根本的に、これを、排撃するものではない」

ここまで読まれた読者は妙な気持ちになるであろう。一体全体、何がゆえに彼の思想が危険思想で、しかもそれを二・二六事件の将校が絶対視したかと。そこで次に進もう。

「したがって、
㈠ 天皇機関説を奉持《（ママ）》し、議会至上主義、民意強行の政治を行なわんとし、
㈡ 経済機構の根本において、私有財産制および私人企業を認め、営利主義、資本主義を是認し、これに、強度の中央集権的制限を加え、
㈢ しこうして、国家改造の手段としては、クーデター主義を認めるのである。
北一輝の根本思想を、社会民主主義なりとする根拠は、彼の著『国体論及び純正社会主義』に見出すことが出来る」

と彼はその該当個所を引用する。一体、青年将校はこの本を読んだのであろうか。おそらく読まなかったであろう、何しろ約千ページの大著である。したがってその要約もまた相当な量で到底すべてを紹介できない。ここでは、まず彼のいう「社会民主主義」はどのようなものか、その定義を記しておこう。

「社会民主主義は、社会の利益を終局目的とするとともに個人の権威を強烈に主張す。個人というは社会の一分子にして社会とはその分子そのことなるを以て個人すなわち社会な

り」

「『社会民主主義』とは個人主義の覚醒《かくせい》を受けて国家のすべての分子に政権を普及せしむることを理想とする者にして、個人主義の誤れる革命論の如く、国民に主権存すと独断するものにあらず。

主権は社会主義の名が示す如く国家に存することを主張するものにして、国家の主権を維持し、国家の目的を充たし、国家に帰属すべき利益を全《まつた》からしめんがために、国家のすべての分子が政権を有し、最高機関の要素たる所の民主的政体を維持し、もしくは獲得せんとするものなり」

これは、議会制国家社会主義とでも定義すべきものかもしれない。もちろん明治三十九年は、まだファシストもナチスも出現していないから、それらの影響を受けたのではない。これが現実にどのようになるかは、彼も具体的に把握していたわけではあるまい。問題点はそれより、こういう発想の中で彼がどのような「天皇の位置づけ」をしていたかであろう。

「今日の国体は、国家が君主の所有物としてその利益のために存したる時代の国体にあらず、国家がその実在の人格を法律上の人格として認識せられたる公民国家の国体なり」

と彼は記し、一種の国家法人説をとっており、その限りでは、美濃部達吉《みのべたつきち》博士と同じである。彼はつづける。

「天皇は土地人民の二要素を国家として所有せる時代の天皇にあらず、美濃部博士が広義の国民中に包含せる如く国家の一分子として他の分子たる国民と等しく、国家の機関なるにおいて大なる特権を有すという意味における天皇なり」

「現天皇（明治天皇）は、維新革命の民主主義の大首領として英雄の如く活動したりき。『国体論』は貴族階級打破のために天皇と握手したりといえども、その天皇とは国家の所有者たる家長という意味の古代の内容にあらずして、国家の特権ある一分子、美濃部博士のいわゆる広義の国民なり。すなわち天皇その者が、国民と等しく民主主義の一国民として天智の理想を実現して、はじめて理想国の国家機関となれるなり」

美濃部達吉

「機関の発生するは発生を要する社会の進化にして，その継続を要する進化は、継続する機関を発生せしむ。日本の天皇は、国家の生存進化の目的のために発生し継続しつつある機関なり」

天皇自らが、「機関説」の信奉者

いかなる機関かをひとまず措《お》けば、彼もまた機関説の信奉者である。二・二六事件に先立って、相沢中佐が永田軍務局長を斬殺したが（172ページ参照）、その理由の一つを「機関説信奉」だからとしながら、彼は北の『日本改造法案大綱』をまるでバイブルのように四冊も持っている。そしてこの点では二・二六事件の将校も変わりはない。

では一体、機関説のどこがいけないと彼らは言うのか。細かい点は除くが、俗にいう一《いち》木《き》・美濃部学説の問題点とは、まず一木喜徳郎《きとくろう》（宮中政治家・枢密院議長）の「天皇と議会は同質の機関と見做《みな》され、一応、天皇は議会の制限を受ける」と、美濃部達吉の「立法権に関する議会の権限を天皇のそれと対等なものに位置づける」「原則として議会は天皇に対して完全なる独立の地位を有し、天皇の命令に服するものではない」であろう。

しかし軍部が最も問題にしたのは、統帥権が国務から独立しているかの如き現状を改め「軍の統帥についても、等しく内閣の責任に属さしめ」るという点であろう。

その点はひとまず措くとして、まず立憲君主制とは、言葉を換えれば制限君主制であり、国会が天皇に服従したのでは、国会の意味がなくなってしまう。当然のことを言っているだけである。さらに当時盛んに口にされた「国体」という言葉を、美濃部は「本来法律上の語ではなく、歴史的観念もしくは倫理観念」として峻別《しゅんべつ》している。

一方、機関説否定派は「国体」とは天皇と一体化した倫理的かつ政治的実体であるとし、これが「神聖ニシテ侵《おか》スヘカラス」の対象であるとした。

ただ問題は、これが憲法学者の論争から離れて、いわゆる機関説問題となって政争の具となり、攻撃する相手へのレッテルになっているので、今では逆にその実体がわかりにくくなっている。というのは、北一輝は明らかに機関説だが、彼にはそのレッテルは貼られていないからである。前にある会でこの話をしたとき聴衆の若い女性が「じゃあ一体、戦前はどうなっちゃってんの」と言われたが、全く「どうなっちゃってんの」である。

そしてもっと奇妙なことは、天皇自身が機関説の信奉者であった。磯部浅一はこのことを知らないで死んだが、もしも知ったら、衝撃で口が利《き》けなくなったであろう。これは、たとえ天皇がそのことを口にされなくとも、その行為を見れば明らかなはずである。簡単に言えば「議会は天皇に対して完全なる独立の地位を有し、天皇の命令に服するものではない」を、天皇自身当然のこととし、この原則を破ったことはもちろん、触れたこともない。

そして『鈴木貫太郎自伝』によれば、天皇は、機関説問題は〝正統・異端〟の不毛の〝神学論争〟になることを、これがまだ世間の耳目《じもく》を集めないうちから指摘していたという。『西園寺公と政局』の次の記述は、絶対秘密だと言って鈴木貫太郎侍従長が西園寺（公望）公の秘書・原田熊雄《はらだくまお》に語ったものだが、これはこの〝神学論争〟への天皇の批判であろう。

「主権が君主にあるか国家にあるかということを論ずるならば、まだ事が分かっているけれども、ただ機関説がよいとか悪いとかいう議論をすることは、すこぶる無茶な話である。君主主権説は、自分から言えばむしろそれよりも国家主権の方がよいと思うが、一体、日本のような君国《くんこく》同一の国ならば、どうでもよいじゃあないか」

と、まず天皇は言われる。いわば〝神学論争〟は、それによって現実が何か変更されるわけではないが収拾がつかなくなる。天皇自身としては、機関説が排撃されようとされまいと、立憲君主という今までの生き方を変えるわけではない。それなら自分にとって無関係な議論ということであろう。そして、それにつづく言葉は「一般論として言えば」ということであろう。

「君主主権はややもすれば専制に陥りやすい。で、今に、もし万一、大学者でも出て、君主主権で同時に君主機関の両立する説が立てられたならば、君主主権のために専制になりやすいのを牽制《けんせい》出来るから、すこぶる妙（結構）じゃあないか。美濃部のことをかれこれ言うけれども、美濃部は決して（排撃論者の言うように）不忠な者ではないと自分は思う。今日、美濃部ほどの人が一体、何人日本におるか。ああいう学者を葬《ほうむ》ることはすこぶる惜しいもんだ」

『岡田啓介回顧録』には「陛下は『天皇は国家の最高機関である。機関説でいいではないか』とおっしゃった」とある。

機関説排撃がもたらした思わぬ影響

しかし機関説は軍内部の主導権争いから〝異端〟のレッテルに用いられるようになると、天皇のご意向などおかまいなく、この排撃論はますます強くなる。さらにそれが政界にも及び、政敵追い落としにも使われる。こうなると始末が悪い。

これへの天皇の憂慮に対して、本庄侍従武官長が「陸軍大臣は建軍の立場より、天皇機関説に対する軍の信念を述べているだけで、学説に触れることは避けている」と言いわけをすると、天皇は次のように言われたと『本庄日記』にある。

「陛下は、もし思想信念を以《もっ》て科学を抑圧し去らんとする時は、世界の進歩に遅るべし。進化論の如きも覆《くつが》えさざるを得ざるが如きこととなるべし。さりとて思想信念はもとより必要なり。結局、思想と科学は平行して進めしむべきものと想うと仰《おお》せらる」

天皇の言葉は、簡単に言えば、「常識」である。機関説という学説には触れない、ただ信念を述べているだけだという意味の言葉への批判であろう。

さらに天皇が本庄武官長に言われているのは、機関説否定が、実は明治憲法否定につながるという点である。

「憲法第四条の『天皇は〝国家元首〟云々』は、すなわち機関説なり。これが改正をも要求するとせば、憲法を改正せざるべからず」

と言われている。これは、武官長の「軍においては、陛下を現人神《あらひとがみ》と信仰申し上げ……」への天皇の答えだが、この言葉は、見方によっては「憲法では自分は元首という機関である。現人神と言いたいなら、憲法をそう改正してからにしろ」と言われているようにも受け取れる。

在郷《ざいごう》軍人などの排撃論者の中には、「機関」という言葉を「蒸気機関」の機関のように思って「信念」を述べていた者もいたというから、こうなるともう始末が悪い。

それは度外視するとしても、機関説排撃の影響は戦後の天皇の戦争責任論にまで及んでいる。というのは「天皇と議会とは同質の機関と見做され、一応天皇は議会の制限を受ける」のなら、当然に「帝国議会の戦争責任」は問われねばならない。この点、前述したように近衛の言葉（168ページ）はおかしい。

機関説否定は、天皇絶対とすることによって一切合財《いっさいがっさい》の責任を天皇に負わせることが出来るが、その責任に対応する権限は「機関としての天皇」に一切与えてはいなかったという妙な結果になっている。戦後、この点を的確に指摘しているのが津田左右吉《つだそうきち》博士である。

ただここで一言、真面目《まじめ》人間の本庄侍従武官長を弁護するとすれば、その原因は政党の腐敗にあったであろう。今日的に表現すれば「リクルート内閣に管理され、その命令で死ねるか！」といった感情であろう。本庄侍従武官長が言っているのは、こういった感情の代弁である。

「盲信の構造」——なぜ、北が神格化されたのか

　こうなると、二・二六事件における青年将校の立場は、何ともいえない奇妙なものになるが、それは機関説排撃以後の、天皇と軍部との関係の縮図といえる一面がある。もっともこれはあくまでも一面で、機関説の北一輝を青年将校がなぜ神格化したかは、また別の問題である。

　彼らは『国体論及び純正社会主義』は、まず読んでいないと見てよい。彼らのバイブルは『日本改造法案大綱』だが、全編を精読したのは磯部、村中、安藤の三人だけであろう。もっとも秩父宮は安藤とともに読んだといわれる。それが事実ならば、秩父宮が天皇に「憲法停止・御親政」と言われた言葉（163ページ）の内容がはっきり分かる。それは明治憲法でなく『日本改造法案大綱』どおりに行なわれたいという要望であろう。そしてたとえ全文を読んだ者は少なくとも、二・二六事件の全将校が、冒頭は読んだであろうと思う。次に引用しよう。

　「憲法停止。天皇は全日本国民とともに国家改造の根基を定めんがために、天皇大権の発動によりて、三年間憲法を停止し、両院を解散し、全国に戒厳令を布《し》く」

これがおそらく、秩父宮が天皇に主張したと『本庄日記』に要約された「憲法停止・御親政」の「全文」である。

「権力が非常の場合、有害なる言論または投票を無視し得るは論なし。いかなる憲法をも議会をも絶対視するは、英米の教権的『デモクラシー』の直訳なり。これ『デモクラシー』の本面目《ほんめんぼく》を蔽《おお》う保守頑迷《がんめい》の者、その笑うべき程度において日本の国体を説明するに高《たか》天《ま》ケ《が》原《はら》的論法を以てする者あると同じ」

この北一輝の主張は注意を要する。彼は決してデモクラシーそのものを否定していない。ただその「直訳」が「『デモクラシー』の本面目を蔽う保守頑迷の者」によって利用されており、「数に絶対の価値を付して質がそれ以上に価値を認めらるべき者なるを無視したる旧時代の制度を、伝統的に維持せるに過ぎず」と彼は言う。これに似た主張は戦後にもあり、「数に絶対の価値を付」す、「多数の横暴」という言葉は、しばしば新聞紙面に出ている。彼はこの「数の絶対」を「高天ケ原的神がかり」と違わないと言う。ではこれに対して、どうすべきだと北は主張するのか。

「『クーデター』を保守専制のための権力乱用と速断する者は、歴史を無視する者なり。奈翁《ナポレオン》が保守的分子と妥協せざりし純革命的時代において、『クーデター』は、議会と新聞の大多数が王朝政治を復活せんとする分子に満ちたるを以て、革命遂行の唯一道程として行ないたるもの。また現時露国《ロシア》革命において、『レニン』が、機関銃を向けて、妨害的勢力の充満する議会を解散したる事例に見るも『クーデター』を保守的権力者の所為と考うるは、甚《はなは》だしき俗見なり。

『クーデター』は、国家権力すなわち社会意志の直接的発動と見るべし。その進歩的なるものにつきて見るも国民の団集そのものに現わるることあり。日本の改造においては、必ず国民の団集と元首との合体による権力発動たらざるべからず」

このあたりに青年将校はシビレたのであろうが、この『日本改造法案大綱』は奇妙な「予言」になっている点は見逃すべきではあるまい。

というのは、朝鮮半島において李承晩《りしょうばん》・張勉《ちょうべん》政権をクーデターで倒して出現した朴《ぼく》・全《ぜん》両政権の出現（一九六一年）は、この北一輝の主張と一脈相通ずるところがあるといってよい。さらに彼の計画する政権の性格にも似た点がある。

いわば後発の国が、先進国のデモクラシーを「直訳」して、やみくもにその方向に進もうとしたときに生ずる一般的現象なのかもしれない。

社会民主主義に共感を抱いたのは、〝時代〟だった

簡単に言えば、磯部浅一らの青年将校が企図したのは、天皇をかついでの軍部独裁内閣であり、戒厳令のもとで憲法を三年間停止し、その間に国内の一大改造をやろうということで、こういったケースは戦後の中進国に実に数多く起こっている。もっとも三年先に民政に移管するといった計画があったかどうかは明らかではない。否《いな》、それどころか、決起後の新しい体制さえ彼らには明確であったとは思えない。ただ彼らは、『日本改造法案大綱』の次の部分は読んでいたであろう。

「天皇は国民の総代表たり。国家の根柱たるの原理主義を明らかにす。この理義を明らかにせんがために、神武国祖の創業、明治大帝の革命に則《のっと》りて宮中の一新を図り、現時の枢《すう》密《みつ》顧問官その他の官吏を罷免《ひめん》し、以て天皇を輔佐し得べき器を広く天下に求む。

華族制を廃止し、天皇と国民とを阻隔《そかく》し来《きた》れる藩屏《はんぺい》を撤去して、明治維新の精神を明らかにす。

貴族院を廃止して審議院を置き、衆議院の決議を審議せしむ。

審議院は、一回を限りとして、衆議院の決議を拒否するを得《う》。

審議院議員は、各種の勲功者間の互選および勅選による。

二十五歳以上の男子は、大日本国民たる権利において、平等普通に衆議院議員の被選挙権および選挙権を有す。

地方自治会またこれに同じ。

女子は参政権を有せず」


これにつづいて彼が記す財閥の解体、皇室財産の国有化などまで進むと「『女子は参政権を有せず』を除きますと、何だかマッカーサー改革に似ていますね」という人がいる。

さらに私有財産の制限、私有農地の制限、基幹産業の国有化へと進むと、彼自身の自己規定の如くに、彼は社会民主主義者だという気がしてくる。そして基幹産業は、銀行省、航海省（造船を含む）、鉱業省、農業省、工業省、商業省、鉄道省が自ら行なうとなると、戦後の一時期〝世界的流行〟ともいえる「基幹産業国有化指向」を思わす。

いまは逆に、これを再民有化しようという〝サッチャリズム〟の時代、中国はもちろんソビエトでさえ、一部〝私有化〟を認めざるを得ない時代となった。しかし、これは最近のことで、それまでの世界的風潮は決してそうではなかった。

そういう時代には北一輝が先覚者のように見え、二・二六事件に新たな評価を下す人が現われても不思議ではない。〝社会民主主義者・北一輝〟に強い共感を抱いたのは何も〝全共闘の学生〟とそのシンパだけではない。そういう人から見ると、天皇はまことに頑迷な重臣たちの「ロボット・鈍行馬車」、というより、重臣の中心で「凡庸で困る」存在、磯部浅一が呪いに呪った対象に見えてくる。

私自身、当時のことを知っている人間として批評ないし感想を求められたことは一再ではない。そしてその際につくづく思うことは、その時代が過ぎると、その時代の人が実感していた事実は、結局は分からなくなるということである。

というのは彼は、この革命の実施は、天皇を長とする軍（陸軍）が在郷軍人とともに実施すべきだと考えた点である。これが、彼の考え方がナチスともファシストとも違う点であった。彼ら（ナチス・ファシスト）は革命の手段に軍隊を用いておらず、あくまでも議会で多数党となり、その多数にファシスト独裁法やナチス授権法（ナチスに全権を委任する法）を制定させることにより、独裁権を獲得するという方式である。両国では軍は動いていない。

この点、『日本改造法案大綱』の発行が大正八年であることは注意する必要があろう。いわば、まだファシストもナチスも出現しておらず、彼自身が参加したのは中国の辛亥《しんがい》革命である点である。簡単に言えば、彼は日本軍に〝解放軍〟を期待したわけである。

彼は軍と在郷軍人に期待した。たとえば農地を制限し、一定以上を国有地とする場合「在郷軍人団会議は在郷軍人団監視の下に私有地限度超過者の土地の価値徴集に当たることとする」と記す。いわば、天皇は戒厳令施行中に、在郷軍人団を、改造内閣の直属機関として国家改造中の秩序を維持させるとともに、全日本の私有財産限度超過者の調査・徴集に当たらせるわけである。

そして互選により在郷軍人団会議を造らせ、これを常設機関とするという。

いわば軍人と在郷軍人で全日本を抑え、その革命の勲功者の互選で審議院をつくり、在郷軍人団会議を母胎に衆議院の選挙を行なえば、それは結果においてファシスト独裁法に似た軍部独裁法へと進む、ということであろう。

余談になるが、私が日本の新聞を信用できない理由の一つは、この種の〝改革〟に常に共感と賛同を示すことである。

私のような「軍」にいたことのある人間には、それが「官軍」と呼ばれようと「解放軍」と呼ばれようと、また「連合赤軍」と呼ばれようと、もうたくさんだという気がする。

「御公家《おくげ》かついで壇《だん》の浦《うら》」

以上で充分であろう。以上を読まれただけで、なぜ青年将校が『日本改造法案大綱』を聖典のようにしたかの理由が納得出来るであろう。

と同時に、それによって生まれた社会での現実がどんなものか、戦前を経験された人はある程度想像がつくであろう。それは戦争末期とやや似た状態である。すなわちあらゆるところで軍人・退役軍人・在郷軍人が権力を揮《ふる》い、軍隊的な高圧的な態度で国民を圧服させ、無言の隷従《れいじゆう》を強《し》いた時代であった。われわれの世代は、それに何らかの評価を与え得ることは出来ない。

そして私の世代が、昭和天皇に何らかの親近感を持つのは、天皇がそれを受けつけなかったということを、何となく感じとっていたからである。

革命が天皇によって阻止されたことを知ったとき、磯部浅一が天皇を呪いに呪っても不思議ではない。そして、前述のようにその呪いは、天皇以外のものにはある種の作用を及ぼした。彼らに非常に同情的だったのが近衛である。当時のいわゆる革新派は、二・二六方式は諦《あきら》め、ナチス型で目的を達成しようと方向を変えた。すなわち大政翼賛会をつくり、議会を無力化し、ナチス授権法のような法律をつくって独裁権を行使しようとする行き方である。これはある程度は成功したが、彼らの前には憲法と天皇があり、司法権の独立は如何《いかん》ともしがたい。

翼賛会に挑戦した尾崎行雄を告訴しても無罪になる。同じように津田左右吉博士は免訴になる。気に入らぬ者はナチのようにガス室に送り込むことは出来ない。さらに、陸海軍は別々で一体化しておらず、むしろ反目している。法律は、枢密院《すうみついん》で違憲か否《いな》かを審査された上でなければ、上奏・裁可は不可能である。

意志弱き「仮装のヒトラー」近衛は、中途半端で投げ出してしまう。ヒトラーやスターリンのように強権の発動はもとより不可能であったのは幸いであったが、これが一面では不幸であった。時代は、近衛内閣の外相を辞任せざるを得なくなった宇垣一成《うがきかずしげ》が言ったように「御公家かついで壇の浦」へと進んでいく。

天皇機関説のどこが問題にされたのか

問題はどこにあったのであろう。天皇機関説は明治憲法の当然の帰結であり、天皇は憲法を絶対としているから、機関説を当然とし、そのとおりに実施している。では、機関説の問題点とはどこなのか。

現在では「国会は国権の最高機関」であり、誰もこれを不思議としない。では戦前はどうであったのか、実は同じであった。

前記の問題点をもう一度記しておこう。

一木喜徳郎《いちききとくろう》は「天皇と議会とは同質の機関と見做《みな》され、一応、天皇は議会の制限を受ける」

美濃部達吉は、「立法権に関する議会の権限を天皇のそれと対等なものに位置づける」「原則として議会は天皇に対して完全なる独立の地位を有し、天皇の命令に服するものではない」である。

アメリカの大統領が持つ「拒否権」は天皇にはない。また天皇は国会の制定した法律を拒否した例はないし、あるはずもない。また国会の議決した予算に停止を命じたこともなく、何らかの増額・減額を命じたこともない。大体国会は「天皇の命令に服するものではない」のであり、逆に「天皇は議会の制限を受ける」のである。

前に、政府には軍を抑えることは出来ないと言った近衛の言葉（168ページ）は「逃げ口上」だと述べたが、軍を抑えるか野放しにするかの権限は、軍事予算を握っている者が握っている。たとえ美濃部学説どおりにならなくても、この点では変わりはない。

近衛が「不拡大方針」を宣言したなら、拡大できないように「臨時軍事費」の全額は削《けず》ればよい。彼にはそれが出来ない。出来ないのは勇気がないことと軍の行為を妙に容認する点があったからだが、戦後になると、これは「天皇親政のたてまえ」から天皇しか出来なかったのだと言う。

では、天皇に出来るか。機関説に基づけば、「議会は天皇の命令に服するものではない」

し、出来ないに決まっている。では、機関説を否定すれば出来るか。もちろん出来ない。明治憲法がある限りは――。

当時でも内閣は議会の信任を必要とする。では議会で信任された内閣の閣僚と天皇の関係はどうなるのか。一木喜徳郎は次のように記す。

「憲法が国務大臣は元首の行為についても責に任ずることを規定せるは、すなわち、国務大臣に与うるに元首の命令の適法なるや否《いな》やを審査するの権を与うることを包含するものと認めざるべからず」「国務大臣は一方においては元首の命令の適法なるや否やを審査するの権を有し、したがって、その違法と認むるものは、これを執行せざる責任を有する」

立憲君主制とは制限君主制であり、天皇自らが言われているように、「憲法の命ずるところにより」すべてを行なうのであるから、もし天皇の命令が「違法」なら、大臣はこれを「執行せざる責任を有する」。右翼はこれを、大臣を天皇の上に置くものとして激しく攻撃したが、もちろんこれは誤りで、天皇の上にあるのは憲法であって大臣ではない。

いわば「絶対」なのは憲法であって「天皇」ではない。そしてこれを制定されたのは明治大帝であり、その点で、天皇にとっては「皇祖皇宗の遺訓」であり、これを絶対に守る。そしてこれは現実に行なわれており、天皇の裁可は、すべて大臣の副署が必要である。いわば天皇機関説は、明治憲法の下で現に行なわれていることをそのまま記しているのであり、それは「天皇機関説」を非難攻撃したところで、変更されたわけではないし、また天皇に変更する意志はない。

それなのに、これを否定する「国体明徴《こくたいめいちょう》運動」が起こり、議会は国体明徴決議なるものを行なう。「機関説」は封じられ、日本人はすべて天皇の意志どおりに動くべきだといった言説が出てくる。国民は何となくそんな気持ちになる。ところが、実際には「機関説」どおりで何一つ変わってはいない。

前述のように、天皇はこれを「神学論争」のように言われたが、まことに適切な表現である。というのは神学論争でいずれの側が勝とうと現実には何の変更もない。しかし、勝者は反対者に「異端」のレッテルを貼ってこれを葬《ほうむ》ることは出来る。確かに〝異端者〟は次々に葬り去られたが、最大異端者・天皇は葬り去るわけにいかない。

天皇は終戦の時まで明治憲法どおりで、その頑固とさえ感じられる持続力は、少々不思議に思える。というのは普通の人間なら少々ぐらぐらするであろう。当時の〝空気〟を知っている私には、天皇のこの異常なまでの「頑固さ」と「継続性の保持」は、とうてい常人の為《な》せるわざとは思えない。

そして諸外国の天皇への誤解は、主としてこの点にある。というのは世界史において、制限君主制の下で、この制限を破ろうとするのが君主で、破らせまいとするのが議会であるのが普通であった。すなわち「国王と議会との闘争」である。ところが日本では「憲法停止・御親政」、すなわち天皇独裁を主張する強力な勢力があるのに、君主自身が頑《がん》としてこれを拒否し、一心に「制限の枠」をその自己規定で守っている。これは世界史に類例がない不思議な現象だから、例外的な一部の知日家を除けば、この点を誤解するのは当然であろう。

誤解は外国人だけではない。一般の日本人も、機関説が否定されると「明治憲法絶対」でなく「天皇絶対」のように錯覚する。一木・美濃部学説を話すと、今でも「本当にそんな説があったのですか」と驚く人が、戦後生まれはもちろん、戦前人にもいる。あったかどころか一木喜徳郎は枢密院議長であり、美濃部達吉は東大法学部の憲法の教授、当時の高級官僚はみな彼の弟子である。そして昭和十年までこれが当然であったし、その後の天皇は、実際にはこのとおりに実行している。

ただ「機関説否定＝国体明徴＝天皇絶対」をそのまま受け取り、戦後にそれを裏返すと、すべての責任は天皇にあったことになってしまう。前述のように、これを的確に指摘しているのが津田左右吉博士である。

天皇の戦争責任を論ずる人の言説に耳を傾けていると、時々、妙な気持ちになる。その人は「機関説否定・天皇絶対」を今でも裏返しに信じているような気がしてくるからである。また時には、機関説を保持する北一輝に心服しつつ、機関説排撃に決起した青年将校の「盲信の悲劇」の裏返しを感ずる場合もある。

しかしその悲劇には起こるべき理由があった。いまの国会は立派だと言いかねるが、各人が一応生活していければ世の中は落ち着いている。一方戦前の帝国議会は、お世辞にも今の国会より立派とは言えない。そして社会には、現実に食えない人が充満していた。

一方、ファシストのイタリアもナチスのドイツも、あらゆる問題を実に能率的に克服して、すべての問題を一掃したように見えた。否《いな》、少なくとも新聞はそう報じた。それは中国の「大躍進」や「文化大革命」のときの報道と共通する一面を持っていた。それに、少なくとも一部の人間がどのように反応したかは、現在でも、ある程度は想像可能であろう。

幕藩体制から明治維新、急速な近代化と有色人種唯一の完全な独立国家の維持、その背後にある恐るべき貧困という「歴史的実体」と「明治憲法という青写真」の乖離《かいり》、その焦点にいたのが天皇であった。その天皇をどう評価するか。これはそのまま、昭和戦前の「時代評価」に通ずる問題だが、これについては後に記すことにしよう。

十章

「憲政の神様」の不敬罪

——東条英機は、なぜ尾崎行雄を起訴したのか

あけがたの　寒きはまべに　年おいし
あまも運べり　あみのえものを

〈御製〉▼昭和十六年、歌会始にて

尾崎演説の何が東条首相を怒らせたのか

天皇自身が機関説を信奉して、そのとおりに行動し、前述のように「ああいう学者（美濃部博士）を葬ることは、すこぶる惜しい」と言われても、もし彼が不敬罪で起訴されて有罪の判決を受ければ、天皇はこれをどうも出来ない。天皇は議会に命令を下すことが出来ないのと同様に、司法権にも命令を下すことが出来ない。もしこれに干渉すれば、美濃部博士を救うことは出来たかもしれないが、機関説はそれによって葬られる。これが憲政である。

美濃部博士は、貴族院議員を辞職せざるを得なかったが、起訴猶予となった。しかし尾崎行雄も津田左右吉もそうはいかなかった。もっとも尾崎行雄は大審院（最高裁）で無罪、津田左右吉は二審で免訴だが、一審では共に有罪の判決を受けている。

尾崎行雄の場合は、彼自身が指摘したように、東条首相が政敵を抹殺《まっさつ》するため行なった法の悪用であろう。しかし曲がりなりにも憲法が存続している日本では、東条は、司法権に干渉して尾崎行雄を抹殺することはできなかった。

尾崎が東条を怒らせた本当の理由は、『東条首相に与えた公開状』（昭和十七年四月）であろう。「帝国憲法は明治天皇陛下が、非常の御辛労を以て皇室と人民とのために、御制定遊ばされ……」にはじまるこの公開状は、翼賛選挙なる「一種の選挙干渉」が、ついには議会を官選に等しくする「非立憲的動作」であるとし、すみやかに選挙干渉を止めるよう要求し

尾崎行雄

た点にあると思われる。

同時に『最後の御奉公につき選挙人諸君に御相談』という立候補趣旨説明で、「明治大帝が畢生《ひっせい》の御心労を以て、御制定遊ばされた憲法政治のために、身命《しんみょう》を擲《なげう》つのが、最善にして、かつ最後の御奉公だと信じます」と立候補の目的を述べ、さらに当時「社会主義者」以上に軍部から非難された「自由主義者」を採りあげ、「口をきわめて自由主義を悪罵《あくば》することは、明治大帝や大正天皇の御行為を誹謗《ひぼう》する事にもなりはしますまいか」等々と彼が言った点であろう。

これらを通読すると「東条政治は憲政違反」と言っているように感じられる。これは戦前の選挙演説を考える場合、きわめて貴重な資料だから、その一部を次に引用しよう。

「近来我《わが》選挙区にも、㈠自由主義者、㈡個人主義者、㈢民主主義者、㈣平和主義者、㈤親米英派、㈥軍縮論者、㈦翼賛運動反対者等の臭味《しゅうみ》ある者をば、選出すべからずと勧説《かんぜい》する者があるそうです。これは尾崎には投票するなというに均《ひと》しい言行です。

もしそれが直接と間接とを問わず、租税や官僚の援助を受くる者の所作《しょさ》であるならば明白な選挙干渉で、憲法および選挙法等に違背《いはい》する行為です。明治二十五年の大干渉にすら屈せずして、私を選挙した諸君ですから、これくらいの干渉は物の数でもありますまいが、あまり辻褄《つじつま》の合わない申し分ですから、一応弁明いたします。

第一、こんな事を流布《るふ》する人々は、自由主義を我儘《わがまま》勝手に私利私益のみを追及するものとでも誤解しているのでしょう。帝国憲法は、第一章において、天皇の大権を規定し、第二章において、臣民の権利義務を規定していますが、兵役・納税の義務に関する第二十条と第二十一条を除けば、その他の十一条はことごとく臣民の権利と自由を保証したものであります。故《ゆえ》に帝国憲法は自由主義の憲法だと申しても差支《さしつか》えないのです。

帝国憲法第十九条は、日本臣民は（中略）均《ひと》しく文武官に任命せられ、およびその他の公務に就《つ》くことを得《う》と保証し、

第二十二条は、居住および移転の自由を保証し、

第二十三条は、身体の自由を保証し、

第二十四条は、正当なる裁判官の裁判を受くるの権利を保証し、

第二十五条は、住所の侵入および捜索を拒《こば》む権利を保証し、

第二十七条は、所有権を保証し、
第二十八条は、信教の自由を保証し、
第二十九条は、言論集会および結社の自由を保証し、
第三十条は、請願権《せいがんけん》を保証しています。
かくの如き明文あるにもかかわらず、自由主義を排斥《はいせき》する人々は我が憲法を非認し、明治大帝の御偉業に反対するのでしょうか。自由の反対は非自由で、奴隷生活、監獄生活のようなものだが、真にこれを好む者がありましょうか、物は少し考えて言うべきだ。
かつて自由主義の英国と同盟条約を結んだとき、明治大帝は大いにこれを嘉賞《かしょう》し、時の内閣大臣をば一人残らず叙爵《じょしゃく》または昇爵せしめ給わりました。大正天皇は秩父宮殿下を自由主義の英国に留学せしめ給わりました。今日英米と開戦したからと申しても、これらの事実は、消滅しません。口をきわめて自由主義を悪罵することは、明治大帝や大正天皇の御行為を誹謗《ひぼう》する事にもなりはしますまいか」（後略）
実は以上の全文がそのまま選挙民に配付されたのではない。「かくの如き明文あるにも……」以下は、ほとんどが削除されている。その例を示すと、

「第三、民主主義はデモクラシーの反訳語《ほんやく》で、民本主義、民衆主義などと訳す人もあるが、要するに――――する政治形体、すなわち独裁専制の反対で、――――これをとやかく言うものは、文字の末に拘泥《こうでい》して、基本義を解し得ない人でしょう」

といったぐあいである。消された部分は、原文によると、まず「世論公議を尊重」で、次が「明治天皇が御即位の初めにあたり『万機公論ニ決ス』と誓わせ給いたるわが皇道政治と異語同質のものであります」である。

いわば「明治大帝の御偉業に反対する」憲法無視とか、「五箇条の御誓文」の第一条とかを持ち出されることに、東条政権がどれくらい警戒していたかは、これを見るとよく分かる。

「天皇と同意見だと不敬罪」の不思議

尾崎行雄のこの文書は、今まで見てきた天皇の平生の意見、すなわち「五箇条の御誓文」と「明治憲法」の絶対化とほぼ同じであると言ってよい。まことに皮肉なことに、天皇とほぼ同じ意見を述べると不敬罪になる。

もっとも、この「文書」だけでは不敬罪に出来ないから、東条はおそらく機会を狙っていたのであろう。それは田川大吉郎《たがわだいきちろう》（代議士、自由主義者）の応援演説のときに来た。これが当時いわれた「尾崎行雄の天皇三代目演説」である。

私は、昭和十七年四月「尾崎行雄、舌禍《ぜっか》事件のため不敬罪で起訴」という新聞記事を見、十月には徴兵で軍隊に入り、やがて戦場に送られたので、詳しいことは分からなかったが、「三代目」といえば何を言ったかは想像がつく。私の想像、それはおそらく多くの人の想像であったであろうが、それがいかに間違っていたか、またいかに事実が歪《ゆが》められて伝えられていたかを知ったのは、戦後相当たって、原資料を読んだときであった。俗にいう「三代目演説」とは次の部分である。

「明治天皇が即位の始めに立てられた五箇条の御誓文、御同様に日本人と生まれた以上は何人といえども御誓文は暗記していなければならぬはずであります。これが今日、明治以後の日本が大層よくなった原因であります。明治以前の日本は大層優《すぐ》れた天皇陛下がおっても、よい御政治はその一代だけで、その次に劣った天皇陛下が出れば、ばったり止められる。

ところが、明治天皇がよかったために、明治天皇がお崩《かく》れになって、大正天皇となり、今上《きんじょう》天皇となっても、国はますますよくなるばかりである。

普通の言葉では、これも世界に通じた真理でありますが、『売家《うりいえ》と唐様《からよう》で書く三代目』と申しております。たいそう偉い人が出て、一代で身代《しんだい》を作りましても二代三代となると、もう、せっかく作った身代でも家も売らなければならぬ。しかしながら手習いだけはさすがに金持ちの息子でありますから、手習いだけはしたと見えて、立派な字で『売家と唐様で書く三代目』、実に天下の真理であります。

たとえばドイツの国があれだけに偉かったのは、ちょうどこの間、廃帝になってお崩《かく》れになった人（ウィルヘルム二世、亡命先のオランダで一九四一年没）のお爺《じい》さん（ウィルヘルム一世）の時に、ドイツ帝国というものが出来たのである。三代目にはあのとおり。

イタリアが今は大層よろしいけれども、今のイタリアの今上陛下（ビットリオ・エマヌエル三世）がやはりこの三代目ぐらいでありますが、いまだ、皇帝の位にはお坐《すわり》になって居《お》られますけれども、イタリアに行ってみれば誰も皇帝を知らず、我がムッソリーニを拝んでおります。イタリアにはムッソリーニ一人あるばかりである。

皇帝の名すら知らない者が大分ある。これが三代目だ。人ばかりではない。国でも三代目というものは、よほど剣呑《けんのん》なもので、悪くなるのが原則であります。

しかるに日本は、三代目に至《いた》ってますますよくなった。何故《なにゆえ》であります。明治天皇陛下が『万機公論に決すべし』という五箇条の御誓文の第一に基づいたずっ（ママ）と掟《おきて》をこしらえた。それを今の言葉で憲法と申しております。その憲法によって政治をするのが立憲政治である。立憲政治の大基を作るのが今日やがて行なわれる所の総選挙である……」

この末尾の部分、五箇条の御誓文の第一条を憲法という、といっているのは少々おかしいが、これは速記の誤りであると『いわゆる不敬演説に関する余の弁明』の中で彼は述べている。この外にも誤記らしいところがあるが、演説の論旨を彼は撤回も否定もしていない。

たしかにこの部分、および他の演説会場で行なった演説の似た部分を取り、不敬罪として彼を逮捕したのはおかしい。これは「言いがかり」であり、彼らが問題にしたのは東条はもちろん、近衛もまた、明治憲法に違反すると指摘している点であろう。尾崎はさらに、ヒトラーやムッソリーニを賛美する者がいるが、秦《しん》の始皇帝も同じことをしていると述べる。

「(そのやり方を)一番立派にやったのが秦の始皇帝であった。儒者等を皆殺ししてしまったり、書物を焼いてしまった。ヒットラーが大分その真似《まね》をしている。反対する者はみな殺した。そして強い兵隊を作って六合《りくごう》(天下)を統一して秦という天下を作りました。ちっとも珍しくない。秦の始皇帝は、よほど立派に今のヒットラーやムッソリーニのやり方をしております」

と述べ、全体主義的独裁政治など過去においていくらでもあったもの、いまさら称賛することではあるまいと強調し、ついで日本へと進み、次のように述べる。

「その（始皇帝の）真似をヨーロッパの人がしているのである。本家《ほんけ》本元《ほんもと》は東洋にある事を知らないで、今の知識階級などといって知ったふりをしている者は、外国の真似をしようとして騒いでいる。驚き入った事である。

官報をお読みになると分かりますするが、私が前の前の議会に質問書を出して、官報に載《の》っております。天皇陛下がある以上は全体主義という名儀の下に、独裁政治に似通《にかよ》った政治を行なう事が出来ぬものであるぞと質問した。これに対して近衛総理大臣が変な答弁をしておりますけれども、まるで答弁にも何にもなっておりませぬ。

秦の始皇、日本の天皇陛下が秦の始皇になれば、憲法を廃してああいう政治が出来る。しかしながら、もう日本の天皇陛下は、明治天皇の子孫、朕《ちん》および朕が子孫はこれ（明治憲法）に永久に服従の義務を負うと明言している（憲法発布勅語のこと）以上は、どうしても、天皇陛下自ら秦の始皇を学ぶ事は出来ぬ。そうすると誰がしなければならぬか、誰が出ても、天皇陛下があり、憲法がある以上は、ヒットラーやムッソリーニの真似は出来ませぬ。このくらいの事は分かる。憲法を読めばすぐ分かります。
憲法を読まぬで勝手な事を言う人があるのは、実に明治天皇畢生《ひっせい》の御事業は、ほとんど天下に御了解せられずにいるように思いまするから、私どもは最後の御奉公として、この大義を明らかにして、日本がこれまで進歩発達したこの道を、ずっと進行せられたい……」

近衛・東条の翼賛《よくさん》体制への痛烈な批判

尾崎行雄は、起訴されても発言はやめず、痛烈に政府を批判し、『憲政以外の大問題』を公表した。これはまず「(イ)輔弼《ほひつ》大臣の責任心《(ママ)》の稀薄（むしろ欠乏）なる事、(ロ)当局者が、戦争の収結に関し、成案を有せざるように思われる事、否《いな》、その研究だも為《な》さざるが如く見える事」にはじまる批判である。

それを読むと、昭和十七年の東条政権下において、これだけのことが言えたという点で、曲がりなりにも明治憲法が存続した日本は、強制収容所からガス室に連行させられたナチス治下のドイツ人より、まだましな状態にあった。そして彼が提出している問題点は、天皇が軍部にしばしば詰問的にただしたお言葉と、不思議なほどの共通点を持っている。すなわち、

「(イ)支那事件の起こるや、彼らはこれを戦争といわず、単に事変《じへん》と称し、宣戦の詔勅も請《こ》わずに、大軍を動かした。

(ロ)彼らはまた短日月間に該事件を収結し得ると誤想したものと見え、『速戦即決』と唱えたが、すでに五カ年を経過しても、なお収拾することが出来ない」

にはじまる問題点の指摘である。

そのすべてを記す余裕はないが、彼が述べている重要な点、および最後に述べている結論的な部分を次に引用しよう。

「万一独伊が敗れて、英米に屈服した時は、我国は独力を以《もつ》て支那および英米五、六億の人民を打倒撃滅し得るだろうか。真に君国を愛するものは、誠心誠意以てこの際に処する方策を講究《こうきゅう》しなければならぬ。無責任な放言壮語は、真誠な忠愛者の大禁物である。

独伊は敗北の場合をも予想し、これに善処する道を求めているようだが、我国人は独伊の優勢の報に酔い、一切《いっさい》そんな事は、考えないらしい。これ予《よ》が君国のため、憂慮措《お》く能《あた》わざる所以《ゆえん》である」

「我国人中には、独・伊・露などの独裁政治を新秩序と称して歓迎し、世論民意を尊重する所の多数政治を旧秩序と呼んで、これを廃棄せんとするが如き言行を為すものが多いようだが、彼らはこの両体制の実行方法と、その利害得失を考慮研究したのであろうか。いやしくも虚心坦懐《きよしんたんかい》に考慮すれば、両者の利害得失は、いかなる愚人といえども、分明《ぶんめい》にこれを判断し得べきはずだ」

いま読めば当然のことを言っているようだが、これは日中友好ブームや文革時の毛沢東礼賛の新聞世論の時代に「文革はいずれ破綻《はたん》する」と見てこれを批判し、日本と比較して、いずれがよいか「いかなる愚人といえども」分かるはずだと言うのと同じような、否《いな》、それ以上の困難である。独伊は毛沢東の「大躍進」や「文革」のように絶対化されていた。彼はさらにつづける。

「国家非常の事変に際会して、独・伊・露は、新奇の名義と方法を以て、古来の独裁専制主義を実行し、一時奇効（思いもよらない功績）を奏しているように見ゆるが、この体制は、昔時《せきじ》と違い、文化大いに進歩した今日以後においては、決して平時に永続し得べき性質のものではない。平和回復後は、露国人はともかくも独伊人は多分その非を悟って、自由と権利の復活を図《はか》るに相違ない。

彼らは個人を否認すれど、国家も世界も、個人あってはじめて存立するものである。

自由も権利も保証せられざる個人の集団せる国家は、三、四百年前までは、全世界に存在した。それがいかなるものであったかは、歴史を繙《ひもと》けばすぐ分かるが、全世界を通して、事実的には『斬捨御免《きりすてごめん》』『御手打御随意《おてうちごずいい》』の世の中であった。独・伊・露は、異《こと》なった名義の下に現在これを実行している。故に現代人のいわゆる新秩序新体制なるものは、数千年間、全世界各地に実行した所の旧秩序・旧体制に過ぎないのである」

不刑罪――刑にあらざる罪

彼への第一審判決は「懲役八カ月、執行猶予二年」であった。これに対して彼は『不刑罪《（マヽ）》の宣告を受けて』という声明を発表している。この「不刑罪」という奇妙な標題は、どうも誤字ではなく、本文を読むと「刑にあらざる罪」の意味ではないかと思う。というのは「三代目」の表題が「儀礼的欠如」だというなら、そんなことは「刑にあらざる罪」だという意味のことを彼は記しているからである。

全文を引用する余裕がないので、末尾の結論のところだけを採りあげよう。結局、実質的に憲法を棚上げし、翼賛的独裁政治を実施しようとする近衛・東条の意図を、イタリアにおけるムッソリーニを例に引き、それは天皇棚上げに等しいと言ったことが、東条にとって最も痛いところを衝《つ》かれたのであろう。だがこの見方は、翼賛会を幕府にたとえた天皇の見方と同じなのである。

この「憲政の神様」は彼らにとって、まことにうるさい、沈黙させたい存在であった。その判決に対して彼は次のように言う。

「今回予《よ》に対して不敬問題の提起せらるるや、予は、政治的に予を葬り去らんと欲する予の政敵の毒計に基図《きと》するものと想定した。故《ゆえ》に予は政敵の希望どおりの濫刑酷罰《らんけいこくばつ》を受ける方が、将来、司法部改善、憲政確立の原因となり、したがって予が御奉公の一端となり、逆効果を生むだろうと考えた。

しかるに、予が友人中には『現在の司法部は、往時《おうじ》と違い、すでに大いに改善せられて、独立の実を挙げており、行政部に服従もしくは迎合するが如き憂いはないから、逆効果などを望まずして、司法部を信頼すべき』旨を勧告するものが多かった。よって予は最初の方針を一変し、なるべく言行を温順にし、司法官の為す所に一任することに改めた。

しかしその結果は、最初予の予想したとおりであった。この結果を見て、予は法廷において思う存分に当局者を論難攻撃し、彼らを憤激せしめた方が、彼らの非行を増加すると同時に、司法部改善の原因をも増加する結果を生じ、したがって逆効果が一層多大になっただろうと思った。

いや、それまで心配せずともよかろう。予を不敬罪に陥《おとしい》れただけでも、司法部と行政部の主従関係を証明するには、充分であろう。独伊模倣の狂風がやんで、憲政再興の時期が到来すれば、今回の羅織《らしょく》（人を陥れるたくらみ）も、一動機となって、司法権独立の機運が興《おこ》るであろう。もしそうなれば、予が今回の冤罪《えんざい》は、かえって君国の慶福を産み、平生の希望どおり、御奉仕の結果を生ずるかもしれない」

「意見の相違は、法律上の問題にはならない」

彼が心配したほど司法部は行政部すなわち東条内閣に屈従していなかった。このことは大審院の無罪の判決が示しているであろう。この点で、彼の『不刑罪の宣告を受けて』と『大審院への上申書』も何らかの影響を与えていたのかもしれぬ。後者の中で彼は次のように述べている。

「㈠判決書の記述は、大体において、政治問題とはなるべきも、法律問題特に刑事問題に

はならない。（中略）

第二に（判決理由書は、）『近時大政翼賛会ノ設立ヲ視《み》ルヤ、被告人ハ（中略）之《これ》ヲ目《もく》シテ明治天皇ノ御趣意ニ背馳《はいち》スルモノナリト思惟《しい》シ（中略）之《これ》ニ反対ノ意向ヲ表明シ来《きたり》』云々《うんぬん》と記せり。

第三には『翼賛会政治体制協議会組織セラレ、同会ニ於《おい》テ、各選挙区毎《ごと》ニ、候補者ノ推薦ヲ為《な》スニ至ルヤ、被告人ハ、之ヲ以《もっ》テ挙国一致体制ヲ破壊シ、衆議院ガ所謂《いわゆる》民選議院ナルノ本質ヲ改変シ、憲法ニ違反スルモノナリトシテ、極力之《これ》ニ反対スルノ立場ヲ明《あきら》カニシ』云々と記せり。

右の二事を、政治的に非難するは、人々の随意なれど、法律的問題とはならない。いわんやこれを以て、不敬罪事犯の要素となすに至っては、驚くべき過誤である（極力というのも、無実の誇張である）。

予は、現在もなお右の意見を正当と信ずるのみならず、政府もまたその誤謬《ごびゅう》を悟れるものと見え、大いに対議会および対選挙の両策を改正した。

第四には『無用ニ皇室ノ御事《おんこと》ニ言及シ、皇室ニ対スル尊崇ノ念ニ欠クル所アル傾向ヲ生シ』云々と記せり。

かくの如き重大な断定を下すにあたりて、その事実も、理由も、一切挙示《きょじ》しない。予が如《ごと》く常に、皇室の尊栄を企図するものは、勢い数々これに言及せざるを得ない。かつそれが無用か必要かは、意見の相違であって、法律問題にはならない。

第五に、判決理由書は、予が選挙民に示すために起草した文書中に、臣民の権利自由を保証したる憲法の条文を掲げて、我が帝国憲法は、決して自由主義を非認するものではないことを記述し、また日英同盟条約成立の際、明治天皇は、閣僚全部に、叙爵昇爵の恩典を与え玉《たま》える事実を記述したる三事を咎《とが》めて、不謹慎となし、また『皇室尊崇ノ念ニ於《おい》テハ欠クル所アル傾向ノ現《あら》ハレノ証拠』となせり。

英米に対して開戦した今日において、これらの事実を公言するの是非得失は、意見の相違に過ぎない。これまた政治問題にはなるべきも、不敬罪の要素にはならない」

ここで尾崎行雄が言っていることは、きわめて重要であると思う。簡単に言えば、それは「意見の相違は法律上の問題にはならない」ということである。

たしかに権力者にとって、これを批判する者は、沈黙させたい対象であろう。そこでこれを沈黙させるため司法権を利用する。マスコミが第四権力となると同じ傾向を生じ、新聞社や新聞記者の中には「新聞不敬罪」が存在するかの如くに振る舞っているものもある。たしかに訴訟は、一個人にとって、そのため浪費するエネルギーと時間と費用は、耐えられないほどの負担である。

わが子を故意に餓死させたかの如き虚報のため、鉄道自殺に追い込まれた支店長の悲劇(上前淳一郎著『支店長はなぜ死んだか』文藝春秋刊)などは、このことを語っているであろう。

さらに、「訴訟」という言葉を脅迫的に用いて、言説の撤回を迫られた人も現にいる。意見の相違を〝不敬罪〟に引っかけるような傾向は、今もなくなってはいない。

「小人卑夫《しょうじんひふ》」の「野卑醜陋《やひしゅうろう》」を嘆く

彼は、さらに自らの意見を説き進める。

「予はかねてより、わが臣民をして、大国民たるの資格を維持し、かつ増進せしめたく企図している。また敵味方の区別によりて、正邪曲直《せいじゃきょくちょく》を顚倒《てんとう》するが如きは、小人卑夫《しょうじんひふ》(つまらない卑《いや》しい人間)の所業にして、わが武士道の許さざる所と信じている。したがって英米と開戦したからといって、直《ただ》ちにこれを『鬼畜』と罵《ののし》り『撃滅』と叫ぶが如きは、世界将来の平和を企図し玉《たま》える聖旨に背戻《はいれい》する所業と確信する」

事実「敵味方」になったからといって「正邪曲直」が転倒するわけではない。まして「意見の相違」をそのまま「正邪曲直」とすることは出来ない。

「故に事実と道義心をば、交戦中といえども、出来るだけ維持したく思う。したがって現在世間に横行するが如き野《や》卑醜陋《ひしゅうろう》（げびて醜いこと）の言行を矯正し、以て帝国臣民の体面を維持したく考えている。故に世俗が無用不謹慎と思惟する所の言行をも、予は国家の体面維持の必要上、時々これを為すのである。しかし、このことの当否も、政治問題にはなるが、不敬罪関係の法律問題とはならない。いわんやこの事実を以て、犯罪の要素となすに至っては、実に驚くべき羅織構陥《らしょくこうかん》的（人を陥《おとしい》れようとする卑怯な）筆鋒《ひっぽう》と評せざるを得ない」

事実、戦時中の新聞を開いてみれば、その見出しといい、内容といい、文字どおり「小人卑夫」の「野卑醜陋」の言葉の連続といってよい。それを批判したら犯罪だと言われれば、もはや国民は沈黙せざるを得ない。

一体なぜ東条は、尾崎を槍玉《やりだま》に挙げたか。理由は明らかである。簡単に言えば、彼らは二・二六事件でなし得なかったことを、別の方法で進めようとしていた。彼らは天皇機関説を非難攻撃しつつ、これを逆用した。というのは天皇は機関説どおり「立憲君主の道」から踏み出そうとしない。そして一木・美濃部説によれば「天皇と議会とは同質の機関と見做され、一応、天皇は議会の制限を受ける」「議会は天皇に対して完全なる独立の地位を有し、天皇の命令に服するものではない」のであるから、軍部が翼賛会を通じて議会を乗っ取ればよい。

さらに一木学説では「国務大臣は一方においては元首の命令の適法なるや否やを審査するの権を有し、したがってその違法と認むるものは、これを執行せざる責任を有する」のだから、軍部議会が軍部内閣をつくれば、「磯部浅一の夢」の第一段階が成立する。こうなると、ファシスト独裁法やナチ授権法に等しい軍部授権法が、事実上成立する。

こうなってしまうと、天皇に残された唯一の抵抗手段は、上奏されてもなかなか裁可しない一種の「スト」だけになってしまうが、それも限度がある。もし「意に満たぬもの」は裁可を拒否するとなれば、これは「立憲君主」ではなくなってしまう。だが、そうなれば司法権もまた屈従を強《し》いられるから、ここではっきりと独自性を示さねばならぬことになるであろう。しかし、それに進む前に『大審院への上申書』の中のいわゆる「三代目」問題に移ろう。

天皇ではなく、国民全体が〝三代目〟

「次に、予審判事が、予が引用した所の『売家と唐様で書く三代目』という川柳《せんりゅう》に重きを置き、今上陛下が、たまたま王政維新以後、三代目に当たらせ玉《たま》えるため、これを以て、不敬罪犯行の要点となせるは、甚《はなは》だしき誤解であって、なお無理に理由をつけたものである。予審判事はこの川柳を鄙俗《ひぞく》と罵《ののし》っているが、その実は、千歳不磨《せんざいふま》の金言である。故に杉浦重剛氏の如きも、御進講の際、これを引用して皇太子殿下（後の昭和天皇）の御考慮を煩《わずら》わしている」

このことはすでに述べた。いわば『倫理御進講草案』の基本は、あくまでも「三代目の守成の明君」を育てることで、信長的な「創業の英雄」を育てることではなかった。しかし「守成」は、ある面では「創業」より困難であり、天皇はこのことを『貞観政要《じょうがんせいよう》』の項で学ばれたはずである。では日本の場合はその困難はどこにあるのか。尾崎行雄は、これを「第一代目」「第二代目」「第三代目」のそれぞれの「世態民情《せたいみんじょう》」として記していく。

尾崎行雄は安政五年（一八五八年）の生まれ、明治維新となり、函館の榎本武揚《えのもとたけあき》の降伏と東京遷都が明治二年（一八六九年）、彼が十一歳の時である。廃藩置県、西南戦争が終わり、政府が各参議に立憲政体に関する意見提出を命じたのが明治十年（一八七七年）、彼が十九歳の時、このときはじめて「憲政へ」が政府の具体的研究の対象となる。

そして明治二十年（一八八七年）、保安条令（民権運動に対する弾圧法規）が公布され、片岡《かたおか》健吉《けんきち》・中島信行《なかじまのぶゆき》・尾崎行雄ら五七〇名が東京から追放された。彼が二十九歳の時で、政府の無謀さに驚き「愕堂《がくどう》」と号したが、後に、いつまでも「愕《がく》」でもあるまいと「咢堂」に換えた。

以上簡単な略記だが、幕藩時代から明治維新、そして維新政府の有司《ゆうし》専制（有司とは官僚のこと）と憲法発布を目指す時代の中で、「憲政へ」という明確な目標を定めて活動しつつ生きてきた。その彼が、前文に引きつづいて次のように記す。

「守成の困難、特に明治維新後の如く、国勢にわかに勃発《ぼつぱつ》せる時際においては、上下《しょうか》一般に、浮《ふ》誇驕慢《こきょうまん》に流れやすきを常とする。したがって起こる所の逆上懈怠《ぎゃくじょうけたい》軽挙盲動を戒《いまし》むるためには、この川柳ほど有効なものはなかろうかと思い、予は明治の末年以来、数々これを筆舌に上《のぼ》せている。

万機公論に決する御聖誓により、すでに憲法政治を実行し玉える時世において、国家の公事について、予が言う所の二代目三代目は、国民全体を意味するものであって、決して上《かみ》御一人を指言するものではないこと、もちろんである」

言うまでもないが問題になったのは選挙演説である。そして彼の演説の全文を要約すれば、

「天皇は三代目だが、憲法があるから、いわゆる〝三代目〟にはならない。問題は独伊にかぶれて翼賛会などというものをつくり、政府がそれに選挙資金を出し、官選に等しいようにすることは、憲法を否定するに等しい。お前たち昭和人も三代目、その三代目がそんな動きに流されて憲法を否定するような投票を行なえば、天皇以下全員が本当に〝三代目〟になってしまうぞ」ということであった。

十一章

三代目・天皇と、三代目・国民
——尾崎行雄が記した国民意識の移り変わりと天皇の立場

峯《みね》つづき　おほふむら雲　ふく風の
はやくはらへと　ただいのるなり

〈御製〉▼昭和十七年の歌会始にて。日米開戦の直後

対中国土下座《どげざ》状態の一代目

前述のように、尾崎行雄は安政五年（一八五八年）の生まれ、杉浦重剛より三歳年下だが、ほぼ同世代と言ってよい。この時代の人びとの特徴は「憲政の明治」は「自分たちが創出した新しい体制」だという意識であった。

残念ながら戦後人は、戦後の体制は自らが創出したという意識を持ち得ない。この点では、明治人の「憲法絶対」は、それを口にする戦後人より強烈であったといえる。

しかし、戦前の一般民衆がその意識を共有していたか否《いな》かという点になると、これはむしろ戦後の逆であり、憲法とは一体どのようなものかを知らず、知ろうとさえしなかったと言ってよい。私自身「憲法発布勅語」に「朕及《および》朕カ子孫ハ将来此ノ憲法ノ条章ニ循《したが》ヒ之《これ》ヲ行《おこな》フコトヲ愆《あやま》ラサルヘシ」という言葉があり、天皇がしばしば口にされているのはこの部分だと知ったのは、戦後のことである。

明治には決定的な失敗がない。それによって「国勢にわかに勃発《ぼっぱつ》」するときには、元来困難である守成がますます困難になる。

昭和の戦後もまた決定的な失敗はなく、経済的には成功に成功を重ねている。戦後を二十五歳で迎えた私などから見ると、この異常な成功に基づく「浮誇驕慢《ふこきょうまん》」「逆上懈怠《けたい》軽挙盲動」は、いずれはその「ツケ」を払っても不思議でないという気がする。だがそう思う人間は、いずれも今では年金受給者、やがてその世代が世を去れば、その種の危惧《きぐ》を懐《いだ》く者さえいなくなるであろう。
尾崎行雄にとっての昭和初期はそういった時代であった。彼の言葉は、日本の将来にとっても参考とすべき点があると思うので、少々長いが次に引用しよう。

「明治の末年においては、朝廷はまだ御一代であらせられたが、世間は多くはすでに二代目になった。三条《さんじょう》（実美《さねとみ》）、岩倉《いわくら》、西郷《さいごう》、大久保《おおくぼ》、木戸《きど》らの時代は、すでに去って、西園寺《さいおんじ》（公望《きんもち》）、桂《かつら》（太郎）、山本（権兵衛《ごんべえ》）らの時代となっている。これはひとり政界ばかりでなく、軍界、学界、実業界等、すべて同様である。故《ゆえ》に予《よ》がいう所の二代目は、明治末より、大正の末年までの、およそ三十年間であって、三代目は昭和以後の事である。
全国民が三代目になるころは、朝廷もまた、たまたま御三代目にならせ玉われた。しかし、予が該川柳を引用したのを以て、不敬罪の要素となすのは、甚《はなは》だしく無理である。それはさておき、時代の変遷によりて起これる国民的思想感情の変化を略記すれば、およそ左のとおりである。
（甲）第一代目ころの世態民情
この時代は、大体において、支那崇拝時代の末期であって、盛んに支那を模倣した。支那流に年号を設定し（一世一元のこと。日本はそれまでは甲子《こうし》定期改元と不定期改元の併用であった。中国は、明《みん》朝以降一世一元になった）、かつ数々これを変更したるが如き、学問といえば、多くは四書五経を読習せしめたるが如き、各種の碑誌銘《ひしめい》に難読の漢文を用いたるが如き、忠臣、義士、孝子、軍人、政治家の模範は、多くはこれを支那人中に求めたるが如き、その実例は枚挙に遑《いとま》ないほど多い。今日でも、年号や人名をば、支那古典中の文字より選択し、人の死去につきても、何らの必要もないのに、薨《こう》、卒《そつ》、逝《せい》などに書き分けている。

この時代には、新聞論説なども、ことごとく漢文崩《くず》しであって、古来支那人が慣用し来《きた》れる成語のほかは、使用すべからざるものの如く心得ていた。現に予が在社した報知新聞社の如きは、予らが書く所の言句が、正当の言葉、すなわち成語であるや否やを検定させるために、支那人を雇聘《こへい》していた。以て支那崇拝の心情がいかに濃厚であったかを知るべきだろう」

校閲のため、新聞社が中国人を雇ったとは、今では少々不思議な感がするであろう。しかし日本人の「慕夏《ぼか》思想」すなわち中国崇拝模倣は徳川時代にはじまるのであってそれ以前にはないことは、秀吉の朝鮮戦役の捕虜・姜沆《かんはん》の『看羊録《かんようろく》』を見ると分かる。信長・秀吉・家康などの私的な手紙は、いま読むとカナ文字論者の手紙のようである。これが綱吉《つなよし》（五代将軍）の時代にやや変わり、しだいに浸透したとはいえ、中国化が民衆にまで進むのは、幕末から明治にかけてである。福沢諭吉《ふくざわゆきち》の「脱亜入欧《だつあにゆうおう》」は、こういう歴史を背景に理解すべき言葉である。

「予は、明治十八年に、はじめて上海に赴《おもむ》き、実際の支那と書中の支那とは、全く別物なることを知り得た。特に戦闘力の如きは、絶無と言ってもよいことを確信するに至った。故に予はこれと一戦して、彼が傲慢心《ごうまんしん》を挫《くじ》くと同時に、我が卑屈心《ひくつしん》を一掃するにあらずんば、彼我《ひが》の関係を改善することの不可能なるを確信し、開戦論を主張した。

しかし全国大多数の人々、特に知識階級は、いずれも漢文教育を受けたものであるから、予を視《み》て、狂人と見做《みな》した。しかるに明治二十七年に至って開戦してみたら、予が十年間主張したとおり、たやすく勝ち得た。しかし勝ってもなお不思議に思って予に質問する人が多かった。

また一議に及ばず、三国干渉に屈従して、遼東《りようとう》半島を還付《かんぷ》せるのみならず、露国が旅順に要塞を築き、満州に鉄道を布設《ふせつ》しても、これを傍観していた。これらの事実を視《み》ても、維新初代の国民が、いかに小心翼々であったかを察知することが出来よう」

明治初期の対中国土下座《どげざ》状態には、さまざまな記録がある。一例を挙げれば、清国の北洋艦隊が日本を〝親善訪問〟し、長崎に上陸した中国水兵がどのような暴行をしても、警察官は見て見ぬふりをしていたといわれる。土下座外交は何も戦後にはじまったことではないが、この卑屈が一転すると、その裏返しともいうべき、始末に負えない増長（上）慢になる。ここで尾崎行雄は第二世代に入る。

二代目――卑屈から一転して増長慢

「(乙) 第二代目ころの世態民情

明治二十七、八年の日清戦争後は、以前の卑屈心に引換え、驕慢心《きょうまんしん》がにわかに増長し、前には師事したところの支那も、朝鮮も、眼中になく、その国民をヨボとかチアンコロなどと呼ぶようになった。また（東大の）七博士の如きは、露国を討伐して、これを満州より駆逐《くちく》するはもちろんのこと、バイカル湖までの地域を割譲せしめ、かつ二十億円の償金を払わしむべしと主張し、世論はこれを喝采《かっさい》する状況となった。実に驚くべき大変化大増長である。

古来識者が常に警戒した驕慢的精神状態は、すでに大いに進展した。前には、支那戦争を主張した所の予も、この増長慢をば大いに憂慮し、征露論に反対して、大いに世上の非難を受けた。伊藤博文公の如きも、これに反対したらしかったが、興奮した世論は、ついに時の内閣を駆《か》って、開戦せしめた。

しこうして個々の戦場においては、海陸ともに立派に勝利を得たが、やがて兵員と弾丸、その他戦具の不足を生じ、総参謀・児玉源太郎《こだまげんたろう》君の如きも、百計尽き、ただ毎朝早起きし太陽を拝んで、天佑《てんゆう》を乞《こ》うの外《ほか》なきに至った。

僥倖《ぎょうこう》にも露国の内訌《ないこう》（内紛）と、米国の仲裁とのため、平和談判を開くことを得たが、御前会議においては、償金も樺太《からふと》も要求しないことに決定して、小村《こむら》（寿太郎《じゅたろう》）外相を派遣したが、偶然の事態発生して、樺太の半分を獲得した。政府にとりては望外の成功であった。

右などの事実は、これを絶対的秘密に付し来《きた》ったため、民間人士は、少しもこれを識《し》らず、増長慢に耽《ふけ》って平和条約を感謝するの代わりに、かえってこれに不満を抱き、東都には、暴動が起こり、二、三の新聞社と、全市の警察署を焼打ちした。

近今に至り、政府自ら戦具欠乏の一端を公《おおや》けにしたが、日露戦争にあの結末を得たのは、天佑《てんゆう》と称してよいほどの僥倖であった。不知の致《いた》す所とは言いながら、あの平和条約に対してすら、暴動を起こすほどの精神状態であったのだから、第二代目国民の驕慢心の増長も、すでに危険の程度に達したと見るべきであろう。

右の精神状態は、ひとり軍事外交方面のみならず、各種の方面に生長し、ややもすれば国家を、成功後の危険に落とし入るべき傾向を生じた。

前回の（第一次）世界戦争に参加したのも、また支那に対して、いわゆる二十一カ条の要求を為したのも、みなこの時代の行為である」

浮誇驕慢《ふこきょうまん》で大国難を招く三代目

「（丙）第三代目ころの世態民情
全国民は、右の如き精神状態を以て、昭和四、五年ころより、第三代目の時期に入ったのだから、世態民情は、いよいよ浮誇驕慢《ふこきょうまん》におもむき、あるいは暗殺団体の結成となり、あるいは共産主義者の激増となり、あるいは軍隊の暴動となり、軽挙盲動踵《きびす》を接して起こり、いずれの方面においてか、国家の運命にも関すべき大爆発、すなわち、まかりまちがえば、川柳《せんりゅう》氏の謂《い》えるが如く『売家と唐様で書』かねばならぬ運命にも到着すべき大事件を巻き起こさなければ、止《や》みそうもない形勢を現出した。
予はこの形勢を見て憂慮に耐えず、何とかしてこの大爆発を未然に防止したく思って、百方苦心したが、文化の進歩や交通機関の発達によりて世界が縮小し、その結果として、列国の利害関係が周密に連結せられたる今日においては、国家の大事は、列国とともに協定しなければ、真誠の安定を得ることは不可能と信じた。よりて列国の近状を視察すると同時に、その有力者とも会見し、世界人類の安寧慶福《あんねいけいふく》を保証するに足るべき方案を協議したく考えて、第四回目、欧米漫遊の旅程についた。

しかるに米国滞在中、満州事件（マヽ）突発の電報に接して、愕然自失《がくぜんじしつ》した。この時、予は思えらく『これは明白なる国際連盟条約違反の行為にして、加盟者五十余カ国の反対を招くべき筋道の振舞《ふるまい》である。日本一カ国の力を以て、五十余カ国を敵に廻《まわ》すほど危険な事はない』と。果たせるかな、その後開ける国際会議において、我国に賛成したものは、一カ国もなく、ただタイ国が、賛否いずれにも参加せず、棄権しただけであった。

このころまでは、我国の国際的信用は、すこぶる篤《あつ》く、われに対して、悪感を抱く国は、支那以外には絶無といってもよいほどの状況であって、名義さえ立てば、わが国を援《たす》けたく思っていた国は、多かったように見えたが、何分、国際連盟規約や不戦条約の明文上、日本に賛成するわけにいかなかったらしい。

連盟には加入していない所の米国すら、不戦条約その他の関係より、わが満州事件（マヽ）に反対し、英国に協議したが、英政府はリットン委員（会）設置などの方法によって、平穏にこの事件を解決しようと考えていたため、米国に賛成しなかった。また米国は、国際連盟の主要国たる英国すら、条約擁護のために起《た》たないのに、不加入国たる米国だけが、これを主張する必要もないと考えなおしたらしい。

予は王政維新後の二代目三代目における世態民情の推移を見て、一方には、国運の隆昌を慶賀すると同時に、他方においては、浮誇驕慢に流れ、ついに大国難を招致《しょうち》するに至らんことを恐れた。故《ゆえ》に昭和三年、すなわち維新後三代目の初期において、思想的、政治的、および経済的にわたる三大国難決議案を提出し、衆議院は、満場一致の勢いを以て、これを可決した。

上述の如く、かねてより国難の到来せんことを憂慮していた予なれば、満州事件《（ママ）》の突発とその経過を見ては、須臾《しゅゆ》（一瞬）も安処するあたわず、煩悶懊悩《はんもんおうのう》の末、ついに、天皇陛下に上奏することに決し、一文を草し宮相（内大臣）に密送して、乙夜《いつや》の覧《らん》（天皇の書見）に供せられんことを懇請した。満州事件を視て、大国難の種子《たね》蒔《まき》と思いなせるがためである。

ムッソリーニや、ヒトラーの如きも、武力行使を決意する前には、列国の憤起《（ママ）》を怖れて、躊躇していたようだが、我が満州事件に対する列国の動静を視て安心し、ついに武力行使の決意を起こせるものの如く思われる。

しかるに、支那事件《（ママ）》起こり、英米と開戦するに至りても、世人はなお国家の前途を憂慮せず、局部局部の勝利に酔舞《すいぶ》して、結末の付け方をば考えずに、今日に至った。しこうして生活の困難は、日にますます増加するばかりで、前途の見透《みとお》しは誰にも付かない。どこで、どうして、英米、支を降参させる見込みかと問わるれば、何人もこれに確答することは出来ないのみならず、かえって微音《びおん》ながら、ところどころに『国難来《こくなんきたる》』の声を聞くようになった。

全国民の大多数は、国難の種子は、満州に蒔《ま》かれ、その後幾多の軽挙盲動によりて、発育生長せしめられ、ついに今日に至れるものなることは、全く感知せざるものの如し。衆議院が満場一致で可決した三大国難決議案の如きも、今日は記憶する人すらないように見える。維新後三代目に当たるところの現代人は『売家と唐様で書く』ことの代わりに『国《こく》難《なん》とドイツ語で書いて』いるようだ……」

まことに『貞観政要《じょうがんせいよう》』で魏徴《ぎちょう》が主張したように「守成」はむずかしい。

システムと実体との乖離《かいり》がもたらした悲劇

この尾崎行雄の上申書を「天皇語録」と対比してみると、さまざまな点で天皇と共通していることが感じられるが、それを要約すれば、昭和二十年九月九日に、日光へ疎開《そかい》されている皇太子〔現・今上天皇〕へ送られた手紙の次の一節になろう。

「……敗因について一言いわしてくれ
我が国人が　あまりに皇国を信じ過ぎて　英米をあなどったことである
我が軍人は　精神に重きをおきすぎて　科学を忘れたことである……」

これは、九月二十七日にマッカーサーのもとへ行かれた一八日前であり、あるいは「皇太子への遺書」のつもりで書かれたのかもしれない。

少々横道にそれたが、大審院判決は前述のように無罪であった。判決の「理由」は、彼の主張を要約している感があるので、その一部を次に引用しよう（原文カタカナはひらがなに改む）。

「……三代目は個人にとりても、また国家に在《あ》りても危険なる時機にして、衰微するを原則とす。しかるに日本に在《あ》りては、三代に至り益《ますます》国威の隆昌を見る。是何故《これなにゆえ》ぞや。明治天皇におかせられ、万機公論に決すべしとの御誓文《ごせいもん》に基づき、憲法を制定し臣民翼賛《しんみんよくさん》の途《みち》を拓《ひら》き給いしが故なり。この聖典（憲法）は、万世不易《ばんせいふえき》にして、将来もし改正の要あらば、勅命を以て議案を帝国議会に提出すべく、所定数の議員の出席と協賛とを要する旨《むね》の規定存するにかかわらず、近時ややもすれば、これが改正を軽々に口にする者あるは、慨嘆に堪えずとうったえ、この聖典に基づく政治を立憲政治と称《とな》え、その礎石をなす議員の選出が今次《こんじ》行なわれんとする総選挙なり。

……須《すべか》らく慎重考慮し、その人選に誤《あやま》りなからしめ、以て明治天皇の御聖業を扶翼《ふよく》し奉《たてまつ》るべしと論結したるものなり……」

いわば彼の選挙演説はその渾名《あだな》の「憲政の神様」どおりに、常に「憲法PR演説」であった。それが必要であったということは、裏返してみれば、それだけ「憲政」という意識が国民に浸透していなかったということであろう。

戦後は「明治憲法」には欠陥があったとされている。もちろん、いずれの時代であれ「完全な法」はあり得ない。また「旧憲法・七十六カ条」の条文ですべてを律し得るわけではあるまい。問題はその運用にあろう。そして美濃部達吉博士は、機関説どおりに運用されるなら、憲法の改正すなわち新憲法の公布は、すぐには必要ないと考えておられたと思われる。

ということは、機関説どおりならば、戦前も戦後も、あまり変わりはないということであり、美濃部博士は次のように述べている。

「議会の最も重要な権限として見るべきものは、議会が内閣の信任を得ることを要し、したがって議会、ことに衆議院は内閣組織の原動力をなし、内閣は通常衆議院の多数党から組織せられ、もし衆議院において内閣の不信任を議決すれば、衆議院を解散して民意に問う場合のほかは、内閣は当然、辞職せねばならぬことに在《あ》るのであるが、これらの点については、（明治憲法下の）現行制度の下《もと》においても、議会各院は弾劾上奏権《だんがいじようそうけん》、および不信任決議の権を認められており、しかして内閣の組織は時の政治情勢によって左右せられ、法律的にこれを一定することは困難であるから、憲法または議院法にこれを規定することは、むしろこれを避くることを適当とするであろう」

（『世界』創刊号）

確かにそのとおりであろう。ただそこに一つの条件がある。それは帝国議会が本当に国会として機能しうるか否かという問題である。「リクルート国会」を立派というわけにいかないが、戦前の帝国議会も、また、戦後の国会より立派だというわけにはいかない。疑獄事件、今日的にいえば議員の汚職のニュースは、戦前も絶えることがなかったといってよい。尾崎行雄の訴えは、残念ながら実を結んだとはいえないのが現実であった。その理由は一言で言えば「憲法に描かれている社会システムとしての日本の青写真と、歴史的実体としての日本の現実との乖離《かいり》」ということになる。

この「乖離」を越える方法は二つしかない。言葉を換えれば、天皇の選択肢は、二つしかない。それは、
㈠　あくまで頑固に「憲法どおり」で、どのような犠牲を払っても歴史的実体としての日本を憲法へと引きよせるという、速効性のない道を〝鈍行馬車〟のように遅々として進むこと。

㈡　憲法を無視して「歴史的実体としての日本の現実」に直接に対応していくこと、言葉を換えれば「憲法停止・御親政」へと進むこと。

もちろん天皇は、絶対に㈠であった。しかし、㈠か㈡かの岐路に立たされたことは一再ではない。このときの天皇の選択については、後述しよう。

十二章

立憲君主の〝命令〟

――国難近し、天皇に与えられた意思表示の手段とは

をとめらが　雛《ひな》祭る日に　戦《たたかい》を
とどめしいさを　思い出にけり

〈御製〉▼昭和八年、前年の上海事変を収拾した白川義則《しらかわよしのり》大将が、爆弾で死去したのを悼《いた》み

白川大将に示した、天皇の精一杯の〝褒賞《ほうしょう》〟

福沢諭吉は『帝室論』で次のように記した。

「帝室は政治社外のものなり。いやしくも日本国に居て政治を談じ政治に関する者は、その主義において帝室の尊厳とその神聖とを濫用《らんよう》すべからずとの事は、我が輩の持論にして……」

「人あるいは我が帝室の政治社外に在るを見て、虚器《きょき》を擁するものなりと疑う者なきを期すべからずといえども、前にも云える如く、帝室は直接に万機《ばんき》に当たらずして万機を統《す》べ給う者なり」

福沢諭吉の言葉は、いまの表現でいえば「君臨すれど統治せず」であろうが、この言葉は現実にどういう状態を指すのか、具体的に理解することは、相当にむずかしい。ではここで、天皇が模範とされたイギリスのジョージ五世の例を挙げてみよう。当時のイギリスは「七つの海に日の没する所なき」、文字どおりの大英帝国である。

前にも記したが、この君主のジョージ五世には従兄弟《いとこ》がきわめて多かった。ヴィクトリア女王は子どもが多く、その多くはヨーロッパ諸国の王室と結婚した。その結果、第一次大戦前の欧州諸国の王の多くはジョージ五世の従兄弟であり、その一人がロシアのニコライ二世であった。ジョージ五世とニコライ二世は、服装を変えれば区別がつかないほど似ていたという。俗にいう「いとこ似」であろうか。そしてこの二人はきわめて親しかった。

ロシアで十月革命が起こったとき、ジョージ五世は当然にニコライ二世の身の上を心配され、救助してイギリスに亡命させるようボールドウィン首相に言われた。しかし何度言われても、ボールドウィンはこれを実施しない。否《いな》、外交的に何らかの手を打ったのかもしれないが、それ以上のことはしない。そのうち、ニコライ二世一家は虐殺されてしまった。ジョージ五世の希望は完全に無視されたわけである。ジョージ五世は悲しまれたが、ではボールドウィン内閣は何らかの責任を問われたか。もちろん何の責任も問われなかった。内閣の責任を問うのは議会であって国王ではない。

同じように天皇も〝命令〟を下している。これは「御内意」とか「御希望」と記され、それぞれの機関が上奏して裁可された正規の命令、いわば「勅令《ちょくれい》」ではない。そしてこの「御内意」や「御希望」は、そのとおりに行なわれる場合もあるが、無視される場合もある。帝王は、「一視同仁《いっしどうじん》」だから、「御希望」どおりにした者と「無視」した者とを差別するわけにいかない。またそれに対して褒賞《ほうしょう》を与えたり、減俸・降格したりするわけにもいかない。しかし天皇も人間だから、「御希望」どおりにやれば当然に喜ばれ、「御希望」を無視されれば当然にご不満であろう。

昭和七年一月末、上海で日本海軍陸戦隊と中国第十九路軍が衝突し、増援部隊が派遣されることになった。軍司令官白川義則《しらかわよしのり》大将は天皇の「早期終結」の御内意を受け、一応相手を撃破すると追撃せずにすぐ停戦し、停戦協定を結んで五月に撤退することになった。追撃・南京進撃の陸軍内世論《よろん》を無視してこれを強行した。しかし白川大将は上海での天長節祝賀の際、独立派の朝鮮人に爆弾を投げられて重傷、後に死亡した。

「陛下は深く大将の果断なる処置を御嘉奨《かしょう》相成《あいな》り、その当時も白川はよくやったとの御述懐をお洩《も》らし遊ばされた」

「(白川) 大将の薨去《こうきょ》せし際には、和歌を詠《よ》みて未亡人に与えたることもあり」

(以上は『木戸日記』)

とある。いわばこういうとき「和歌を詠みて」与えるのが、天皇個人の褒賞の限度であろう。

木戸と近衛に対する天皇の〝差別〟

〝私的には〟明らかに一視同仁でない場合もある。昭和二十年十二月六日、近衛文麿と木戸幸一に戦犯容疑者として出頭命令が来た。天皇はすぐ「木戸に御相伴《ごしょうばん》（私的会食）に御召《おめし》の思召《おぼしめし》あり」。

そこで藤田侍従長が、

「『戦争犯罪者となりたる今日、あるいは御遠慮申し上ぐるにあらずや』と言上せしに、聖上は、『米国より見れば犯罪人ならんも、我国にとりては功労者なり。もし遠慮するようなれば、料理を届け遣《つか》わせ』」

と言われ、そのお言葉に感激して木戸は参上、

「『今回は誠に気の毒ではあるが、どうか身体に気をつけて、かねてお互いに話し合っており、私の心境はすっかり承知のことと思うから、充分説明してもらいたい』との意味の御諚《ごじょう》あり。誓って聖旨に副《そ》い奉《たてまつ》るべき旨《むね》、謹《つつし》みて奉答す」

（『木戸日記』）

となった。

それだけでなく、天皇から愛用の硯《すずり》を賜《たま》わり、皇后からもさまざまの品を下賜《かし》された。その半月前に内大臣府《ないだいじんふ》が廃止されたときにも、さまざまのものを下賜されているから、天皇がその労を個人的に最大にねぎらったのは木戸であったかもしれない。

ただ、同じ日に出頭命令が来た近衛には何の音沙汰もなかった。近衛は自分こそが天皇の親任が最も厚いような印象を世の中に与え、今でもそう思っている人が少なくないが、彼が大政翼賛会をつくって総裁になったころから、天皇は、近衛には信頼できない点があったようである。天皇は翼賛会を「幕府」と評されたといわれるが、それ以前、日華事変の「不拡大方針」のころからの彼の行き方を見ていると、信頼しかねても無理ないと思われる。

だがこの差別には、近衛も心がおだやかではなかったであろう。前述の手記の「日本憲法というものは天皇親政の建前で……」（168ページ）は天皇への抗議だったかもしれぬ。その写しを見た天皇は「どうも近衛は自分にだけ都合のよいことを言ってるね」とまことに冷たかった。

五・一五事件後の首相選定で示された強い「御希望」

こういう区別はあり、その区別から天皇の内心での「御希望」を推察できるが、これとは別に、明確に「御希望」を述べられている場合がある。だがジョージ五世の場合のように、うやむやにされたもの、また天皇の御希望どおりにはいかなかった例がきわめて多く、白川大将のような場合はむしろ稀《まれ》であり、そこで和歌を贈られたのであろう。

たとえば五・一五事件で暗殺された犬養《いぬかい》首相の後継者について、七項目の具体的な「御希望」を伝達されたと『西園寺《さいおんじ》公と政局』にある。

「昨夜、侍従長が来て、『陛下の御希望』というようなことを自分（著者で西園寺公の秘書、原田熊雄《はらだくまお》）に伝えたが、いずれも、ごもっともな思召《おぼしめし》で、その御趣旨は、

一、首相は人格の立派なるもの。

二、現在の政治の弊《へい》を改善し、陸海軍の軍紀を振粛《しんしゆく》するは、一《いつ》に首相の人格如何《いかん》による。

三、協力内閣、単独内閣は敢《あ》えて問うところにあらず。

四、ファッショに近きものは絶対に不可なり。

五、憲法は擁護せざるべからず。しからざれば明治天皇に相済《あいす》まず。

六、外交は国際平和を基礎とし、国際関係の円滑に努むること。

七、事務官と政務官の区別を明らかにし、振粛を実行すべし。

というようなことであった」

大正七年（一九一八年）の原敬《はらたかし》内閣は、陸海外務以外の閣僚は、すべて政友会《せいゆうかい》員で、この時に、「明治元老内閣」から「議会の多数党内閣」へと移行したと見るのが普通である。また軍部大臣は、大正二年の山本（権兵衛《ごんべえ》）内閣のとき、その任用資格を現役以外にも拡大したから、必ずしも現役軍人である必要はない。その後、多少紆余曲折《うよきょくせつ》はあったが、大体「政党政治」の原則が守られてきて、すでに一四年を経過している。そしてこれは、天皇が摂政に就任されてから一貫して変わっていない。

西園寺公望

これを前提に天皇の「お言葉」を読むと「協力内閣、単独内閣は、あえて問うところにあらず」は、政党政治を前提とした言葉と見るべきであろう。戦時のような危機の時には与野党一体となり挙国内閣をつくることは珍しくない。天皇がそれを期待されたなら、この「御希望」どおりにはいかなかったと見るべきであろう。後継首相に奏請《そうせい》された斎藤実《さいとうまこと》は、海軍出身だが、おおむね天皇の御希望に副《そ》う人物だったといえる。五・一五事件を起こしたのは海軍だから、「陸海軍の軍紀振粛」には人格高潔でファッショに無関係の彼を、西園寺（公望《きんもち》）公は多くの候補の中から選び出して後継首相として奏請したのであろう。もちろん、このときをもって戦前の政党政治が終わるとは誰も考えなかった。そして皮肉なことに、政党政治一四年、非政党政治一四年で戦前は終わる。

もしこのとき「お言葉」の第三項に重点を置いて、帝国議会が挙国一致内閣をつくったらどうなっていたか、歴史に仮定はあり得ないが、「お言葉」がどれだけの政治力を持ち得たかを考える場合、興味深い点である。ただ西園寺公は、なるべく天皇の御希望に副うようにと、最大の努力をしたことは疑う余地はあるまい。

無視された天皇の「提案」と「御希望」

このような例もあるが、天皇の「御希望」など、はじめから無視されている場合もある。これは戦後に藤田侍従長に言われたように「憲法上の責任者が慎重に審議を尽くして、ある方策を立て、これを規定に遵《したが》って提出して裁可を請《こ》われた場合には、私はそれが意に満ちても、意に満たなくても、よろしいと裁可する以外に執《と》るべき道はない」（前出、16ページ参照）である。

憲法を遵守《じゅんしゅ》しさえしていれば（この場合が圧倒的に多い、というより、ほとんどすべてのはず）、内閣が議会に法案を提出し、議会が可決すれば天皇に拒否権はないし、さらに議会に信任された内閣の「閣議決定」にも拒否権は行使できない。これらについてはすでに述べたが、そうでなくても、内閣が何かを発表するかリークして新聞記事になれば、天皇がいかにご不満でも、これをとどめる方法がない場合もある。

昭和八年十二月二十三日、皇太子明仁《あきひと》親王がお生まれになった。こうなるとすぐ「恩赦」が出てくるのは、戦前も戦後も変わりはない。特に選挙違反や疑獄に引っかかっている代議士は「恩赦」で内閣に揺さぶりをかける。

「二十四日朝日新聞に恩赦の記事出《いで》したため、陛下は侍従長に対し、政府は右の如き奏請を為すつもりなりや、皇太子の御誕生にて、恩赦のありし先例もなく、従来の例に見るも結果は面白くないように思うとのお言葉あり」

（『木戸日記』）

これは非常に微妙な問題である。栄典の授与と恩赦は明治憲法の第十五条・第十六条で天皇の大権に属する。恩赦は果たして行政権に属するのであろうか。恩赦ぐらいは天皇に拒否権があってもよいと思うし、こういうことぐらいは、まず天皇のご意向を確かめるべきであろう。天皇は先例のないことは許可されないと知った何者かが、新聞に巧《たく》みにリークしたのであろう。天皇は「面白くない」と言われている。

では、この「お言葉」どおりに、恩赦とりやめとなったかといえば、結局そうはならない。まことに「意に満たなくても」内閣から規定どおりの奏請があれば裁可され、翌年二月十一日、五万人の減刑が行なわれた。「新聞辞令」という言葉があるが、これなどは「新聞恩赦」だったのかもしれない。

さらに天皇自らが提案をされている場合もある。たとえば昭和八年十一月には、欧米の主要都市に日本文化PRセンターのようなものを設けて、対外広報を行なうべきではないかという意見で、『本庄日記』には次のように記されている。

「前に米国より帰来せし樺山《かばやま》の話に、英国の如きは米国に英国の文化その他実相を知らしむべき宣伝機関を設け、米国民にして英国の事を知らんとするものは、その宣伝所に至れば、何事にても分かる如くなれりと言う。朕もまた、日本もこの種帝国の精神文明の真相を他国民に知らしむべき機関を、米国、英国、仏国などの主要都市に設置するを可なりと想《おも》い、広田《ひろた》（弘毅《こうき》）外相に語りたる次第《しだい》なりと仰《おお》せられたり」

とあるが、これに基づいてすぐさま天皇の望むような日本文化PRセンターがそれぞれの国に出来た気配はないが、それも別に不思議ではない。専制君主ならこの「一言」で何かを設置することが出来たであろうが、たとえ広田外相がそのご意向を実現しようと思っても、まず予算の増額が閣議で承認され、その予算案が議会で議決されない以上、何も出来ないからである。

日華事変が拡大すると、当然のことだが、英米や国際連盟などは、日本が中国に領土的野心を持つと見る。ところが杉山《すぎやま》（元《はじめ》）陸相は「自衛」であって領土的野心などは毛頭ないという。では一体、何を目的に戦争をしているのかとなると、実はこれが、いまだに明らかでない謎としか言いようがない。いずれにせよ『西園寺公と政局』によれば、天皇と杉山陸相との間に、次のような問答があったという（昭和十三年九月十日）。

「陸軍大臣が、先月陛下に拝謁して、『英米に対して、日本は（中国に）領土的野心のないことを明らかにしたいから、外交機関を以《もっ》てなんとかして戴《いただ》きたい』ということを奏上したところ、陛下から陸軍大臣に対して『陸軍大臣はそう言うが、一体、部下の統制は取れるか』と御下問があったので、陸軍大臣は『責任を以て必ず取ります』と奉答したが、その後すぐに陛下は武官長を召されて、『陸軍大臣は部下の統制は取れますと言ったが、それならば外国新聞の東京駐在者を官邸に招《よ》んで、陸軍大臣自《みずか》ら、帝国には領土的野心がないことをはっきり言ったらどうか』というご伝言をなされた」

この「お言葉」に基づいて、外国人記者を官邸に招くなり、あるいは自らプレスクラブに出かけるなりして、彼らに、はっきり「領土的野心」のないことを明言したか、となると、それを行なったらしい形跡はない。もしやれば、彼らの遠慮のない質問の前に立往生《たちおうじょう》したであろう。天皇の「御希望」は無視されたが、それは別に命令違反ということではない。

陸相人事に見せた、天皇の警告的御希望

天皇が自ら「立憲君主としての道を二度踏みまちがえた」と言われたのは、言うまでもなく二・二六事件と終戦のときだが、それ以外にないであろうか。もちろん「御希望」は関係ない。これはイギリスでも同じで、第二次大戦中、ジョージ六世（在位一九三六―五二年）は、チャーチル首相にさまざまな意見を述べている。ただ「希望」「意見」「提案」が限度であり、閣議が別の決定を以て奏請すれば裁可する。これまた「意に満ちても、意に満たなくても」裁可するであろう。

ただこの「御希望」がもし、「意に満たぬものを持って来たら裁可しないぞ」となったら

どうであろうか。

昭和十四年八月、独ソの電撃的な不可侵条約の締結に、平沼《ひらぬま》内閣は「欧州の天地は複雑怪奇な新情勢」と声明して総辞職した。この年の四月、大島《おおしま》駐独大使と白鳥《しらとり》駐伊大使が、板垣《いたがき》（征四郎《せいしろう》）陸相の意を受けて、独伊が第三国と戦うときは日本も参戦すると意思表示し、天皇がこれを大権の干犯と憤慨されたことはすでに述べた（19ページ参照）。この平沼内閣が倒れ、阿部《あべ》（信行《のぶゆき》）内閣が組閣するとき、天皇は陸相の暴走を警戒され、次のように言われたと『西園寺公と政局』にある。

「どうしても梅津《うめづ》（美治郎《よしじろう》）か畑《はた》（俊六《しゅんろく》）を大臣にするようにしろ。（それ以外の者は）たとえ陸軍の三長官が議を決して自分の所に持って来ても、自分にはこれを許す意思はない。なお政治は憲法を基準にしてやれ。外交は英米を利用するのが日本のためにいいと思う……」

いわば梅津か畑でなければ「これを許す意思はない」と陸相を予《あらかじ》め指名されているわけで、これは単なる「御希望」とは言いがたい。もっとも、陸相を直接に指名することは、明治憲法の第十条に基づけば憲法に違反しているとはいえないであろうが――。

しかし、いずれの国でも憲法に基づく慣例があり、イギリスではいわば慣例だけである。内閣が責任を持つ以上、閣僚は総理が選定し、その名簿を奉呈してご裁可を受けるのが通例である。組閣前に天皇が陸相を指名し、それでなければ「許す意思はない」と言われたら、これは「命令」に等しい。これは板垣陸相の大権干犯に対する異例の処置だが、こういう処置もなかったわけではない。

高松宮《たかまつのみや》・海軍中佐の「内奏」を無視

さらに「内奏《ないそう》」という問題がある。もっともこの言葉は、二とおりの意味に用いられているので注意を要する。たとえばアメリカではレーガン大統領のとき「ナンシー人事」という言葉があった。大統領には人事権はあっても、大統領夫人には何の権限もないが、実質的にはナンシー夫人の意向が人事を左右するような場合、これは一種の「内奏」であり、後醍醐《ごだいご》天皇の建武《けんむ》の中興（一三三二年）における「内奏の弊害」はこれに似ている。

この点、あらゆる資料を見ても、「皇后人事」とか「皇族人事」といったようすは、全くない。さらに人事だけでなく政策も同じこと。ミッドウェー敗戦の後、高松宮が敗戦必至と内奏されたが、天皇は受けつけなかった。弟宮《おとうとみや》の言葉としては聞いても、天皇は一中佐の内奏に耳を傾けて、それによって何らかの決定を下すことはされず、この場合、海軍軍令部長の奏上しか受けつけない。こういう意味の「内奏」で、天皇が動かされたといった気配はない。

もう一つの「内奏」は、ご裁可を得られるか否か分からない問題について、総理なら総理が、事前に原案を説明して内諾を得ておくという慣行である。これはあくまでも慣行であって、前記の「恩赦」の場合のように行なわれなくてもよい。ただこの「内奏」の際、天皇の強硬な反対にあって取りやめた例は、決して少なくないらしい。だがこれについては詳細は分からない。多少分かるのは、天皇がそのことを内大臣や侍従長に話された場合だけだが、それで見ると、大体、次のような場合である。

昭和十九年七月、戦局はいよいよ悪化し、内閣はすでに戦争早期終結を目指す小磯《こいそ》（国《くに》昭《あき》、陸軍大将）・米内《よない》（光政《みつまさ》、海軍大将）内閣である。陸軍はすでに、天皇の安全と指揮系統保持のため、大本営移転計画を進めていた。長野県の松代《まつしろ》に大洞窟陣地を造るという計画、俗にいう松代大本営で、すでに工事がはじまっていた。

また一部には大陸移動を主張する者もあり、私もフィリピンで「たとえ本土決戦に敗れても、関東軍は天皇を奉じて百年戦争を戦う計画である」などという、若手参謀の放言を聞かされたものである。ただ首都を放棄することに、天皇が果たして賛成されるかどうか、陸軍には自信がない。こういうときに「内奏」が行なわれる。天皇は反対された。

「自分が帝都を離るる時は、臣民、ことに都民に対し不安の念を起こさしめ、敗戦感を懐《いだ》かしむるの虞《おそれ》ある故、統帥部において統帥の必要上、これを考慮するとするも、出来るかぎり万不得止《ばんやむをえざる》場合に限り、最後まで帝都に止まるように致《いた》したく、時期尚早に実行することは、決して好まざるところなり」
（『木戸日記』昭和十九年七月二十六日）

なお、二十年三月、東京大空襲となり、いよいよ危険が迫った五月中旬、梅津参謀総長が宮中に伺候し、松代大本営もようやく完備したので、移転あらせられるよう願い出た。しかし天皇は頑《がん》として拒否された。そして五月二十四、二十五、二十六日の大空襲で皇居は焼失したが、それでも天皇は動こうとしなかった。こういう点になると、周囲の者は「頑固」という感じさえ持ったであろう。

以上のような「内奏」を天皇が不許可とした例は相当にあるものと思うが、それは決して気まぐれではなく、理由なき変更とか、理屈に合わないことは、まず絶対に受けつけないということであったらしい。出光《いでみつ》侍従武官は講演の中で次のように語っている。

「（天皇は）厳格で、一度定《き》めたことは容易に変更せず、また、事柄が理に合わねば、事の軽重《けいちょう》にかかわりなく、決してお許しにならない。御裁可を仰ぐ書類も、条理に合わぬと御裁可なく、幾日《いくじつ》でも宮中に御留めおき遊ばすのである」

言うまでもなく立憲君主は、正規の手続きを踏んで奏上されたものは、「意に満ちる」場合も、「意に満たない」場合も、裁可を拒否することは出来ない。ただ、納得せずに裁可することは、天皇には出来なかった。差別用語になるかもしれぬが、俗にいう「めくら判《ばん》」は、押さないということである。

天皇が「条理に合わぬ」と思われている場合は、担当の責任者は、天皇が納得されるまでご説明申し上げねばならなかった。それは責任者にとっては相当に煩《わずら》わしいことであったようだが、これもまた、当然の義務であろう。

「君臨すれども統治せず」とは、正規の手続きを経《へ》て上奏されたものは裁可するが、あくまでも納得の上で裁可するということだと理解してよいのだと思う。天皇は国民を代表しているのだから、天皇を納得さすとは国民を納得させ、すべてを国民の納得の上で行なうというのが立憲君主制の本義であると天皇は理解されていたように思われる。

しかし、たとえば一応は納得しても「意に満たない」ことは多かったであろう。とはいえ「拒否」は出来ない。

また福沢諭吉の言う「帝室は直接に万機《ばんき》に当たらずして万機を統《す》べ給う者なり」という定義は、以上のような状態を指していると見てよいと思う。そしてこの範囲内のことを行なうことを、天皇は決して「立憲君主の道を踏みはずす」こととは思っていなかった。

「聖断」を未遂に終わらせた〝もう一つの事件〟

では、なぜ天皇は「立憲君主」から一歩を踏み出そうとしなかったのか。天皇も人間だから、「やむにやまれず……」といった気持ちになられても、それは少しも不思議ではない。この点で「二・二六事件」と「終戦」は、天皇自身が「立憲君主としての道を踏みまちがえた……」と自認されているから、ひとまず除く。

もう一回が、前に少し触れた昭和八年の「熱河《ねっか》作戦」のときの天皇のご発言である。天皇はこれが中国との衝突にならないかと深く懸念され、相当に興奮されて、直接に作戦中止を命じようと、奈良《なら》侍従武官長に次のように言われた。

「軍の態度に疑念あり。日支両国はまさに平和を以て相処《あい》すべく、兵威を以て相見るべきではなく、兵をきわめ、武を汚すことは立国の道ではない。（大元帥の）統帥最高命令により、これを中止させることは出来ないか」

今の人にこの話をすると、みな天皇の質問自体を不思議がって、妙な顔して私に言う。「へーェ、変じゃないですか。天皇は大元帥陛下で陸海軍総司令官でしょ。『出来るか』、『出来ないか』の問題じゃないはず、『中止せよ』と命令すればいいじゃないですか」。これは「戦後の常識」であり、「天皇の戦争責任」という言葉の背後にあるのが、ほぼこの認識であることは、質問してみると分かる。

すなわち、太平洋戦争の開戦でも、天皇が「中止せよ」と命じたら中止出来たはずだ、という前提に立っている。

このとき天皇は、鈴木貫太郎侍従長とも相談している。彼への天皇の信頼は絶対的であったが、奈良武官長も信任厚く、その点では後任の本庄武官長以上であっただろう。そして奈良武官長は次のような意見であった。

「国策上に害があることであれば、閣議において熱河作戦を中止させることが出来る。国策の決定は内閣の仕事であって、閣外のものがあれこれ指導することは許されない。もし陛下の命令でこれを中止させたりすれば、それは大きな紛擾《ふんじよう》を惹《ひ》き起こすこととなり、政変の因《もと》とならないという保証はない」

言うまでもないが、これは「機関説」時代のことであり、以上の言葉の少なくとも前半は、美濃部博士が満点をつけた答案であろう。「国策の決定は内閣の仕事」であり、閣外の人間は口を出すことは出来ない。簡単にいえば「内閣の閣議決定に対して天皇は拒否権を持たない。天皇は閣議に出席して意見を述べることはもとより、閣議に出席することも出来ない」ということである。

　では閣議を構成する国務大臣を、明治憲法はどのように規定しているのか。軍隊に関して明治憲法には「二カ条しか規定がない」としばしばいわれるが、大臣に関しては、

鈴木貫太郎

「第五十五条　国務各大臣ハ天皇ヲ輔弼《ほひつ》シ其《そ》ノ責ニ任ス　②凡《すべ》テ法律勅令其《そ》ノ他国務ニ関《かかわ》ル詔勅ハ国務大臣ノ副署《ふくしょ》ヲ要ス」の一カ条だけである。ただ帝国議会に関する条文は第三十三条から第五十四条まで、実に二二カ条あり、条文の数は明治憲法の中で最も多く、ここで議会との関連で政府を規定している条文がある。

　戦前は、国務大臣は天皇が任命したとはい

え、議会の信任がなければ、内閣は存立できない。特に「第六十四条　国家ノ歳出歳入ハ毎年予算ヲ以テ帝国議会ノ協賛ヲ経ヘシ」であり、予算を否決されれば政府は方法がない。ただ第七十一条に「予算成立ニ至ラサルトキハ政府ハ前年度ノ予算ヲ施行スヘシ」とあるから、今の暫定《ざんてい》予算より政府は有利な位置にあるとはいえ、現実問題として予算否決は内閣不信任となるから、解散総選挙か内閣総辞職しかない。

昭和十二年、林銑十郎《はやしせんじゅうろう》内閣は予算を通過させておいて議会を解散した。これは当時「食い逃げ解散」といわれ、さんざんの不評で、総選挙の結果（民政党一七九、政友会一七五、社会大衆党三七）、民政、政友両党の即時退陣要求の前に総辞職せざるを得ず、わずか四カ月の短命内閣で終わっている。

奈良侍従武官長の言うように「国策の決定は内閣の仕事」、その国策の実施には当然に予算がいる。その予算案をつくり、議会に提出するのは内閣にのみ出来ること。それを議会が審議し決定したら、天皇はこれに容喙《ようかい》は出来ない。

熱河事件は、政府が二月十七日に国際連盟の満州撤退勧告案を拒否、熱河侵攻を決定し、関東軍の作戦開始はその一週間後の二月二十三日である。実質的には軍部に引っぱられたのであっても、天皇がこれの中止を命ずれば、議会で信任されている内閣の閣議決定を、天皇が引っくりかえすことになる。それがどのような「紛擾《ふんじょう》」を起こすか予測がつかないという奈良侍従武官長の言葉は、確かにそのとおりだという以外にない。

もしこれを強行すれば、天皇は「立憲君主」とはいえなくなるであろう。

それは天皇には出来ない。しかしそれを守れば「陸海軍総司令官、大元帥陛下」の天皇は、その名のみで、実は何も出来ない。立憲君主の〝命令〟は、「熱河作戦中止」にまでは踏み込めないのである。もっとも「大元帥」という言葉は、明治憲法にはない。


もし、天皇が閣議決定を拒否していたら……


昭和にはさまざまな岐路がある。人はあまり注目しないが、この「熱河作戦」は、確かに一つの岐路であり、これが日華事変の種子《たね》となり、太平洋戦争へと発展していく。歴史には仮定がないが、もし天皇が「立憲君主の枠」を踏み越えて、「二月十七日の閣議決定」を拒否したら、どういう結果になったであろうか。否、そのまえに、天皇が、絶対視している明治天皇の明治憲法発布勅語「朕及《および》朕カ子孫ハ将来此ノ憲法ノ条章ニ循《したが》ヒ之ヲ行フコトヲ愆《あやま》ラサルヘシ」を無視しても、あえて一線を踏み越えようとした理由はどこにあるのか。

それは満州事変にある。柳条溝《りゅうじょうこう》事件、すなわち鉄道爆破ぐらいまでは、軍の「陰謀」でも出来る。しかし、それを機会に増援軍が来てくれなければ、事件が線香花火で終わることは、軍自身が最もよく知っている。問題は在朝鮮軍が越境して進撃して来るか否かである。

確かに当時、日本は満州に利権を持ち、この地は張学良《ちょうがくりょう》が半独立的に支配しているとはいえ、「越境」は中国との戦争を意味し、単なる「現地駐留軍の起こした一事件」ではなくなる。天皇がそれを許可しないことは明らかで、内意をうかがっても、とうてい許可は不可能なことを軍部は知っていた。そこで内閣を動かし、出兵とその経費支出を認めさせた。これは「閣議決定」であり、天皇は裁可する以外にない。天皇は激怒され、金谷《かなや》（範三《はんぞう》）参謀総長を難詰されたが、それ以上のことは出来ない。

さらに問題は世論である。当時の朝鮮軍司令官は、前述した林銑十郎であり、「独断越境司令官」などと賞賛される状態である。ただ天皇の厳しい態度に、軍はしばらくおとなしくしていたが、「熱河作戦」で、また同じ手を使った。天皇には、ここで何とかせねばというお気持ちがあったであろう。

戦後になると、「軍が独走した」「軍部が悪い」「統帥権は独立しているから、これを押さえられなかった天皇の責任だ」ということになる。だが「軍の独走」などということは現実にはあり得ない。

私自身、軍の下級将校で、部隊本部にいたからよく知っているが、「予算」がなければ何も出来ないのは他の官庁と変わりはない。軍もまた膨大な官僚機構である。簡単にいえば三度の食事さえ、正規の「食事伝票」を切らねば支給されない。被服・兵器・弾薬・車輌はもちろん、民間の軍需産業からの購入であり、移動にはすべて運賃を払っており、膨大な給料を支払っている。その一大官僚機構を「予算」なしに動かすなどということは、もとより不可能であり、その予算は、内閣と帝国議会が握っており、軍が握っているわけではない。「独走」というが、軍と内閣が「野合《やごう》」しても「帝国議会」の承認がなければ、軍は動かせない。問題はその自覚が強烈だったのが軍であり、その自覚がなかったのが政治家で、その典型が「不拡大方針」を声明しながら「拡大予算」を組んでいた近衛《このえ》である。

問題は、この「熱河作戦」のとき、天皇が憲法を無視し、閣議決定を拒否したらどうなったかであろう。歴史の仮定は無意味かもしれぬが、これによって日本の運命が変わり、日華事変も太平洋戦争もなかったかもしれない、と空想したいところだが、現実には、二・二六事件が早まり、もっと激烈な事件が起こり、奈良武官長の言うように、「陛下の命令でこれを中止させたりすれば、それは大きな紛擾《ふんじよう》を惹き起こすこと」になったであろう。

現に二・二六事件は起こったのだから、この予測の方が現実味がある。そして、「二・二六事件以上の事件」が起これば、その先がどうなったかは、予測不可能である。

この問題は、前述した田中内閣のときの「説明は聞く必要がない」にはじまり、それ以来、昭和二十年までつづく。このとき天皇は激怒されたが、結局は「閣議決定」は受け入れて裁可されている。内閣は議会の信任によって成立しているのだから、その決定を拒否することは「タテマエ」からいえば、天皇と国民との正面衝突ということになるからである。

帝室とは「虚器《きょき》を擁するもの」なのか

「タテマエ」を別とすれば、現実問題として、「国策決定は内閣の仕事」というより「軍部の仕事」となっていく。天皇は明らかに憲法に違反せず、これを何とか出来ないかと考えられている。そこで明治天皇の先例を引かれ、「御前会議（または御前閣議）での決定」という方式は採れないかと、早くもこのときに提案されている。しかしこれは、西園寺公望以下、みな反対であった。

その反対の理由づけには、さまざまな解釈があるが、「タテマエ」論は別として、私は結局、イギリスを模範としたのだと、思っている。もちろん、当時はこうはっきりとは言えないであろうが――。イギリス国王は閣議には出席せず、その結果を、首相が国王に上奏し裁可を請《こ》うだけである。もちろん国王と首相はしばしば懇談しているが、「閣議決定」に国王は介入しない。

確かに日本は「立憲君主制」の歴史は浅く、その運営のノウハウが蓄積されているわけでない。そのときに、イギリスのノウハウを学ぶという発想は間違っていると私は思わない。しかし、こういう「憲政のノウハウが描く青写真」と「歴史的所産としての当時の日本」に乖離《かいり》があったことは否定出来まい。このことは「一木《いちき》・美濃部《みのべ》機関説」にもいえよう。このイギリス方式の採用を近衛は批判している。

この近衛が首相のとき、「最高戦争指導会議」という形で、政府・統帥部合同の会議を「御前会議」として開催するという方式が採られる。この会議の設置自体が憲法違反か否か微妙な問題だが、少なくともイギリス式ノウハウとは違う。それは内閣が「国策決定は内閣の仕事であり、閣議への外部からの介入は許されない」、という原則を放棄している（陸軍参謀総長、海軍軍令部長は閣外の人間）。

そして、そこでの天皇の役割はいわば「議長」であり、会議の決定への拒否権は持たない。もちろん御希望は述べられることはあっても、終戦の時を除けば、記録に残るのは第六回御前会議（戦争を辞せざる決意のもと外交交渉を行ない、要求が通らぬときは開戦を決意）のとき、明治天皇の御製《ぎょせい》を朗誦され、強い平和への意向を示されたことが、例外としてただ一回残されているだけである。

しかし、これも結局は無視された。さてこうなるとわれわれは、一体、どう考えたらよいのか、ということになるであろう。

福沢諭吉の「人あるいは我が帝室の政治社外に在るを見て、虚器を擁するものなりと疑う者なきを期すべからずといえども……」までを読むと、「これではそういう感じがするなあ」

と思うのが普通であろう。

そこで問題は「では天皇とは一体……」となる。

十三章

「人間《アラヒト》」・「象徴」としての天皇

——古来、日本史において果たしてきた天皇家の位置と役割

遠つおやの　しろしめしたる　大和路《やまとじ》の
歴史をしのび　けふも旅ゆく
〈御製〉▼昭和六十年、奈良地方を旅して

「文化的問題」としての天皇

ここまでの記述や、また前記の一木《いちき》・美濃部《みのべ》学説からの引用（227ページ参照）を読めば、誰でも少々首をかしげるに相違ない。「では一体、天皇とは何なのか」と。

戦争が終わって一年目、昭和二十一年八月号の『中央公論』に共産党代議士で、当時は党を代表する文化人ともいうべき故高倉《たかくら》テル氏が『天皇制ならびに皇室の問題』という一文を寄稿している。皇室財産をはじめとする、そこで論じられている問題の多くは、今はすでに消えているので、採りあげない。

すなわち天皇家は大財閥・大山林地主であるがゆえにその地位を保持し得ているといった議論は、今では意味を持たず、「ほう、こんなふうに論じられていたこともあったのか」という感慨が残るだけである。

ただ末尾の結論の部分は興味深いので次に引用しよう。

「結局、皇室への宗教的な崇拝は、日本人民の生活の極端な低さから来ている。そして、今では、天皇制による絶対主義的圧迫が人民の生活の極端な低さを生み、その低さが、また、逆に、皇室への原始的な崇拝を生むという、堂々めぐりをやっていた。

だから、日本が真の民主主義社会になって、全人民の生活が引き上げられるならば、皇室への宗教的な崇拝は、当然、消え失《う》せなければならない。ただ、そういう宗教的崇拝が、これまで、政治的な支配のために利用されたから、ややこしくなり、面倒になっていたが、本来、これは政治的な問題でなく、文化的な、または、教育の問題だ」

この記述の背後にあるものは、昭和二十一年二月にはじまった「天皇御巡幸《ごじゅんこう》」である。当時の新聞記事や写真を見、また小・中学生としてその場に居合《いあ》わせた人の思い出を聞くと、その「熱烈歓迎」ぶりに少々驚く。

この御巡幸は、もちろんマッカーサーの許可の下《もと》に行なわれた、というより積極的賛成の下に、と言った方がよいかもしれぬ。政府は、警備に自信がないとむしろ反対であった。マッカーサー指令により警察は解体されていたからである。いわば裸で天皇を民衆の中に放り出したとき、どのような現象が起こるかをマッカーサーは慎重に見守っていたのであろう。これは敵地に乗り込んだ占領軍司令官として、ごく普通の行為であった。

その結果は、少なくとも対日理事会のメンバーには意外であり、その情況は、四七〇万の「記帳」や「自粛」よりも無気味であったかもしれない〔昭和天皇が体調を崩され、崩御されるまで国民の間で起こった一連の出来事を指す〕。対日理事会は、何度もマッカーサーに「巡幸中止」を申し入れたが、彼は受けつけなかった。

この現象は対日理事会だけでなく、共産党にとっても意外であり、そこで「天皇制による絶対主義的圧迫が、人民の生活の極端な低さを生み、その低さが、また、逆に、皇室への原始的な崇拝を生む」という結果を生じていると解釈したのであろう。

昭和二十一年の「生活の極端な低さ」は、おそらく今では想像出来まい。国民一人当たりの年間所得は、わずか一七ドル、それがやがて二万ドルになろうという現在〔昭和六十三年の時点〕では、想像出来なくて不思議ではない。

では、彼の言うように「全人民の生活が引き上げられるならば」、皇室への崇拝などは消えてしまうのであろうか。彼の他の記述と同様、この予測は当たってはいない。それは一七ドルが二万ドルになったら、といった問題ではない。

しかし、「本来、これは政治的な問題でなく、文化的な、または、教育の問題だ」という指摘は興味深い。もっともこの「教育」を義務教育に限定するなら、日教組が天皇制否定教育をすれば、共産党の希望するように解決するはずであるが、「文化的問題」はそう簡単ではない。

興味深いのは、昭和二十一年の時点では、共産党もまた天皇制は「政治的な問題ではなく、文化的な」問題だと規定している点である。今までのところを読まれて「では天皇とは？」何か少々分からなくなるというのは「政治的」な面を採りあげているからで、この点だけを見れば「上奏されれば裁可する」というだけの存在に見えてしまう。

もっとも「政治」もまた「政治文化」だが、ここを一応割りきって、一体、「文化的問題としての天皇」とは、具体的にはどのように把握すればよいのか探ってみよう。

この点で興味深いのは、この論文で高倉テル氏が批判している津田左右吉《そうきち》博士である。

津田博士の神代上代史観

この津田左右吉博士は、東宮御学問所で裕仁親王に歴史を教えた前出の白鳥庫吉《くらきち》博士の高弟、いわば、歴史学では天皇の先輩である。その彼の上代史に関する研究は、しばしば東大右翼学生の批判の的《まと》となり、時には「つるしあげ」のような状態にもなった。

そして昭和十四年、蓑田胸喜《みのだむねき》（国家主義者で、機関説排撃の理論的指導者）が『原理日本』という雑誌で『津田左右吉氏の大逆《だいぎゃく》思想』という論文を掲げて激烈な口調で攻撃した。

まず彼は、津田左右吉が「神武《じんむ》天皇から仲哀《ちゅうあい》天皇まで十四代に亘《わた》る『古事記』『日本書紀』の記事」は「お伽噺《とぎばなし》的方式における『全然後の修史家の虚構』であり、『全部架空譚』」であると断定していると憤慨し、次のように述べている（傍点は原文のまま、一部文字遣い改め。以下同じ）。

「かくの如き津田氏の神代上代史捏造（ねつぞう）論、すなわち抹殺論は、その所論の正否にかかわらず、掛けまくも畏（かしこ）き極みであるが、記紀の『作者』と申しまつりて『皇室』に対し奉りて極悪の不敬行為をあえてしたものなるは勿論（もちろん）、皇祖皇宗（こうそこうそう）より仲哀天皇に及ぶまでの御歴代の御存在を否認しまつらむとしたものである。『天皇機関説』はなお、天皇の御存在は認めまつっているもので、統治権の主体に在《ま》しますことを否認しまつったのであるけれども……。（中略）

いまこの津田氏の所論に至っては、日本国体の淵源《えんげん》成立、神代上代の史実を根本的に否認することによって、皇祖　皇宗を始め奉り十四代の　天皇の御存在を、それ故にまた神宮皇陵の御義をも併せて抹殺しまつらむとするものであるから、これ国史上全く類例なき思想的大逆行為である」

そこで「マルキストの間にも容易に見られぬ悪魔的のもの」と断じ、

「『現日本万悪の渦源』を禊祓《けいふつ》せよとの神意を畏《かしこ》みまつりて、内務・文部・司法当局は速《すみや》かに厳重処置を講ずべく、全国同志の立つべきはいまである」

と結んでいる。もっとも「国史上全く類例なき」は彼の勉強不足で、徳川時代に町人学者山片蟠桃《やまがたばんとう》もまた『夢《ゆめ》の代《しろ》』で、これとよく似た見方をし、「応神記《おうじんき》」以前は、歴史とは見ていない。

「告発マニア」とでも言うべき蓑田胸喜のようなタイプは、左右を問わず時々日本に出現するが、精神分析の対象としては興味ある人物かもしれない。彼はあらゆる方面に執拗に働きかけ、その結果、ついに検事局は津田左右吉博士と、彼の著作を刊行した岩波茂雄《いわなみしげお》を「出版法違反その他」で告発した。

しかし当局はあまり乗り気ではなかったらしく、この間、約二年を要し、昭和十六年十一月一日から公判が開かれた。彼の著書は発売を中止され、裁判は非公開であったから、裁判がどのように進められ、どのような審査が行なわれたのか、戦後になってもすぐには分からなかった。

分かっていたのは『原理日本』に載《の》った蓑田胸喜の告発だけであり、これだけを読めば、津田左右吉博士を「マルキスト以上の天皇制否定論者」と思い込んでしまうのは、一応、無理のないところであろう。

昭和二十一年、岩波書店の『世界』は津田博士に寄稿を依頼した。来た原稿が『建国の事情と万世一系の思想』であった。これを読んで『世界』の編集部は跳《と》びあがって驚いたのであろう、津田博士の論文とともに「津田博士『建国の事情と万世一系の思想』の発表について」という相当長い「編集者の記」がともに掲載されているが、いま読むと、何でこんな「言いわけ」を書かねばならぬのか、なぜ野坂参三《のさかさんぞう》の所説などを長々と引用して、無理にそれと関連させねばならぬのか少々不思議だが、これが時代の風潮というものなのであろう。

長谷川慶太郎《はせがわけいたろう》氏（経済評論家）はこの「編集者の記」を、戦後ジャーナリズムの原点だと言われたが、そう言えるかもしれない。いま読むと、戦時中は確かにおかしかったが、戦後もまた、その裏返しのようなおかしな時期があったのだな、と思わざるを得ない。

「記紀」入門のための、絶好のテキスト

今日では公判記録が公表されているので、津田博士の立場はよく分かる。氏は「学問の性質とその研究法とを、問題とせられたことがらについて、出来るだけていねいに、説明しよう」という態度を以《もっ》て公判廷に臨まれ、裁判官の態度もまことに紳士的なので、公判記録は、何やら「上代史および上代思想の講義」のようになっている。

それだけにこの公判記録は膨大で二段組で七三六ページになるが（『現代史資料(42)思想統制』みすず書房刊、353ページ～1089ページ）、質疑応答であり、かつ津田博士は何とか裁判官に理解させようと実に懇切丁寧に説明しているので、上代史および上代思想史の最高の解説書

になっている。

『古事記』や『日本書紀』について知りたいという人に、私はよく「まず入門書として」この公判記録をすすめる。ある人がこれを読み「月謝も払わずにあんなすばらしい講義が聞けるとは。ありゃ裁判官の役得ですな」と言ったが、そういう読後感を持っても不思議ではない内容である。

第一審判決は津田博士は禁固三カ月、その著書『神代史の研究』などの発行人である岩波茂雄は二カ月であったが、ともに二年間の執行猶予。大審院まで行けば無罪であったろうが、この裁判は実に奇妙な結末を遂げている。津田・岩波両氏は控訴《こうそ》したが、第二審でどういうわけか一年以上も放置され、昭和十九年十一月に「時効完成により免訴」となっている。

この間のことは、法律的にどうなっているのか素人にはさっぱり分からないが、無罪といえば右翼はうるさいし、といって有罪にする気はなく、故意に放置して免訴にしたのかもしれない。

この公判記録を読むと、津田博士が公判廷で述べていることと、敗戦直後に『世界』が跳びあがった『建国の事情と万世一系の思想』とは少しも違っていないことに気づく。いわば氏が採りあげているのは「思想」なのだが、これについては私が記すより、公判記録を引用した方がよいと思う。

だがその前に、私の感想を少し述べさせていただく。蓑田胸喜《みのだむねき》は敗戦後、故郷の熊本に帰って自殺したから、それがたとえ狂信とはいえ、彼には彼なりの信念があったのであろう。ところが、戦時中は彼と同じような言説を吐きながら、戦後くるりと左翼的進歩的文化人になってしまった者もいる。私にはそういう人の言説は信用できない。また戦時中は皇国史観を唱えながら、戦後はマルクス主義史観に鞍《くら》替えした人も学者とは思えないし、そういう人の天皇論は信用出来ない。

この点、終始一貫、その立場を変えていない津田左右吉博士は信用出来る。氏は、白鳥博士の高弟らしく、歴史学が何かに従属する学になることを、きびしく拒否されている。もちろん学問は進歩するし、しなければならぬから、津田学説への批判は当然にあり得るであろうが、蓑田胸喜のような、またそれを裏返したような批判は、はじめから意味がない。

では引用に入ろう。中西裁判長が神代史について質問する（原文カタカナを平がなに改め、他に一部文字遣いも改め）。

「津田被告　神代史の性質とその精神というお尋ねでありますか。
中西裁判長　そうです。

津田被告　一口に申しまするというと、神代史は説話であります。説話という言葉の私の使い方は、これは実際あった事柄ではない、話として形作られたものである。そういう意味において説話という言葉を使っております。ですから説話と私が申しまするのは、歴史的事件の記録という言葉の反対の概念であります。（中略）

私が説話と申しまするのは、それは歴史的事件の記録ではありませぬけれども、いたずらに形作られたものではないのでありまして、その説話に表現せられておる所の思想があるのであります。何らかの思想を表現せられている所に説話の意味があるのであります。この思想が実に歴史的事実なのであります。昔の人がこういう思想を持っておったということ、その思想が一つの事実であります」

ここで津田博士が「歴史的事件」と「歴史的事実」を分けていることに注意しなければならない。津田博士は、これを次のように説明している。

「事件というのは何かのはっきりした出来事を事件と申します。別に一つひとつのある年ある月に誰がどうしたというそういう事件ではないけれども、ある状態、そういうものを歴史的事実と申します」

「ある時代にある人がこういう思想を持っておったとしますれば、その持っておった思想が歴史上の事実であるのであります。そういう思想の表現せられたものが説話であるのでありますから、歴史的事件ではないのでありますけれども、そこには歴史的事実としての思想があるのであります」

これを読むと、津田博士の研究方法は、最近の聖書学の研究方法と基本が同じことに気づく。「記紀」の記述であれ、聖書の記述であれ、いわば「神代」においては「歴史的事件」の記述の断片はあるにしろ、そのゆえにすべてを「歴史的事件」の記述というわけにはいかない。

しかしそこに記されている思想は「ある状態」、聖書学者の表現を使えば「生活の座《ジッツ・イン・レーベン》」から生まれたもので、説話で記されているその思想の存在と、その思想を生み出した「生活の座」「ある状態」の存在は、ともに「歴史的事実」であることは否定できない。そして、徹底した資料批判によって、「生活の座」との関連を基にその「思想」を追及し理解しようとすることは、聖書の否定でも冒瀆《ぼうとく》でもない。

この考え方が社会一般に受け容れられるか否かは、知的・文化的水準の問題なのかもしれない。たとえば二十世紀最大の聖書学者といわれる故ローラン・ド・ヴォー神父の、『イスラエル古代史』を読めば、旧約聖書への徹底的な資料批判に驚く人があるかもしれない。しかし氏は生涯ドミニコ会の司祭であり、そのことを誰も不思議に思わない。

聖書の記述の素材に古代オリエントのさまざまな神話・伝説・説話などが取り入れられていることを神父が証明しても、それは別に非難さるべきことではない。むしろ、それがいかに変形されているかを分析することが聖書の思想を解く鍵になりうる。

「仁徳天皇の御仁政」の伝説は、どこから生まれたか

一方、津田博士は、「日本書紀の記事の解釈であり」、それへの「非難なんであります」と言って「仁徳天皇の御仁政に関する日本書紀記載の本文」について詳《くわ》しく記している。

有名な「朕《ちん》高台に登りて以て遠く望むに、烟気《えんき》域中に起《た》たず。おもうに、百姓《ひやくせい》すでに貧しくして、家に炊《た》くもの無きか……」ではじまる部分、昔はこれが小学校の教科書に「歴史的事件」として載っていたから、戦前の教育を受けた人なら、すべての人が知っているのでこの部分を採りあげよう。

これが実は歴史的事件でなく、その本文は『六韜《りくとう》』と『韓非子《かんぴし》』からの引用で構成され、上代にはあるまじき記述があり、中国の聖天子を描く常套《じようとう》的手法が用いられていることを、実にこまかく論証している。

と同時に津田博士は、次に『記紀』が武烈《ぶれつ》天皇を暴虐天子として記しているが、それが『尚書《しょうしょ》』『呂氏春秋《りょししゅんじゅう》』『史記《しき》』の紂王《ちゅうおう》の記述などからの引用で構成されていることを、事細《ことこま》かく説明している。いわば尭《ぎょう》・舜《しゅん》のような理想的天子が出れば、桀《けつ》・紂《ちゅう》のような暴虐天子も出るというシナ思想をそのまま受け入れ、表現もまた引用であることを論証されている。

しかしこれらのことは津田博士が天皇制を否定したということではない。そして津田博士は日本という国がいかにして形成されたかへと進むが、その見方はあくまでも「生活の座」と、そこから生じた『記紀』の思想的特質という形になっている。

戦前の教科書には、仁徳天皇のことは「歴史的事件」として載っているが、武烈天皇は載っていない。ところが、戦後おかしなことが起こる。これはある雑誌が「天皇列伝」として、武烈天皇の系統だけを、それもあくまで「歴史的事件」として記していることである。簡単に言えば、戦前の皇国史観を裏返しただけで、「説話」を「歴史的事件」として記している点では変わりはない。こういうのも、また私には信用しかねる。

津田博士の関心は、圧倒的に中国の影響を受け、その思想を導入しつつ国家を形成しながら、なぜ「万世一系という思想」――歴史的事件ではない――が形成されたのか、まず、この点にあるであろう。

「皇室が如何《いか》にして日本の国家を統一遊ばされたかということの詳しい言い伝えがなかったということも、それ（国民全体の生活状態）と関連して居《お》るものと思います。

上代の人間において人の語り草となっておることは、やはり戦争であります。子どもが戦争の話を喜ぶと同じように、上代人の一番面白く思うことは、やはり戦争の話であります。

ですから、何処《どこ》の民族の上代の歴史を見ましても、あるいは叙事詩のような文学上の作品を見ましても、その大部分は戦争の話であります。

戦争の話ならば、多くの人が面白くそれを語り伝えるのであります。上代人においては、何か変わった事件でなくては、語り伝えるということは少ないのであります。

ところが、我国の上代においては、あまり語り伝えることがないのであります」

これは大変に面白い見方である。というのは「建国史」や「王朝創立史」はみな「戦争物語」だと言っても過言ではないからである。ところが日本ではこれが少ない。「少ない」ということはもちろん「無い」ということではない。たとえば「神武《じんむ》天皇の御東征」という物語があることはあるが、これは実は歴史的事件ではないと、津田博士は論証している。この御東征は航海があったはずだが、その航海記がない。

なぜこういう物語が必要であったかというと、ここで「神代」と「人代」とを分けるためであったと論証されている。これは大変に面白い説で、多くの国の神話・伝説で「神代」と「人代」を分けているのが大洪水である。たとえば、バビロニア神話では、大洪水の中で箱船に乗って生き残ったウトナビシュテイムが人類の祖となり、また旧約聖書では、ノアの洪水の後に新しい人代がはじまっている。

同じように、東征という航海で海にただよった後にカムヤマトイワレヒコ（神日本磐余彦尊）がハツクニシラスノ天皇《スメラミコト》（始馭天下之天皇）とされ、この天皇から書紀は「人代」に入っているが、崇神《すじん》天皇（第十代）もまたハツクニシラスと記されていることを津田博士は指摘する。つまり日本の場合、いわば神話時代から次の段階の伝説時代を経て、歴史時代に入っていく。

そもそも、日本は平和国家であった

「ところが、我国の上代においては、あまり語り伝えることがないのであります。ないということは、平和であるということであります。昔のことが分からなくなったということは何であるかと言うと、平和な生活をしてきたということ、戦争が少なかったということであります。皇室が如何《いか》にして国家を統一遊ばされたかということの話があまり伝わらなかったということも、やはり武力を以て、すなわち戦争の手段を以て圧伏をせられるということもなかった、平和な上代において、次第《しだい》しだいに皇室の御威徳《ごいとく》が拡がっていった、こういう状態であるとしますれば、語り伝えるべき著《いちじる》しい異変というものがありませぬ。

異変がないということは、すなわち、きわめて平和の間に、そういう国家の統一が行なわれたということになるのであります。

このことは日本の上代史、日本の起源を考えるにあたって、きわめて重要なことと考えます」

このように、じゅんじゅんと『記紀』に基づく上代の思想を説く津田博士の言葉を聞いていると、「日本はそもそも建国のはじめから平和国家であった」と主張しているように感じられる。戦後に急にこういうことを言い出したら、それは「時代に迎合している」と言ってもよいであろう。しかし津田公判がはじまったのは昭和十六年十一月一日、以上の記述は第十五回公判で十二月十一日、すでに太平洋戦争に突入し、国中が戦争で沸きかえり、ラジオからは軍艦マーチが流れ、「勝った、勝った」で国中が興奮している時の陳述である。津田博士は次のように述べる。

「又《また》（現今では）戦闘的精神を極度に発揮せしめるような国際状態になっておりますが、上代においては、今日とは全く違った有様《ありさま》でありますので、只今申し上げましたようなことが、一つの日本民族の国民性を養うのに大切なことと考えられるのであります。

そういう民族であったのであります。そういう民族が非常に長い間日本のこの土地に住んで、そうして日本民族として民族的な共同な生活を致しておりました」

「アラヒトガミ」の思想は、どこから生じたか

こういう「生活の座《ジッツ・イン・レーベン》」で生きている日本人のところへ、中国から文字が入ってきた。文字が入ってきたことによって『記紀・万葉』が記されるようになった。もちろんそれ以前の記述があり、それを基にして記されたのが『日本書紀』だが、文字が入ってきたということは、思想が入ってきたということである。このことを津田博士は強調される。言われてみれば当然のことで、思想を除いて文字だけ入ってくることはない。そこで前述のように、仁徳天皇や武烈天皇の記述が『六韜《りくとう》』『韓非子』『尚書』『呂氏春秋《りよししゆんじゆう》』『史記』などからの引用で構成され、同時にその思想の影響を強く受けても不思議ではない。

しかし、『記紀』は決して中国思想と同じではない。否《いな》、全く違うといってよい。ではど

のようにして、上代の日本独特の思想が形成されてきたのか。それはどのような思想なのか。これが津田博士の学問的関心の中心であろう。そこに「アキツカミ」「アラヒトガミ」の問題が出てくる。こういう観念は中国にはないし、「万世一系」もないからである。

まず博士は、上代の日本人も「人」と「神」とをはっきり分けていることを指摘する。そうでなければ「神代」「人代」という分け方があるはずはない。この点、宣長《のりなが》の考え方と同じではない。「古史の神話などにいわゆる合理的解釈を加え、神は人なりの見《けん》を以て、みだりにユーヘリズム（神話の神を人間と見做《みな》す学説）的説明をほしいままにするの非なるを力説」した白鳥博士の説を継承している。そして「人代」になってから、自らの時代を「神の大御代《おおみよ》」「神の御代」と言った例は、万葉集の文学的表現に二度出ているだけで、それ以外にないことを指摘する。

そしてこういう例外以外、その時代を「人代」として「神代」と区別しているのは、神話時代のように神が支配する時代でなく、人が支配する時代であると考えていたことを示していると言う。もし天皇が「神」ならば、日本の歴史はすべて「神代」になってしまう。そしてこの「人」と「神」をはっきり分ける分け方は、たとえば『史記』などにはない。

天皇はまず「アラヒト」であり、「アラヒトガミ」と記されていても、上代の日本人の普通の神の観念とは違う存在であることを、津田博士は次のように言う。

「……その神（アラヒトガミのカミ）は、宗教的に祈禱《きとう》を受け、祭祀《さいし》を受けられて、あるいは供《そな》え物を受けられて、一々《いちいち》人々の日常生活を支配し、日常生活における禍福《かふく》を与えられる、そういうお働きは天皇はなされないのであります。

天皇は『アキツカミ』であらせられます。その『アキツカミ』としてのお働きは、国家を統治あらせられる点にあるのであります。外《ほか》の多くの神々が人々の御祭りを受け、祈禱を受け、それによって、人々に禍《わざわい》を下したり幸《さち》を下したりする、（天皇は）そういうことをなされるのではありませぬ。それのみならず、そういう意味におきましては、天皇はやはり神をお祀《まつ》りになるのであります。

天皇御自身が神をお祀りになるのでありまして、その点では天皇は神に対する人の位置にあらせられるのであります」

まさにそのとおりで、もしそうでなければ、拝《おが》めば病気が治ると信じられている新興宗教の教祖の方こそ「アラヒトガミ」になってしまう。その種の「巷《ちまた》の神々」は、昔もいたし今もいるが、「アラヒトガミ」という概念は、上代においてもそのような拝礼や祈禱の対象ではなく、また呪術的能力を持つ対象でもなかったことを、津田博士はまことに懇切丁寧に、史料に基づいて述べている。まさに、上代日本人の思想の最高の講義であろう。

だがこの膨大な講義をすべて記すわけにいかない。そこで、戦後の津田博士の論文へと移るが、津田博士の結論を一言で言えば「アラヒトガミ」とは「アラヒト象徴」だということである。天皇は人間である、と同時に象徴であるというのが、津田博士の一貫した考え方であり『中央公論』(昭和二十五年七月号)所収の論文『元号の問題について』の中で、次のように記されている。


「象徴ということばは、法律上の用語としては、今度の憲法に初めて現われたものでありますが、実際は昔から象徴であられた。憲法で象徴ということばを使ったのは、誰の考えから出たことか知りませんが、私はよいことばを使ったものだと思います。私自身のことを申すのは言いにくい気がしますが、私は皇室は国民的精神の象徴、または国民的結合の象徴であるということを、三十何年も前に公《おおやけ》にした著書の中に、明白に書いておりります。

憲法についてはいろいろな意見もありましょう。完全無欠なものではないかもしれません。しかし皇室を国家および国民統合の象徴として規定してあることは、歴史的に形づくられて来た日本の天皇の地位と性質を最もよく示したものとして、私は感服しているものであります……」

天皇が、中国型皇帝とならなかった五つの理由

事実、津田博士は天皇を象徴と規定した最初の人であり、その「天皇論」は戦前・戦後一貫して変わっていない。そして、中国の皇帝は決して「アラヒト象徴」ではなく、天命により地の民を支配する支配者なのである。「公判記録」では、この中国思想についても詳しく述べられているが、この中国思想の圧倒的な影響下にありながら、天皇がなぜ中国型皇帝にならなかったかを述べた、精緻をきわめた論証は省略し、それを要約したような、前記の『世界』の論文の中の五つの条件だけを、次に記そう。

「第一は、皇室が日本民族の外から来てこの民族を征服し、それによって君主の地位と権力とを得られたのではなく、民族の内から起こって、しだいに周囲の諸小国を帰服させられたこと」――この点、天皇はウィリアム征服王《ザ・コンカラー》（ノルマン王朝を開いたイギリス王、在位一〇六六―八七年）とは基本的に違う。

「第二は、異民族との戦争の無かったこと」――もちろん局地的紛争があったことは事実だが、それらは政治体制に決定的影響を及ぼすようなものではなかったこと。

「第三には、日本の上代には、政治らしい政治、君主としての事業らしい事業が無かった、

ということ」——簡単に言えば、当時の日本の「生活の座」は、そのようなことを要請しなかったということであろう。もちろん時代とともにそうはいかなくなるが。

「こういう状態が長くつづくと、内政において何らかの重大な事件が起こってそれを処理しなければならぬような場合にも、天皇みずからはその局に当たられず、国家の大事は朝廷の重臣が相謀《あいはか》ってそれを処理するようになってくる」——これが政権と教権の分離のようになり、朝幕併存体制へと進む。

「第四には、天皇に宗教的の任務と権威とのあったことが考えられる」——日本の律令制は中国をそのまま模倣したのでなく、天皇の下に神祇官《じんぎかん》と太政官《だいじょうかん》とがあり、天皇はこの二つの上に君臨していた。太政官の方は時代の要請で変化し、摂関《せっかん》制となり、幕府制となっていくが、神祇官の方は変わらないで継続している。これは祭儀権と政権の分離といってもよい。

「第五には、皇室の文化上の地位が考えられる」——いわば、中国の先進文化を導入し、それによって、

「皇室はおのずから新しい文化の指導的地位に立たれることになった。このことが皇室に重きを加えたことは、おのずから知られよう。そうしてそれは、武力が示されるのとは違って、一種の尊《とうと》さと親しさとがそれによって感ぜられ……その文化の恵みに浴しようとする態

度を採らせることになった」――このことは鎌倉時代になり、武家が政権を取っても明確である。朝廷は彼らにとって、あくまでも文化的に尊いもので、そのあこがれは、絶対的とさえいえる。

以上が津田博士の挙げている五条件である。そして津田博士は、このようにして形成されていった文化の継続性を願う気持ちが、言い換えれば民族の継続性への希求が「万世一系」という思想を生み出し「そういう思想を生み出した歴史的事実としての政治・社会的状態に一層大いなる意味があることを、知らねばならぬ」とされる。

ということは「天皇は国民統合の象徴」であるだけでなく、「民族の継続性の象徴」でもあるということになる。そしてこの点から「元号」について論じられている。だがこれについては省略しよう。

文化的統合の象徴としての天皇

では天皇とは何なのか。戦前・戦後という大激変の間、一貫して変わらなかった津田左右吉博士の説を援用《えんよう》すれば、昔も今も「人間《アラヒト》・象徴」であるということになろう。そしてその思想は、上代の日本人の「生活の座」と、その「国家形成」における、非軍事的、さらに非政治的ともいえる文化的統合によって生まれ、以後、さまざまな変転があり、時には例外もあったが、ほぼ一貫して継続してきた。この点で、故高倉テル氏の「本来、これは政治的な問題でなく、文化的な」問題であるという定義は興味深い。

天皇御自身はこのことをどう考えておられたであろうか。天皇もまた、白鳥博士の教えを受けている。天皇は生物学御研究の成果は公表されているが、読む本は「生物学と歴史」と言われても、歴史についてのご発言は特にない。だがさまざまな機会に、生物学者の歴史観を思わせるような面白い発言がある。軍部の機関説排撃に対して、天皇はしばしば本庄武官長と議論をしているが、そのなかに（昭和十一年三月十一日）、

「自分の位はもちろん別なりとするも、肉体的には武官長と何ら変わるところなきはずなり」

というお言葉がある。「肉体的には天皇はわれわれと何ら変わることのない人間じゃないか」と言えば、天皇御自身、「まさにそのとおり」と言われたであろう。すなわち「アラヒト」である。ただ、それでありながら象徴でありつづけたのは、まさに「文化の問題」であろう。

人間は単なる「政治の対象」ではない。人間が、もし政治だけの対象であるならば、「少

数民族問題」は発生しない。ソビエトがいかに強権を揮《ふる》っても「民族」を消すことは出来ず、強圧が多少ゆるめばすぐ噴出するのが民族問題である。民族はもちろん人種ではなく、共通の継続的文化をともにその「生活の座」の中で保持しつづけてきた者である。

そして文化的統合の象徴が天皇であり、同時にそれは民族の継続性の象徴である。ヘブル大学の日本学者ベン＝アミ・シロニー博士は、津田左右吉博士とは無関係だが、ほぼ同じような結論を出しているのが興味深い。

千葉周作に〝死に方〟を習いに行った茶坊主の教訓

前に杉浦の『倫理御進講草案』に基づく講義は、決して固苦しいものでなく少年たちの喜びそうな挿話をまじえて話したという関係者の話を記した（82ページ参照）。そのとき「後述する」と記したのが、実は、「武力と文化の持つ力」といった問題である。時に裕仁親王は中学一年生、それを考えれば杉浦がむずかしい「文化論」などはせず、面白い挿話をしたのも不思議ではない。それが「兵」の章である。

杉浦は武力の必要を認めつつも、戦争が一国にとっていかに危険でかつ悲惨なものかを説く。これは彼のような年代、幕末に生まれ、戊辰《ぼしん》の役《えき》、西南《せいなん》戦争、日清戦争、日露戦争を体験した世代にとっては痛切な実感であったし、講義はちょうど第一次大戦のまっただ中、

「今や欧州全体にわたりて戦塵《せんじん》空を掩《おお》う」時である。戦争体験者は平和主義者《パシフィスト》になると言われるが、杉浦であれ、山川健次郎であれ、尾崎行雄であれ、常に革命や戦争への嫌悪感が背後にあることは、仔細《しさい》に見ていくと分かる。

一応の講義の後「挿話」としてある話が収録されている。収録はもちろん要旨で、話はもっと面白かったであろう。実は同じ話が私が小学校のときの副読本にも載《の》っていたので、それをも念頭に置きつつ、彼の講義を想像してみよう。要約すれば次のような話である。

幕末のころ、土佐《とさ》の土方《ひじかた》某というお茶坊主がいたが、彼は茶道の奥儀《おうぎ》に達し、殿様は彼の点《た》てたお茶以外は飲まないほどであった。参勤交代で江戸に行くとき、どうしても連れて行きたいが、茶坊主の身分ではそうもいかぬ。そこで士分に取り立て、武士にして連れて行った。ただこの「お茶坊主武士」は、剣の達人が見れば一目で「偽者《にせもの》」と分かる。第一、歩き方が違うし、身のこなしも全く違う。ところがある日、和田倉《わだくら》門（江戸城の門の一つ）の近くで、ある武士に「真剣の勝負」を申し込まれた。

驚いたのは茶坊主である。大体、刀など抜いたことがない。しかし、静かに「主命を奉じて使《つかい》する途中」、それが終われば勝負しようと約束し、「二時間後」を約して別れた。彼はその足で剣聖・千葉周作を訪れ、病中と面会をことわられたのを強《し》いて頼み込み、病床に招じ入れられ、事情を話した上で、次のように頼み込んだ。

「さてお恥かしきことなれども、（お茶坊主の）われいまだ剣法を知らず。とにもかくにも討たれて死すべき覚悟はしつれど、未練なる死《し》に様《ざま》にして恥を遺《のこ》し、主名を汚《けが》すを恐る。ゆえに来《きた》りて先生に見《まみ》え、見苦しからぬ死をなすの方法を問わんとす。願わくば、先生これを教えたまえ」

驚いたのは千葉周作である。彼は次のように言う。自分は多くの仇討《かたきうち》の後見《こうけん》をし、多くの人に剣法を教え、「いかにして敵に勝つべきかを問わるること幾度《いくたび》なるかを知らず。しかれども、如何《いか》に死すべきかを問われたるは、今日を始めとす」と言い、ここで茶を一服所望する。土方《ひじかた》は悠々と茶を点《た》てる。それは到底、目前の死を覚悟した人間とは思えない。

そこではじめて言う。

「よし、御身《おんみ》のために語らん……御身が剣道を知らざるを利なりとす。御身、心してわが言を聞け。彼《か》の武士と相対して互《たがい》に一刀を抜くや否や、御身は直《ただ》ちに左足を踏み出して力を込め、大上段に振りかぶりて両眼を閉《と》ずべし。いかなる事ありとも、その眼を開くこと有るべからず。ややありて、腕か頭か冷《ひ》やりと感ずることあるべし。これ切られたるなり。その刹《せつ》那《な》、御身も力に任せて上段より切りおろすべし。敵も必ず傷つき、あるいは相打ちになるやも知れず。このこと決して背《そむ》くべからず」と。

土方は厚く礼を述べ、果合《はたしあい》の場所に戻り、落着き払って、待っていた剣客に挨拶《あいさつ》する。

その落着きぶりに少々気を呑《の》まれた相手は、要心してやや離れて一刀を抜く。土方は言われたとおり、大上段に振りかぶって両眼を閉じ石像の如く立っている。剣客は驚いた。相手は満身隙《すき》だらけだが、踏み込めば必ず頭上の刀が振り下ろされる。さらに相手は眼をつぶっているから、心の動きがつかめない。

時はたつ。お茶坊主・土方の方は、いつ「ひやり」とするか待っていたが、一向に何も来ない。不思議に思っていると「恐れ入った」という声がする。相手は刀を投げて土下座をしているのだが、彼はまだそのままである。多くの見物人が集まっていたが、これを見て思わずドッと笑った。驚いて眼を開けてみると目の前の土下座した武士が「恐れ入ったる御手のうちなり。われら及ぶところにあらず、つきてはわが一身を如何《いか》ようにも処分し給え」と言う。

勝ちたいという野心は「捨て身」の前には無力であろう。

茫然とした土方が、やっとのことで「土佐藩の武士は、降伏したるものを切るべき刀を所持せざるなり」と言う。相手の武士は、今まで多年、諸国をめぐって剣道を修業したが「いまだ御身のごとき流儀を見ず。御身の剣道は何流ぞ」と問う。土方はおかしさに耐えられず、自分は茶坊主、ただ「千葉周作先生を訪ねて、死に方の教訓を受け、先生の言わるるままにしたるのみ」とすべてを話す。

武士は驚き「よし剣道を知らざるにせよ、その決心を定め得《き》たるは、まさに剣道の奥儀を会得したるものなり。わが兄として仰ぐべきなり」と言い、共に千葉周作を訪ね、すべてを物語った。

周作は「事の始末を聞き、手を拍《う》って喜ばれければ、両人はその面前において兄弟の約を定め、爾後《じご》親交渝《かわ》らざりきとぞ」。

この言葉で「兵」の項は終わっている。いわば「茶道の奥儀が剣を圧した」のである。杉浦がなぜこの話をしたか。元来、朝廷は「武」ではなく、いわば「丸腰」の非武装で「武家の幕府」の上にあった。それは上代以来の伝統的な文化の力によることを、幕末人の彼自身、体験的に知っていたからであろう。歴史に御関心の深い天皇の、歴史の読み方の視点は、この点でわれわれと違っていたものと思われる。

「捨て身」の覚悟で成功したマッカーサー会談

では天皇は、この「民族の文化の力」といったものを信じておられたのであろうか。

天皇は単身、マッカーサーに会いに行かれた。丸腰で完全武装の相手に会いに行く。このときの天皇の行き方も、その論法もまさに「捨て身」である。何が起こるかは、一切予測できない。天皇がそのまま逮捕されるのではないかと思っていた側近もいたという。どのような会見であったか、信頼できると判断した資料はすでに述べた。そして、マッカーサーが、皇居へ帰る天皇を見送ったときのことについて半藤一利氏は、次のように記している。

「……文字どおりに一身を犠牲にして責任を負う覚悟で会見にのぞんだ天皇に、マッカーサーが心を揺り動かされたことも、また確かのように思われる。会見を終え、宮城へ帰る天皇を見送ったあと、彼は副官のパワーズに言った。

『私は生まれながらの民主主義者だし、自由主義者として育てられた人間だ。しかし、これほど高位の、そしてすべての権威を持った人間が、いまこのように低いところに下ろされてしまったのを見ると、なんとも痛々しい』と」

（『天皇とマッカーサー』／『オール讀物』昭和63年11月号所収）

「勝ちたい」という野心、いわば「占領政策を成功させ、あわよくば大統領に」といった野心は、「捨て身」にはかなわない。会談を重ねていくうちに両者の関係は微妙に変わっていく。第三回の会談で天皇は御巡幸についてのマッカーサーの意見を求める。マッカーサーはこれに賛成し、次のように言ったと半藤一利氏は記しておられる。

「『……米国も英国も、陛下が民衆の中に入られるのを歓迎いたしております。司令部にかんするかぎり、陛下は何事をもなしうる自由を持っておられるのであります。何事であれ、私に御用命願います』――この最後の、誇り高きマッカーサーが言ったという言葉 "Please Command Me." が、まことに印象的に響くではないか」

十四章　天皇の〝功罪〟

——そして「戦争責任」をどう考えるか

夢さめて　旅寝の床に　十《と》とせてふ
むかし思へば　むねせまりくる

〈御製〉▼昭和三十年八月十五日、終戦から一〇年、那須《なす》御用邸にて
（「全国戦没者追悼式」が始まったのは、昭和三十八年から）

歴史的〝功罪〟を論ずることのむずかしさ

歴史上の功罪の評価は、非常にむずかしい問題である。というのは、「功」は裏返せば「罪」となり、「罪」は、裏返せば「功」となるからである。では今はそれを控えて、すべて後代の評価に俟《ま》つべきなのであろうか。必ずしもそうは言えまい。時代時代が相当に恣意《しい》的な評価を下すことは、短い私の生涯でも、経験している。大体、江戸時代が評価されるようになったのは最近のこと、私が資料を集めたころは、全く無価値で文字どおり紙屑《かみくず》の値段だった。

その昭和も、「国難とドイツ語で書く」三代目から、「民主主義《デモクラシー》と英語で書く」四代目に移り、やがて「ゲンロクとローマ字で書く」らしい五代目に移ろうとしている。そのたびにさまざまな人物への歴史的な評価は変わっていく。

少々杉浦重剛のまねになるが、五代目といえば徳川綱吉《つなよし》の時代、元禄《げんろく》時代（一六八八―一七〇四年）はそのまま彼の治世に入る。だが、多少は江戸時代が復権しても、綱吉の功罪などを論ずる者はいないであろう。彼は「犬公方《いぬくぼう》」「犬将軍」の一言で否定される。

たとえ柳沢吉保《やなぎさわよしやす》（綱吉時代の老中）が、『憲廟実録《けんびようじつろく》』で、

「常に宣《のたま》いしは、国家の制度、神祖《しんそ》の宏謨《こうぼ》（大いなる企《くわだ》て）より出で、その後歴朝相議《あいぎ》して潤色を尽くせり。いま一事の増損すべきなし。ただ教道立たざるゆえ、義理明らかならず、

戦国の旧俗大夫《たいふ》の道となり、残刻《ざんこく》を認めて武とし、意気を以て義とし、世人不仁《せじんふじん》の所為《しょい》多くして、人道の本意に背《そむ》くこと、これによって聖人の道を尊崇ましまし……」

とベタホメにしても、「この側用人《そばようにん》あがりのゴマスリめが」で終わりになる。

彼がやや評価されるようになったのは、皮肉なことに明治になってからだが、同時代の人では、オランダ商館医師ケンペルがいる。

「ケンペルは、鎖国下の『元禄時代の日本』を、別世界のパラダイスのように見ている」、という批判は当然にあり得るであろうが、当時のヨーロッパと比べれば平穏無事な平和郷であったであろう。日本が鎖国の間にヨーロッパが繰り返した戦乱を見ると、「西欧元禄」の到来は、夢想も出来ない。なぜこのような平和な時代が来たのであろうか。

『憲廟実録』が書いているように、国家の制度は家康がその基本を樹立し、その後、代々補足して、制度的にはすでに平和体制が出来上がっている。

しかし、「戦国の旧俗」がまだ「士大夫《したいふ》の道」であり、これがあらたまっていない。事実、戦国時代を見れば、相手を殺してその首を取れば初めて認められる。五つ首を取って「首供養《くびくよう》」をすれば抜擢《ばってき》される。いわば人を殺すことで出世出来る社会である。制度は変わっても、この「戦国の旧俗」は簡単に変わらない。戦国以来という当時の日本の「歴史的実体」と「幕藩体制下の平和という青写真」との乖離《かいり》である。

そしてこの気風を一変させ、「乖離」をなくそうとしたのが、綱吉の徹底した文治主義、それを庶民に否応《いやおう》なく教え込んだのが「生類憐愍令《しょうるいあわれみのれい》」だと彼は言う。いわば、人を殺せば認められる世界から、犬を殺しても死刑になる世界への転換、いわば価値観の徹底的な転換である。

確かに弊害はあった。これが「罪」である。しかし、「価値観の徹底的な転換」、これは「功」であり、この暴力なき平和な社会が元禄時代を生み出すのである。

私が西洋史を読んで少々驚いたのは、決闘の半《なか》ば公然なる黙認が、第一次大戦のころまであったことである。代表的なのは、第一次大戦のときの仏首相クレマンソーだが、彼は「虎」と渾名《あだな》され、生涯、数えきれぬほどの決闘を行なったという。民主主義と言論の自由と、この決闘の公認を、どう解すべきなのか、少々戸惑《とまど》うが、同時代の原敬《はらたかし》首相が決闘をしたなどという話は聞かない。確かに戊辰《ぼしん》戦争はあったが、観戦武官として普仏《ふふつ》戦争(一八七〇年)を見た大山弥助《おおやまやすけ》(巌《いわお》)は、猛牛が激突するようなそのものすごさに呆《あき》れ、維新の戦いなどは、しょせん「鶏の蹴《け》り合い」のようなものだと記している。

そして明治が過ぎ、大正ともなると「元禄的風潮」にまた戻る。昭和の戦後は言うまでもない。そしてこの意識の大転換を行なったのが綱吉である。もっとも、津田左右吉博士の指摘する「建国の事情」(329ページ参照)がその根底に流れていたであろうが——。

しかし、いまこれを「綱吉の功績」と考える者がいるであろうか。その状態が当然となれば、それを招来した「功」は忘れられ、「生類憐愍令」その他の「罪」だけが記憶されている。

もちろん、天皇と綱吉は全く違う。綱吉には偏執《へんしゅう》狂《きょう》的なところがあり、人によっては、精神病理学の対象ではないかとさえ言う。天皇にはもちろんその要素が全く見られない。科学者、生物学者である。

以上は、ただ「守成」の「功」の評価がどれくらいむずかしいかの一例である。そしてこれが「守成」を担当した者の運命であろう。その点では昭和天皇の「功」を連想させる。柳沢吉保的にいえば「国家の制度、憲法の公布は、明治天皇の宏謨《こうぼ》より出で、その後、大正時代に重臣相議してその運用を尽くせり。いま一事の増損すべきなし」であるが、「憲政」とは何かは、いまだ定着していない。憲政の「教道」がいかに定着していなかったかは、当時の記録を見れば分かる。確かに「憲政」を定着させようと努力した人々、簡単にいえば「憲政の伝道師」は、確かにいた。その代表のように尾崎行雄を挙げたが、もちろん、その努力をしたのは彼だけではない。

「天皇は戦争を止められるのに、なぜ止めなかった」

天皇にも、「憲政の伝道師」という意識はあったであろうか。私の勝手な想像だが、天皇にはそういう意識はなかったと思う。ただ杉浦重剛が「国憲・国法」の遵守《じゅんしゅ》の例として説いた「羽太正養《はぶとまさかい》」（152ページ参照）のように、一点一画をおろそかにしない生《き》まじめさで、明治天皇の遺勅どおりに遵守されただけであろう。

考えてみれば、これは実に不思議なこと、人類史上、これを行なったのは昭和天皇だけかもしれない。というのは、元来「憲法」とは君主の権力を制限し、実質的には無権力の存在にしてしまうものだからである。したがって、国王と憲法の衝突、換言すれば議会との衝突は、憲政が定着するまでいずれの国でも起こっており、「立憲君主制の模範」のようにいわれるイギリスでも例外ではない。「憲法停止・御親政」を皇弟から建言され、断固拒否する君主とは、例外的な存在であろう。

では天皇は、憲法を無視することが不可能だったのだろうか。明らかに可能であった。そしてそれを望む者がいたことは否定出来ない。それはただに軍部だけではなかった。天皇が、啓蒙的独裁君主として、国民の困窮を救ってほしい、否《いな》、救うべきだといった気持ちが、その人たちにあったことは否定できない。「明治憲法という青写真」と「歴史的実体として日本」との乖離は、如何《いかん》ともしがたかった。

磯部浅一の呪詛は、簡単に言えば「青写真ばかり眺《なが》めていないで、歴史的実体として日本の現状に目を向けて下さい」であり、「天皇よ、なぜこれが分からないのか」が、彼の痛切な叫びである。

憲兵の調査報告にあるが、彼の家は実に貧しかった。それだけでなく、村人からも疎外されていた。その苦境の中から彼は陸軍経理学校に進んだ。といってもその意味は、今では分からないであろうが、これは約六〇人に一人の合格という大変な試験。その点、彼は少年期より稀代《きたい》の秀才であり、そして彼は当時の日本の貧農の絶望的な悲惨さを知っていた。そしてその現実の前には「憲法という青写真」など、何の価値もないものであった。そんなものは棄て、北一輝の『日本改造法案大綱』に基づいて、徹底的にこれを改造しなければ民衆は救われない——、彼は彼でこの信念を貫いている。

そして彼の天皇への呪詛は、「天皇はそれを出来るのにやらない」という点にあったことは言うまでもない。そして戦後にもこれに似た意見はある——「天皇は戦争を止められるのに止めなかった」。

この言葉は、単に庶民が口にしているのではない。侍従武官・平田（昇）海軍中将も天皇に同じ趣旨の質問をしている。天皇のお答えは「平田は憲法を知らんよ」、それだけであった。

これは天皇の功罪の最も大きな問題点であろう。そこへ進む前に、もう一度「整理」しておきたい問題がある。近衛は「日本憲法というものは天皇親政の建前で……」と言っており(168ページ参照)、戦後も何となくそう思っている人がいる。もし本当にそうなら「憲法停止・御親政」という言葉がおかしいであろう。

この点、磯部浅一の方がはっきりしている。天皇親政なら憲法は不要のはず。近衛の言葉は一種の「語義矛盾」か、彼らしい「責任逃れ」である。天皇がこれに対して大変な不快感を示され「近衛は自分に都合のいいことを言っているね」と言われたのは実は理由がある。これについては後述するとして、「日本の憲法は天皇御親政」かどうか、すでに述べた点であるが、最後に整理してみよう。

天皇の口を封じた近衛と軍部の策謀

明治憲法七十六カ条を全部読んだ人は少ないであろうし、今の人が読んでも、この古めかしい日本語で記されたことの意味を理解出来る人も、少なくなったであろう。さらに問題なのは、その表現が少々「慇懃無礼《いんぎんぶれい》」で、意味がつかみにくい点である。

たとえば、「第五条　天皇ハ帝国議会ノ協賛ヲ以テ立法権ヲ行フ」は、「天皇は帝国議会の可決した法律に対して拒否権を有せず」と訳せば意味が分かる。

同じように、「第五十五条　国務各大臣ハ天皇ヲ輔弼《ほひつ》シ其ノ責ニ任ス　②凡《すべ》テ法律勅令其ノ他国務ニ関《かかわ》ル詔勅ハ国務大臣ノ副署ヲ要ス」は、「天皇は閣議の決定に対して拒否権を有せず。また閣議に出席し発言することを得ず。すべて法律・勅令・その他国務に関する詔勅は、国務大臣の副署なきものは無効なり」といったような「現代語訳」をつくれば、はじめてその意味がはっきりとする。

近衛の言葉、「日本憲法というものは天皇親政の建前」を「憲法は天皇親政らしい表現を用いているが、しかし内容は機関説どおりである」と言い換えれば、意味は通る。そうでなく本当に「天皇親政」なら、憲法はいらないはずである。

前述のように、日本の運命の岐路は、昭和八年の熱河《ねっか》作戦にあった。これがなければ、日華事変には発展しなかったであろう。ではこのとき、憲法第五十五条を無視して閣議の決定を天皇が覆《くつがえ》したらどうなったか。それは一種の「王様クーデター」であろう。天皇はこれを行ないそうになったと私は想像する。その先は分からない。拡大二・二六事件ともいうべき「逆クーデター」となり、天皇は「御不例」ということで幼児の皇太子が即位され、秩父宮が摂政になったかもしれない。何かのときの摂政に予《あらかじ》め高松宮を指名した天皇に、この危惧がなかったとはいえまい。

もしそのような「逆クーデター」も起こらず、閣議の決定を上奏しても天皇が「意に満ちる」ものは裁可し、「意に満たない」ものは裁可しないとなれば、日華事変も太平洋戦争も起こらなかったかもしれない。もしそれが国民の望んでいた状態なら、結局、国民が望んだのは「立憲君主制」でなく「啓蒙的開明君主による直接統治」であったということかもしれぬ。磯部浅一が夢みたのも、それであったのだろう。

歴史上の「仮定」は結局無意味であろうが、もし本当に「天皇の戦争責任」を論ずるなら、ここからはじめねばならない。ただ、そこまでは遡《さかのぼ》らず、そこまではそれでよいとして、日華事変・太平洋戦争の場合のみに限定するならどうであろうか。これは少々虫のよい話だが、確かにここに新たな問題点が出てくる。

昭和十二年、近衛は「大本営政府連絡会議」をつくった。これが後の戦争指導会議である。問題は、これが「閣議」か否《いな》かである。これが御前会議となり、第一回は昭和十三年一月十一日。単なる連絡会議なら、天皇は大いに発言して御希望を述べてよいはずだが、閣議同様ならば少々問題である。憲法上疑義があることは絶対に行なわない天皇は、この点を、元老・西園寺公望に問い合わされた。彼の返事は、この席での「御希望」、ないしは「御質問」は差《さ》し支《つか》えないであろうということであった。

しかし、このことを内大臣から聞いた近衛は絶対反対で、次のように言ったと半藤一利氏は記しておられる（『陛下ご自身による天皇論』／『アスティオン』十一号所収）。

「本案は総理大臣の全責任において、すでに決定し（ということは「閣議決定」）、単に御前で、（統帥部との合意を）本格的に決めるにすぎないから、御発言のないことを望む」

天皇は「連絡完了」の立会人にすぎないというわけであろう。天皇は無言であった。この近衛が「日本憲法というものは天皇親政の建前」などと言えば、天皇が御不興であったのは当然であろう。

これによって天皇の統帥部への発言も封じられた。二・二六事件後の四月二十五日の天皇の次のお言葉は、このことへの予感を示している。

「軍部にては機関説を排撃しつつ、しかも自分の意思に悖《もと》ることを勝手になすは、すなわち朕を機関説扱いとなすものにあらざるなきか」

いわば軍部は「機関説以上の機関説」で天皇の発言を封じたわけである。そのため天皇がこの会議で発言されたのはおそらく二回だけであろう。前述のように、昭和十六年九月十六日、明治天皇の御製《ぎょせい》を誦《よ》まれ、平和への強い要望を示されたのと、第二が終戦の時の「聖断」である。なぜ天皇がこれを「立憲君主としての道を踏みまちがえた」と考えておられたか、もはや説明の必要はあるまい。

アジアで唯一の憲法保持国として

「憲法絶対」という態度を、天皇は一貫して変えていない。戦前・戦後の役割について「私は精神的にはなんらの変化もないと思う。常に憲法を厳格に守るように行動してきた」という昭和四十七年九月のお言葉は、まさにそのとおりと言ってよい。

大日本帝国憲法が公布されたのは明治二十二年（一八八九年）、アジアで最初である。その後、多くの国で憲法が公布されているが、それを一貫して保持し得た国はなかったと言ってよい。憲政はなかなか根づかない。その間、曲がりなりにも憲法を保持し、昭和二十一年、「帝国憲法第七十三条ニヨッテ帝国憲法ノ改正案ヲ帝国議会ノ議ニ付スル」という詔書により、新憲法へと移行して現在に至っている。この間における天皇の「功」を否定することはできない。

「天皇の戦争責任」という問題は、実はこの「功」と裏腹の関係にある。ただこの問題を論ずるに当たって、「事実誤認に基づく責任論」は意味を持たない。

歴史は皮肉である。というより天皇にとっては苦渋に満ちたものであろう。「二・二六事件の処理」と終戦の「御聖断」を「罪」として批判する者はいない。全員が「功」とする。しかし、これを天皇は憲法違反と考えておられる。そして、あくまでも「憲法どおり」を「罪」とする者もいないであろう。天皇がぐらついたら憲法は消える。しかし「閣議決定」を上奏されれば裁可し、そこで戦争になる。では、この場合の憲法遵守は「罪」なのか。それをどう考えるかは、人々の判断にまかせる。

どう考えるかは各人の自由だが、誤った前提に立てば、おかしな結論になる。

たとえば長崎市長・本島等《もとしまひとし》氏〔当時〕の「昭和史によれば、天皇が重臣の上奏を退《しりぞ》けたため終戦が遅れた。天皇の責任は自明の理。決断が早ければ、沖縄、広島、長崎の悲劇はなかった」という発言である。この「重臣の上奏」の意味が明確でないが、これが閣議もしくはそれに準ずる最高戦争指導会議の意味なら、これは事実ではない。天皇が「閣議の決定」の上奏に拒否権を行使した例は皆無だからである。これは多くの人に聞いたが、みなその例は皆無であるという。

ただ前述のように、「内奏」は別である。また天皇が個人的に各大臣に意見を述べられることは、もちろんある。さらに天皇が重臣を呼んで意見を徴《ちょう》され、それに対して天皇がご自身の情況判断や御意見を述べられることもあれば、また時には叱責《しっせき》されることもある。もちろん天皇の情況判断や御意見が常に正しかったことはあり得ないと私は思っているし、天皇もそう自覚されていたのであろう。というのは、それなるが故に、「憲法上の責任者が慎重に審議して、ある方策を立て、これを規定に遵《したが》って提出し、裁可を請《こ》われた場合には、私はそれが意に満ちても意に満たなくても、よろしいと裁可する」わけである。

ただ、この「内奏」とそれへの天皇の「応答」は、正確には分からない。というのは、これについていて、天皇が何も言われないのは、マッカーサー元帥との場合と同じである。ただ侍従長、侍従武官長が立ち合ったり、またメモを読んだりする場合、また天皇が何かの感想を述べられたりして、それを彼らが「日記」に記している場合にだけ残る。いわば、これはあくまでも「天皇のフリートーキング」であり、正規の機関からの憲法上の手続きを経た「上奏・裁可」ではない。

マッカーサーが「会談内容は秘密」と約束し、天皇は「男子の一言」で沈黙を通されているのに、マッカーサーのほうは自分の都合のよいように巧《たく》みにリークしている。同じことを戦後に行なっている〝重臣〟の例も決して少なくない。「敗戦＝戦後」という激変に際して、巧みに責任を逃れて、自分だけは「いい子」になっていようとする、そういう者が出ることは致し方がないが、そういう言説は、果たしてどこまで信用出来るか分からない。「私は早々に平和を上奏したが……」といったある〝重臣〟の言葉を読むと「では一体お前は、憲法上の責任者の地位にあったとき、なぜあんなことをした」と言いたい場合もある。しかしもう言うまい。彼らは「明治憲法第五十五条」の「輔弼《ほひつ》の責任」を自覚していないのは、尾崎行雄の指摘するとおりであり、その「責任感」がないならば、何を言っても無意味だからである。

昭和二十年六月八日の御前会議では「本土決戦」が決定されているから、本島氏の言う「重臣の上奏」がこのときのこととは思われない。天皇は、このときの上奏を退けられることはもちろんしていない。しかし内心では戦争終結を考えておられたらしい。

六月二十二日、閣僚懇談会のような形で、最高戦争指導会議のメンバーと懇談され、「戦争終結について速《すみ》やかに具体的方策を研究するように」との御希望を述べられた。言うまでもないが、これは立憲君主の御希望である。戦争終結への動きはこの時にはじまる。したがって氏の言う「重臣の上奏」とは具体的に何を指しているのか明らかでない。

ただ私は最高戦争指導会議のメンバーにすべて戦争責任があると思っていない。たとえば米内光政（海軍大臣）もまたその一員であったが、彼の戦争責任を問う者はいないであろう。しかし、以上のように指摘しても、本島氏はその意見を変えないであろうと私は思う。なぜであろうか。

津田博士が指摘する「自然のなりゆき」

ここで津田左右吉博士の言葉に耳を傾けよう。前にも引用した『世界』の論文（321ページ参照）は、昭和二十一年の四月号掲載で、野坂参三《のさかさんぞう》が凱旋将軍のように延安《えんあん》から帰国し、五月十二日のデモでは、赤旗が坂下門から皇居に押し入った年である。

戦時中は、「（天皇を否定した）国史上全く類例なき思想的大逆行為」と告発された博士は、右のような情況の中で、次のように記している。

「ところが、最近に至って、いわゆる天皇制に関する論議が起こったので、それは皇室のこの（上代以来の）永久性に対する疑惑が国民の一部に生じたことを示すもののように見える。

これは、軍部、およびそれに付随した官僚が、国民の皇室に対する敬愛の情と憲法上の規定とを利用し、また国史の曲解によってそれを裏づけ、そうすることによって、政治は天皇の親政であるべきことを主張し、もしくは現にそうであることを宣伝するのみならず、天皇は専制君主としての権威を持たれねばならぬとし、あるいは現に持っていられる如く言いなし、それによって、軍部の恣《ほしいまま》なしわざを、天皇の命に拠《よ》ったもののように見せかけようとしたところに、主なる由来がある。

アメリカおよびイギリスに対する戦争を起こそうとしてから後は、軍部のこの態度はますます甚《はなは》だしくなり、戦争およびそれに関するあらゆることは、みな天皇の御意志から出たものであり、国民がその生命をも財産をも捨てるのは、すべて天皇のおんためである、ということを、ことばを換え、方法を変えて断《た》えまなく宣伝した。そうしてこの宣伝には、天皇を神としてそれを神秘化するとともに、そこに国体の本質があるように考える頑《がん》冥《めい》固《こ》陋《ろう》にして現代人の知性に適合しない思想が伴《とも》なっていた。

しかるに戦争の結果は、現に国民が遭遇したようなありさまとなったので、軍部の宣伝が宣伝であって事実ではなく、その宣伝はかれらの私意を蔽《おお》うためであったことを、明らかに見やぶることの出来ない人々の間に、この敗戦も、それに伴なうさまざまの恥辱も、国家が窮境に陥ったことも、社会の混乱も、また国民が多くその生命を失ったことも、一般の生活の困苦も、すべてが天皇の故《ゆえ》である、という考えが、そこから生まれて来たのである。むかしからの歴史的事実として、天皇の親政ということがほとんど無かったこと、皇室の永久性の観念の発達が、この事実と深い関係のあったことを考えると、軍部の上にいったような宣伝が、戦争の責任を天皇に嫁《か》することになるのは、自然のなりゆきともいわれよう……」

いわゆる「天皇の戦争責任」とは、津田博士の言われる「戦争の責任を天皇に嫁すること」であろうが、それは氏の言われるように「自然のなりゆき」といわれよう。いわばこれもまた、戦争中の発想の裏返しで、戦争中よく用いられた「すべてを天皇に帰一《きいつ》したてまつる」という言葉は、そのまま「すべての戦争責任は天皇に帰一したてまつる」となる。これは確かに「自然のなりゆき」である。ただすべてを「自然のなりゆき」のまま認めるのなら、一切の探究は必要であるまい。しかし、この「自然のなりゆき」も、また無視できない。

「おれの息子は、天皇のために死んだ」

本島長崎市長は、朝日新聞で「(自分の発言に対する)支持の手紙には、戦争は国民が『天皇の御《おん》ために』と実践し、天皇もそれを知っていたはずという内容のものが多い。天皇の責任の問題は庶民の大多数の心にあるんですね」と語っている。

この問題は、実は、私はある雑誌への投書で強く感じた。その雑誌に載ったのは、前記の津田論文をさらに法的=制度的に詳細に論じた論文だが、これに対して、確か九十歳近い一老人からの激烈な反論、というより抗議が寄せられていた。

それを、要約すれば、「冗談言うな。おれの息子は天皇のために死んだ、軍部にだまされて死んだんじゃない」といったものであった。

これが津田博士のいわれる「自然のなりゆき」、「無理もない。天皇のために死んだのならまだ諦《あきら》めがつくが、軍部にだまされて死んだと言われては、息子は死んでも死にきれまい」、といった感情であり、これは同時に、天皇はそのことへの責任を感じてほしいという気持ちになるであろう。津田博士の言われる「皇室への敬愛」は、ここで実に強い愛憎両端となる。それは人間の感情の「自然のなりゆき」であり、「天皇の責任の問題は庶民の大多数の心にあるんですね」が上記の意味なら、そのとおりであろうと私は思う。

いささか個人的感慨になるが、この問題は私にとって「他人事《ひとごと》」ではない。多くの同僚・部下は戦死し、部隊長も戦死した。その遺族が来て、「陛下の御ために……」と言ったとき、「いや、違います……」と津田博士の論文と、今まで記したことを相手に言えるか、となると、正直言って、その自信は、私にはない。そう思うことがその人の「救い」であるから、そのままそっとしてあげたいという気持ちはある。

津田博士のように戦時中は「思想的大逆行為」と告訴され、戦後は天皇性イデオローグの如く、高倉テルに批判されても歴史学者として知的誠実を貫くということは、同時代に生きてその現場にかかわった一凡人には、いざとなるとむずかしい。やはり「功罪」は、歴史家に委《ゆだ》ねるべきかもしれぬ。

「戦争責任」＝「敗戦責任」としての考察

しかし、本書はあくまでも、天皇の自己規定の「研究」であるから、「長崎市長がこう言った」「誰がああ言った」は除外し、天皇御自身がどう考えておられたかの探究に進みたい。だがその前にこの「戦争責任」という言葉の定義をはっきりさせたい。すべての天皇は、勝敗にかかわらず、戦争が起こったら戦争責任があるというなら、明治天皇にも大正天皇にも戦争責任があるであろうが、しかし、この言葉を口にしている人には、おそらくそういった意識はないであろう。ちょうど「敗戦」を「終戦」と言い換えたように「敗戦責任」を「戦争責任」と言い換えているのであろう。そこで以下に記す「戦争責任」は「敗戦責任」の意味である。

この問題は、天皇が絶対視された憲法上の問題ではない。天皇が、閣議およびそれに準ずる正規の機関の上奏に対して拒否権が行使出来るなら、すべての責任は天皇にあると言ってよい。言い換えれば、天皇がもし、「憲法の命ずるところにより、閣議の決定に対し、拒否権を行使す」と言えるなら、確かに、すべての責任は天皇にあるであろう。このことはすでに記したが、「憲法上の責任は問うことは出来ない」点は、はっきりしておくべきであろう。

人びとが「天皇の戦争責任」と言い、また天皇御自身がそれを口にされるときは、もちろん以上のような意味ではあるまい。では一体、どのような意味なのであろうか。

すでに述べたように、また広く知られているように、天皇はマッカーサーを訪れたとき「全責任は私にある」という意味のことを言われた。これは藤田侍従長の記録とマッカーサーの『回想』の記述、および彼のリークがほぼ一致しているので間違いはあるまい。ただそれらを総合して文脈の中でこの言葉を捉《とら》えるなら、「戦争責任はすべて私にあるから、戦犯の追及をやめ、処刑するなら私一人にして他は免訴してほしい。そして国民には責任はないから飢えさせないでほしい」の意味であろう。

マッカーサーはこれを受けつけなかったが、それがどのような配慮の下で行なわれたかは別として、閣議の決定に拒否権を持たぬ天皇が、すべての責任を引き受けてしまったら、マッカーサーの言うとおり、真の責任者が出て来なくなってしまう。だがこのことはもはや繰り返すことはあるまい。

そしていま言われている「天皇の戦争責任」は、そのような意味の「責任」ではあるまい。

むしろ本島氏のいう「戦争は国民が『天皇の御ために』と実践し、天皇もそれを知っていたはず」、そこで、その責任を感じてほしいという主張は、津田博士のいわれる「自然のなりゆき」に基《もと》づくものであろう。

そして「天皇の御ために」が軍部がつくりあげたフィクションと論証されれば、前述のようにそれは逆に怒りとなる。「天皇の御ために」ならまだがまんできても、軍部のフィクションではがまんならない。これは一種の「感情論」だが、この感情を踏みにじってよいとは言えない。現に私自身、同僚や部下の遺族に対してそれは出来ない。そしてこの問題を陛下はいかにお考えですか、といった質問がなかったわけではない。その答えに、天皇御自身の戦争責任への見解が含まれているであろう。

「民族統合の象徴」としての責任感

天皇訪米の後で記者会見があった（昭和五十年十月三十一日）。この会見での質問はすべて文書で事前に提出されており、あまり問題なく進んでいった。

「（戦争で）親や子や妻をなくした国民も沢山《たくさん》いますが、彼らは焦土の中から立ち上がり、日本の復興に尽くしたわけで、彼らにお言葉を……」

「そのことについては、毎年八月十五日に、私は胸がいたむのを覚える、という言葉を述べています。いまこれらの、非常に苦しい人たちが、日本の発展に寄与したことを、うれしく私は感じております」

準備されたお答えであろうから、いささか紋切型《もんきり》だが、昭和六十三年八月十五日、戦没者慰霊祭に臨まれるため、ヘリコプターの手すりにすがるように降りられた病後の天皇と重ねあわせると、天皇の真意は明らかであろう。

ただこの記者会見のとき、ロンドン・タイムズの日本人記者から、事前に提出のない質問が、関連質問として不意に跳《と》び出してきた。

「ホワイトハウスにおける『私が深く悲しみとするあの不幸な戦争』というご発言がございましたが、このことは、陛下が開戦を含めて、戦争そのものに対して責任を感じておられるという意味と解してよろしゅうございますか。また、いわゆる戦争責任について、どのようにお考えになっておられるかお伺《うかが》いいたします」

天皇が何と答えられるか、固唾《かたず》を呑《の》んでテレビを見ていた人も多かったであろう。お答えは、意外というよりむしろ不思議なものであった。

「そういう言葉のアヤについては、私はそういう文学方面はあまり研究もしていないので、よく分かりませんから、そういう問題については、お答えが出来かねます」

この言葉をどう解すべきなのか。当時の記録を探しても、不思議にこの「お言葉」への批判・批評といったものは見当たらない。テレビを見ていた人の印象では、とうてい、当意即妙、巧《たく》みに相手の質問をかわしたという気はしなかったという。そうであろう、天皇は子どものときから決して器用ではない。そしてこの返事も、実にまじめに答えておられる。また図工や作文は下手で、文学青年であったことはなく、文学方面はあまり「研究もしていない」のも事実。そこまでは分かる。さらに、文章は常に「科学の論文」のような正確さを要求され、条理に合わねばなかなか裁可が得られなかったことも事実、またこの質問の「戦争責任」という言葉も定義が確かではない。

ただこの質問は、「(戦争で)親や子や妻をなくした国民も沢山いますが……」という質問への関連質問で、「私が深く悲しみとするあの不幸な戦争」というホワイトハウスでのお言葉を引用しているから、「戦犯で不起訴になられたが、御自身その法的責任は……」の意味ではなかったであろう。前後の関連から考えると、「毎年八月十五日に、私は胸が痛むのを覚える」のなら、その痛みを起こす「戦争責任について、どのように考えておられるかお伺いします」となったことと思う。

こうなると、質問の真意も天皇の受取り方も、本島氏のいう「戦争は『天皇の御ために』と実践し、天皇もそれを知っているはず、だから天皇はその責任を自覚してほしい」という、津田博士のいわれる「自然のなりゆき」、踏みにじることのできぬ感情の問題ということになろう。

　歴史的にいえば津田博士の言われるとおりであろう。政治的にいえば、明治憲法の下でも福沢諭吉の言うとおり「帝室の政治社外に在《あ》るを見て、虚器を擁《よう》するなり」であろう。それについてはすでに論じた。しかし民族が一種の「民族感情を共有する共同体」であることは否定出来ない。したがって以上の「戦争は『天皇の御ため』と実践し、天皇もそれを知っていたはず」という感情に対して、どのような責任感をお持ちなのか、という質問であろう。

　では「そういう言葉のアヤについては、私はそういう文学方面はあまり研究もしていないので……」は、どう解すべきなのか。この「言葉のアヤ」とは、相手の質問について言っているように思われる。だがそう読むと意味が通じなくなる。天皇は意味不明瞭で相手をごまかすことはされたことがない。それを考えると、これは問答で、相手は「……どのように考えておられるかお伺いします」と聞いているのだから「お答えしたいが、それを答え得るそういう言葉のアヤについては……」の意味であろう。これならば天皇が何を言おうとしたかは分かる。

　天皇に政治責任がなく、また一切の責任もないなら、極端な言い方をすれば、「胸が痛むのを覚える」はずがない。さらに八月十五日の戦没者慰霊祭に、痛々しい病後のお姿で出席される必要はもとよりない。しかし、「民族統合の象徴」なら、国民の感情と共鳴する感情を持って慰霊祭に臨まれるのが責任であろう。戦争責任が一切ないならば、その必要はないはずである。ただこれは、津田博士の言葉を借りれば、戦前・戦後を通じての民族の「象徴」の責任であって、憲法上の責任ではない。

そのことを充分に自覚されていても「文学方面はあまり研究していないので、そういう(ことを的確に表現する)言葉のアヤについては、よく分かりませんから、お答えが出来かねます」と読めば、天皇の言われたことの意味はよく分かる。注意すべきことは「お答え致しかねます」でなく「お答えが出来かねます」である点で、天皇も何とか答えたかったであろう。

ここでもう一度、福沢諭吉の言葉を思い起こそう。

「いやしくも日本国に居て政治を談じ政治に関する者は、その主義において帝室の尊厳とその神聖とを濫用すべからずとの事」——長崎市長の発言を政争に利用するなどとは、もってのほかという以外にない。尾崎行雄は「まだそんなことをやってるのか」と、地下であきれているであろう。

それがまだ憲法が定着していないことの証拠なら、その行為は、天皇の終生の努力を無駄にし、多大の犠牲を払ったその「功」を、失わせることになるであろう。

終章　「平成」への遺訓

あかげらの　叩く音する　あさまだき
音たえてさびし　うつりしならむ

〈御製〉▼昭和六十三年九月、那須御用邸にて。
病床に伏される直前のお歌

帝国憲法の改正に反対した美濃部博士

「正論」はなかなか社会に受け入れられない。一木喜徳郎《いちききとくろう》男爵、美濃部達吉《みのべたつきち》博士、津田左右吉《つだそうきち》博士のような、戦時中に右翼や軍部から「大逆賊」と攻撃され、あるいは辞職に追い込まれ、あるいは起訴されて法廷に立たされた人たちの言葉、いまこれを読むと「これが正論というものだろうな」と思うのだが、その人たちの意見は、戦後にもまた受け入れられていない。

大きく右に左にと情動的に揺れ動く社会は、一種、煽動《せんどう》的な言論を歓迎しても、「中庸《ちゆうよう》」を得た穏当《おんとう》な意見には耳を貸さないものなのであろう。「昭和」を初めからその終わりまで生きてきた私は、そういう時代は過ぎ去ってほしいし、過ぎ去ったと思いたい。

そこで新しい時代にあたって、過ぎ去った昭和に正論を述べつづけた人の意見を将来に送って、本書を終わりたいと思う。

美濃部博士は、「憲法改正問題」について終戦の年の十月二十日に朝日新聞に寄稿されている。その中で氏は、

「私は決して憲法の改正を全然不必要と為《な》すものではない。むしろ反対に、憲法の実施以来、すでに半世紀余を経過し、国内および国際の政治情勢も当時とは甚《はなは》だしく変化してい

るのであるから、憲法の各条項に通じて全面的にこれを再検討することの必要を痛感するものである」

と述べておられる。これは美濃部博士の基本的な考え方であろう。しかし、つづけて、

「（憲法は）国家百年の政治の基礎がそれによって定まるのであるから、その改正には慎重の上にも慎重を期すべく、今日の如き急迫した非常事態の下においてそれを実行することは、決して適当の時期でないことを信じ、かつこれを主張するものである」

と述べておられる。

では、激動の戦後という新しい情況に対応するためにどうすべきなのか。美濃部博士は次のように主張する。

「いわゆる『憲法の民主主義化』を実現するためには、形式的な憲法の条文の改正は必ずしも絶対の必要ではなく、現在の憲法の条文の下においても、議院法、貴族院令、衆議院議員選挙法、官制、地方自治制、その他の法令の改正およびその運用により、これを実現

することが充分可能であることを信ずるもので、たとえ、結局においてその改正が望ましいとしても、それは他日平静な情勢の回復を待って慎重に考慮せられるべきところで、今日の逼迫《ひっぱく》せる非常事態の下において、急速にこれを実行せんとすることは、徒《いたず》らに混乱を生ずるのみで、適切な結果を得る所以《ゆえん》ではなく、したがって少なくとも現在の問題としては、憲法の改正はこれを避けることを切望してやまないものである」

各法から順次改正していって、同時に情勢が平静化するのを待って、その間に各法の改正を積み上げげつつ憲法改正へと進んでいく、ということであろう。

例によって例の如く「ウーム、それが正論だろうけどなあ、しかし現実はそうはいかないよ」という「昭和のつぶやき」を繰り返しつつ、結局この提言は容《い》れられなかった。

美濃部博士は「憲法」には実に慎重であった。それは民主主義には、非常に危険な一面があることを、ファシズムの台頭を見て実感しておられたからであろう。

我国では、今は「国会は国権の最高機関」である。ではこの国会が「ナチス授権法」のような法律を制定したらどうなるか。美濃部博士は『民主主義と我が議会制度』（『世界』創刊号所収）の中で「主権が国民に属すると言っても、事実においては何人《なんぴと》かが国民の名において主権を掌握《しょうあく》することが避くべからざる所であり、時としては国民主権の名の下に」ヒトラーやムッソリーニが出て来ており、このような独裁専制が出現することは、決してまれではない、と記しておられる。

ファシズムは民主主義と裏腹の関係にある。彼らは議会を利用して独裁権を獲得した。

「昭和」から「平成」へのメッセージ

前に、ソビエトからアメリカへ移住したユダヤ系の人たちに会ったことがある。その人たちに私が「ソビエトなどの共産圏の選挙は投票率が九九パーセントで、共産党候補者への投票はその中で九九パーセントなどというのがあるが、誰が見てもこれはおかしい。どうしてこんな見えすいたことをするのか」という質問をした。

ところが、私の質問の意味が通じない。そこでいろいろ説明したところが、今度は相手があきれたように私を見て言った。

「あなたは、ソビエトの選挙をアメリカの選挙のように思っていたのですか。あれは国民の何パーセントが政府の命令に従って投票所へ行くかの調査なのです。そして九九パーセントの投票ということは、これだけ完全に統治しているぞ、という国民への権力誇示なのです」と。

いわば「鉄の統制」を国民に見せつけて、これを威嚇《いかく》しているわけで、選挙があり、議会があるからといって、それだけで「だから民主主義だ」と言うわけにいかない。いわゆる「民主主義」は、「鉄の統制」に逆用できる。しかしそういう国でさえ、それをちょっとゆるめれば、民族問題が噴出する。人間は単なる「政治的対象」ではない。

以下の美濃部博士の主張を、津田左右吉博士の言葉（335ページ参照）を念頭に置きつつ読まれると、この二人の「あくまでも知的誠実」を固守した人が、同一のことを二つの面から主張しているように私には思われる。美濃部博士はつづける。

「……すべて国家には国民の国家的団結心を構成する中心（国民統合の象徴）がなければならず、しかして我が国においては、有史以来、常に万世一系の天皇が国民団結の中心に御在《いま》しまし、それに依《よ》って始めて国家の統一が保たれているからである。

それは久しい間の武家政治の時代にあってもかつて動揺しなかったもので、明治維新の如き国政の根本的な大改革が流血の惨を見ず平和の裡《うち》に断行せられたのも、この国家中心の御在《いま》しますがためであり、近く無条件降伏、陸海軍の解消というような古来未曾《みぞう》有の屈辱的な変動が、さしたる混乱もなく遂行せられたのも、一《いつ》に衆心の嚮《むか》うべき所を指示した聖旨が有ったればこそであることは、さらに疑いをいれないところである。

もし万一にもこの中心が失われたとすれば、そこにはただ動乱あるのみで、その動乱を制圧して再び国家の統一を得るためには、前に挙げたナポレオンの帝政や、ヒトラーの指導者政治や、またはレーニン・スターリン・蔣介石《しょうかいせき》などの例に依《よ》っても知られ得る如く、民主政治の名の下《もと》に、その実は専制的な独裁政治を現出することが、必至の趨勢《すうせい》と見るべきであろう」

（『民主主義と我が議会制度』）

表現はやや古風であろうが、津田左右吉、美濃部達吉といった戦争中の受難者が、戦後の日本とその将来に向かって何を言おうとしているのか、それが理解出来ない人は、いないであろう。

それは、激動の昭和からの「平成への遺訓」と見てよい、と私は思う。

〈資料①〉「新日本建設に関する詔書」（いわゆる人間宣言）全文

昭和二十一年一月一日

「茲《ここ》ニ新年ヲ迎フ。顧《かえり》ミレバ明治天皇明治ノ初国是《はじめこくぜ》トシテ五箇条ノ御誓文ヲ下シ給ヘリ。曰《いわ》ク、

一、広ク会議ヲ興《おこ》シ万機公論ニ決スヘシ

一、上下《しょうか》心ヲ一《いつ》ニシテ盛《さかん》ニ経綸《けいりん》ヲ行フヘシ

一、官武一途《いっと》庶民ニ至ル迄《まで》各其志《そのこころざし》ヲ遂ケ人心ヲシテ倦《う》マサラシメンコトヲ要ス

一、旧来ノ陋習《ろうしゅう》ヲ破リ天地ノ公道ニ基《もと》クヘシ

一、智識ヲ世界ニ求メ大《おおい》ニ皇基《こうき》ヲ振起スヘシ

叡旨《えいし》公明正大、又何ヲカ加ヘン。朕《ちん》ハ茲《ここ》ニ誓《ちかい》ヲ新《あらた》ニシテ国運ヲ開カント欲ス。須《すべか》ラク此ノ御趣旨ニ則《のっと》リ、旧来ノ陋習《ろうしゅう》ヲ去リ、民意ヲ暢達《ちょうたつ》（のびのび育てること）シ、官民挙ゲテ平和主義ニ徹シ、教養豊カニ文化ヲ築キ、以テ民生ノ向上ヲ図リ、新日本ヲ建設スベシ。

大小都市ノ蒙《こうむ》リタル戦禍、罹災者《りさいしゃ》ノ艱苦《かんく》、産業ノ停頓《ていとん》、食糧ノ不足、失業者増加ノ趨勢《すうせい》等ハ、真ニ心ヲ痛マシムルモノアリ。然《しか》リト雖《いえど》モ、我国民ガ現在ノ試煉ニ直面シ、且《かつ》徹頭徹尾文明ヲ平和ニ求ムルノ決意固ク、克《よ》ク其ノ結束ヲ全《まっと》ウセバ、独リ我国ノミナラズ全人類ノ為ニ、輝カシキ前途ノ展開セラルルコトヲ疑ハズ。

夫《そ》レ家ヲ愛スル心ト国ヲ愛スル心トハ我国ニ於テ特ニ熱烈ナルヲ見ル。今ヤ実ニ此ノ心ヲ拡充

シ、人類愛ノ完成ニ向ヒ、献身的努力ヲ効《いた》スベキノ秋《とき》ナリ。

惟《おも》フニ長キニ亘《わた》レル戦争ノ敗北ニ終リタル結果、我国民ハ動《やや》モスレバ焦躁《しょうそう》ニ流レ、失意ノ淵ニ沈《ちん》淪《りん》セントスルノ傾キアリ。詭激《きげき》（言行が度を越えて激しいこと）ノ風漸《ようや》ク長ジテ道義ノ念頗《すこぶ》ル衰ヘ、為《ため》ニ思想混乱ノ兆《きざし》アルハ洵《まこと》ニ深憂ニ堪ヘズ。

然レドモ朕ハ爾等《なんじら》国民ト共ニ在リ、常ニ利害ヲ同ジウシ休戚《きゅうせき》（喜びと悲しみ）ヲ分《わか》タント欲ス。朕ト爾等国民トノ間ノ紐帯《ちゅうたい》ハ、終始相互ノ信頼ト敬愛トニ依リテ結バレ、単ナル神話ト伝説トニ依リテ生ゼルモノニ非《あら》ズ。天皇ヲ以テ現御神《あきつみかみ》トシ、且《かつ》日本国民ヲ以テ他ノ民族ニ優越セル民族ニシテ、延《ひい》テ世界ヲ支配スベキ運命ヲ有ストノ架空ナル観念ニ基クモノニモ非ズ。

朕ノ政府ハ国民ノ試煉ト苦難トヲ緩和センガ為、アラユル施策ト経営トニ万全ノ方途ヲ講ズベシ。同時ニ朕ハ我国民ガ時艱《じかん》（当面する難問題）ニ蹶起《けっき》シ、当面ノ困苦克服ノ為ニ、又産業及《および》文運振興ノ為ニ勇往《ゆうおう》（ためらわず前進すること）センコトヲ希念ス。我国民ガ其ノ公民生活ニ於テ団結シ、相倚《よ》リ相扶《たす》ケ、寛容相許スノ気風ヲ作興《さっこう》（ふるいおこすこと）スルニ於テハ、能《よ》ク我至高ノ伝統ニ恥ヂザル真価ヲ発揮スルニ至ラン。斯《かく》ノ如キハ、実ニ我国民ガ、人類ノ福祉ト向上トノ為、絶大ナル貢献ヲ為《な》ス所以《ゆえん》ナルヲ疑ハザルナリ。

一年ノ計ハ年頭ニ在リ。朕ハ朕ノ信頼スル国民ガ朕ト其ノ心ヲ一《いつ》ニシテ、自ラ奮ヒ、自ラ励マシ、以《もっ》テ此ノ大業《たいぎょう》ヲ成就センコトヲ庶幾《こいねご》フ」

（振りがな、および注は編集部）

〈資料②〉◇昭和天皇関連年表◇

明治34年（1901）	零歳	4月29日、青山御所でご誕生。迪宮裕仁《みちのみやひろひと》親王と命名。
45年（1912）	11歳	7月30日、明治天皇崩御、皇太子に即位。
大正3年（1914）	13歳	4月、学習院初等科ご卒業。東宮御学問所ご入学。
10年（1921）	20歳	欧州諸国ご巡遊。英王・ジョージ五世の歓待を受ける。
15年（1926）	25歳	12月25日、大正天皇の崩御により、第一二四代天皇に践祚。
昭和4年（1929）	28歳	**前年の張《ちょう》作霖《さくりん》爆死事件の処置をめぐり、田中義一《たなかぎいち》首相を厳しく叱責。**
5年（1930）	29歳	〈「昭和恐慌」起こる。浜口《はまぐち》首相、東京駅で狙撃され、翌年死亡〉
6年（1931）	30歳	〈9月、満州事変勃発。軍によるクーデター計画発覚（十月事件）〉
7年（1932）	31歳	1月、上海事変勃発するも、天皇のご内意を受けた白川《しらかわ》大将により停戦。 五・一五事件。天皇、後継首相について七項目の「御希望」を下達。
8年（1933）	32歳	**関東軍の熱河《ねっか》作戦に天皇激怒、「統帥《とうすい》最高命令」の発令を下問。** 〈血盟団による要人暗殺続発。3月、日本、国際連盟を脱退〉
10年（1935）	34歳	天皇機関説が問題化。天皇は美濃部《みのべ》博士支持を側近に表明。 〈8月、相沢《あいざわ》中佐が、陸軍省内で永田《ながた》軍務局長を斬殺〉
11年（1936）	35歳	**二・二六事件。天皇は強い態度で「反乱軍」の即時鎮圧を命令。**

〈資料②〉昭和天皇関連年表

昭和11年（1936）	35歳	〈二・二六事件の首謀者処刑。磯部浅一《いそべあさいち》、天皇への呪詛《じゅそ》を書き綴る〉
12年（1937）	36歳	〈7月、日華事変勃発、近衛《このえ》内閣「不拡大方針」を宣言しつつ、「臨時軍事費」の支出を決定。11月「大本営政府連絡会議」を設置〉
14年（1939）	38歳	2月、日独同盟をめぐる駐独・駐伊大使の暴走について、天皇は「大権の干犯《かんぱん》」と憤慨するが、板垣《いたがき》陸相はこれを無視。 〈8月、独ソ不可侵条約締結。平沼《ひらぬま》内閣は「複雑怪奇」として、総辞職〉
15年（1940）	39歳	〈9月、近衛内閣、日独伊三国同盟締結〉
16年（1941）	40歳	12月、米英蘭に対し、「宣戦ノ詔書」を発布。 〈不敬罪で起訴された津田左右吉《つだそうきち》の公判開始（19年に免訴）〉
17年（1942）	41歳	〈翼賛《よくさん》選挙を批判した尾崎行雄《おざきゆきお》が不敬罪で起訴される（19年に無罪）〉
19年（1944）	43歳	戦局悪化、松代《まつしろ》への大本営移転の打診に、天皇はこれを拒絶。
20年（1945）	44歳	**8月、御前会議での「聖断」により、終戦。** **9月、天皇、マッカーサー元帥をご訪問。**
21年（1946）	45歳	元日、「新日本建設に関する詔書（人間宣言）」発布。 2月、地方ご巡幸の開始（29年までつづく）。
46年（1971）	70歳	9月、欧州七ヵ国ご訪問の旅にご出発。
50年（1975）	74歳	9月、アメリカ親善の旅にご出発。
64年（1989）	87歳	1月7日早朝、崩御。明仁《あきひと》親王践祚。平成《へいせい》と改元。

切りとり線

★読者のみなさまにお願い

この本をお読みになって、どんな感想をお持ちでしょうか。祥伝社のホームページから書評をお送りいただけたら、ありがたく存じます。今後の企画の参考にさせていただきます。また、次ページの原稿用紙を切り取り、左記まで郵送していただいても結構です。

お寄せいただいた書評は、ご了解のうえ新聞・雑誌などを通じて紹介させていただくこともあります。採用の場合は、特製図書カードを差しあげます。

なお、ご記入いただいたお名前、ご住所、ご連絡先等は、書評紹介の事前了解、謝礼のお届け以外の目的で利用することはありません。また、それらの情報を6カ月を越えて保管することもありません。

〒101−8701（お手紙は郵便番号だけで届きます）
祥伝社新書編集部
電話03（3265）2310
祥伝社ホームページ　http://www.shodensha.co.jp/bookreview/

★本書の購入動機（新聞名か雑誌名、あるいは○をつけてください）

＿＿＿新聞の広告を見て	＿＿＿誌の広告を見て	＿＿＿新聞の書評を見て	＿＿＿誌の書評を見て	書店で見かけて	知人のすすめで

★100字書評……昭和天皇の研究

名前

住所

年齢

職業

山本七平　やまもと・しちへい

1921年、東京生まれ。42年、青山学院高等商業学部卒。戦時中は砲兵少尉としてフィリピン戦線を転戦、マニラで捕虜となる。戦後、山本書店を設立し、聖書、ユダヤ系の翻訳出版に携わる。別名で書いた『日本人とユダヤ人』がベストセラーに。日本の文化と社会を独自の手法で分析していく論考は、「山本学」と称され、いまなお広く読み継がれている。
1991年、69歳で没す。

昭和《しようわ》天皇《てんのう》の研究《けんきゆう》
——その実像《じつぞう》を探《さぐ》る

山本七平《やまもとしちへい》

2015年10月10日　初版第1刷発行

発行者……………竹内和芳
発行所……………祥伝社しょうでんしゃ
〒101-8701　東京都千代田区神田神保町3-3
電話　03(3265)2081(販売部)
電話　03(3265)2310(編集部)
電話　03(3265)3622(業務部)
ホームページ　http://www.shodensha.co.jp/

装丁者……………盛川和洋
印刷所……………堀内印刷
製本所……………ナショナル製本

Printed in Japan　ISBN978-4-396-11441-1　C0221

〈祥伝社新書〉
経済を知る

402
大学生に語る資本主義の200年
マルクス思想の専門家が「資本主義の正体」をさまざまな視点から解き明かす
神奈川大学教授 的《まと》場《ば》昭《あき》弘《ひろ》

151
ヒトラーの経済政策 世界恐慌からの奇跡的な復興
有給休暇、がん検診、禁煙運動、食の安全、公務員の天下り禁止……
ノンフィクション作家 武田知弘

343
なぜ、バブルは繰《く》り返されるか?
バブル形成と崩壊のメカニズムを経済予測の専門家がわかりやすく解説
久留米大学教授 塚崎公義

266
「第5の戦場」サイバー戦の脅威
陸・海・空・宇宙に続く戦場「サイバー空間」。日本はすでに狙われている!
元陸上自衛隊システム防護隊隊長 伊東 寛

424
AIIBの正体
アジアインフラ投資銀行は世界の構造をどう変えるのか。日本はどうすべきか
信州大学教授 真壁昭夫